An Encyclopedia of
the Most Interesting Ways to Look at Maps

世界で一番おもしろい

地図の読み方大事典

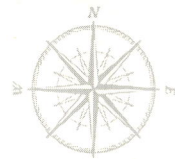

おもしろ地理学会［編］

青春出版社

大人のための「地図」の愉しみ方、教えます！

世界地図を眺めていると、さまざまな疑問が浮かんでくるものだ。

たとえば、北半球の右側を見れば「アメリカとカナダの国境って、なぜそんなまっすぐなの？」と思うし、真ん中に目をやれば「ロシアって、どうやってそんなに広い国になったの？」と不思議に感じるもの。そして左側に視線をやれば、「ヨーロッパとアジアの境界って、いったいどのあたりなの？」といったクエスチョンが頭をよぎるという具合である。

それは、日本地図でも同じこと。日本の面積は約37万8000平方キロで、世界の陸地のたった0・25％を占めるに過ぎないが、その長さは南北3000キロにもおよぶ。こと〝長さ〟に関しては、中国にもアメリカにも引けをとらない国なのだ。その分、日本の地形とその地図は、隅から隅まで見どころだらけ、謎と不思議の宝庫といっていい。

というわけで、本書には、地理と地図をめぐる気になる「なぜ？」をぎっしり詰め込んだ。まちがいなく、その数は史上最高だろう。ご一読いただければ、地理と地図の面白さをより楽しく、かつ裏のウラまでご堪能いただけると自負している。

２０１３年１月

おもしろ地理学会

世界で一番おもしろい地図の読み方大事典◆目次

第Ⅰ部 世界で一番おもしろい 世界地図

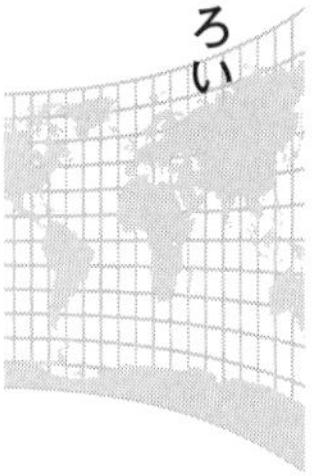

① 世界地図

② アジア・中東

③ 南・北アメリカ

④ヨーロッパ

第Ⅱ部 世界で一番おもしろい日本地図

① 日本地図

② 北海道・東北

③ 関東

④ 中部・北陸・近畿

⑤ 中国・四国・九州・沖縄

本文図版・DTP●ハッシイ

第I部

世界で一番おもしろい世界地図

1 世界地図

緯度も経度も0度の場所って、いったいどこ?

地球上のあらゆる地点は、緯度、経度の二つで表すことができる。

実感していなくても、私たちは日常生活で経緯度のお世話になっている。そのもっとも身近なものがカーナビゲーションだ。

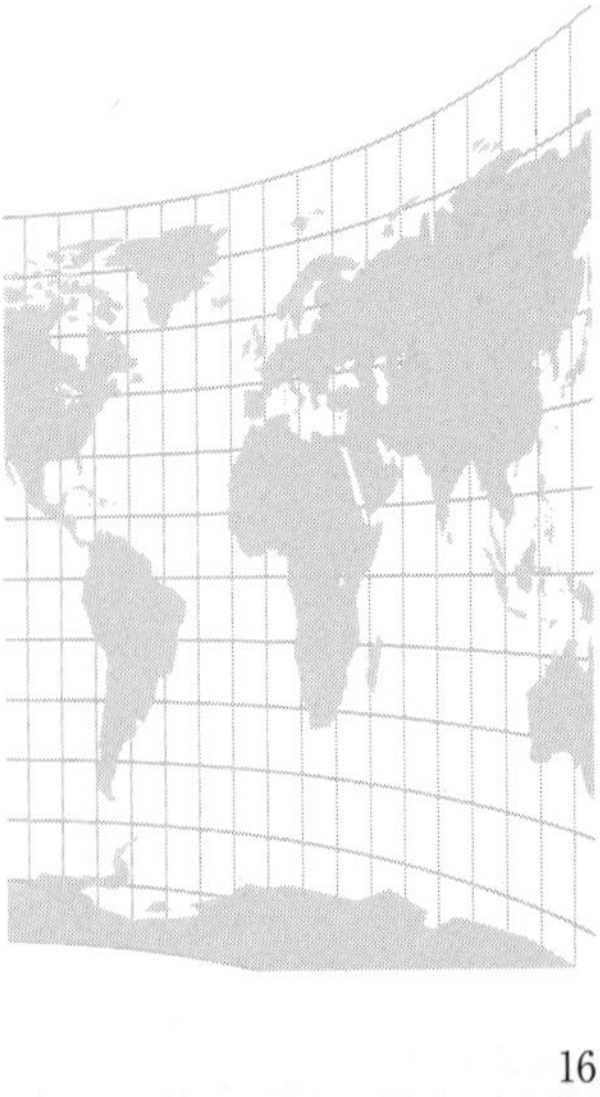

カーナビのGPS（global positioning system）は、地球の軌道上に打ち上げられた人工衛星から発信される電波を受信して、その車がどこを走っているかを測定するシステム。ただし、「あなたの車は何丁目の何番地にいます」というデータがくるわけではなく、衛星から送られてくるのは、経緯度の数値データ。船や飛行機が現在位置を測定するときも、経緯度を用いるのが普通だ。

そこで、学校で習った地理のおさらいだが、経度と緯度がともにゼロになる地点はどこだろうか。

緯度0度は簡単だろう。緯度は、赤道を基準線として南北を計るものなので、0度はずばり赤道上になる。

経度は、ロンドンのグリニッジを通る本初子午線が基準線になる。だから、緯度も経度も0度の地点というのは、赤道と本初子午線が交差するところとなる。地図をたどると、そこはアフリカ大陸の西岸、ギニア湾の真ん中あたりである。

宇宙から見える国境線がある？

「地球は青かった」と言ったのは、人類初の宇宙飛行士ガガーリン。地球は、陸地と海の割合が3対7で、むしろ「水球」と呼ぶほうがふさわしいが、宇宙船が地球に接近するにしたがって、山脈や砂漠、大平原など、陸地の様子もよく見えるようになる。

ところで、宇宙船から送られてくるそんな地上の映像を見ながら、「宇宙船から見る地球には、人類が勝手に引いた国境なんて存在しない」と言う人がいる。

しかし、その画像をよく見ると、地球上には国境がはっきり見えるところもあるのだ。たとえば、アメリカの南カリフォルニアとメキシコの間には、目に見える〝国境線〟がはっきりと存在する。アメリカ側には灌漑《かんがい》された農地が広がり、季節によって青や茶色に見える。一方のメキシコ側は未開発の荒れ地が広がっている。その境目が、まるで国境に線を引いたように見えるのである。

国による経済力や農業技術の違いが、地球上に国境線を浮かび上がらせている。

河が国境になるとき、どっちの岸が国境線になる？

世界には、河が国境となっているところが少なくない。そんな河で泳いでいると、「向こう岸には絶対近づくな」と注意されることがある。

そこで「どうして？」と聞き返すのは、国境線を持たない日本人ぐらいのものだろう。ためしに聞いてみれば、「国境警備兵に撃たれるぞ」といった答えが返ってくるはず。

つまり、向こう岸に近づくと、密入国とみなされ、国境警備兵に撃たれても仕方がないというわけである。

では、河のどこまで泳ぐと、国境警備兵に撃たれる恐れが出てくるのだろうか。一般に、河川が国境の場合、船が航行できないところでは、河川の中央線が国境とされている。だから、河川の中央を越えれば、越境ということになる。

また、船の航行ができる河川では、メインとなる航路の中央線で区分することになっている。この場合も、たいていは河川の中央線か、それに近いところだ。

ただし、河川の形が変化すると、主要航路がどちらか一方の国に組み込まれてしまうことがある。そんな場合、両国の話し合いがまとまれば、国境線が微妙に移動することもある。話し合いがまとまらなければ、かつてチグリス・ユーフラテス川をめぐる国境問題が、戦争の一因になったイランとイラクのように、紛争が勃発することもある。

なぜ、日付変更線は太平洋の真ん中にあるのか？

日本からアメリカへ向かう飛行機の中で、隣の乗客が窓から下をのぞくようにしながら、ブツブツつぶやいている。「どうかしましたか？」と声をかけると、「日付変更線を見ようと思いまして」と答えたという笑い話がある。

たしかに、日付変更線は太平洋の真ん中にあるが、念のために言っておくと、実際に太平洋上に線が引かれているわけではない。

ご存じのように、地球の経度の基準は、イギリスのグリニッジ天文台を通り、北極と南

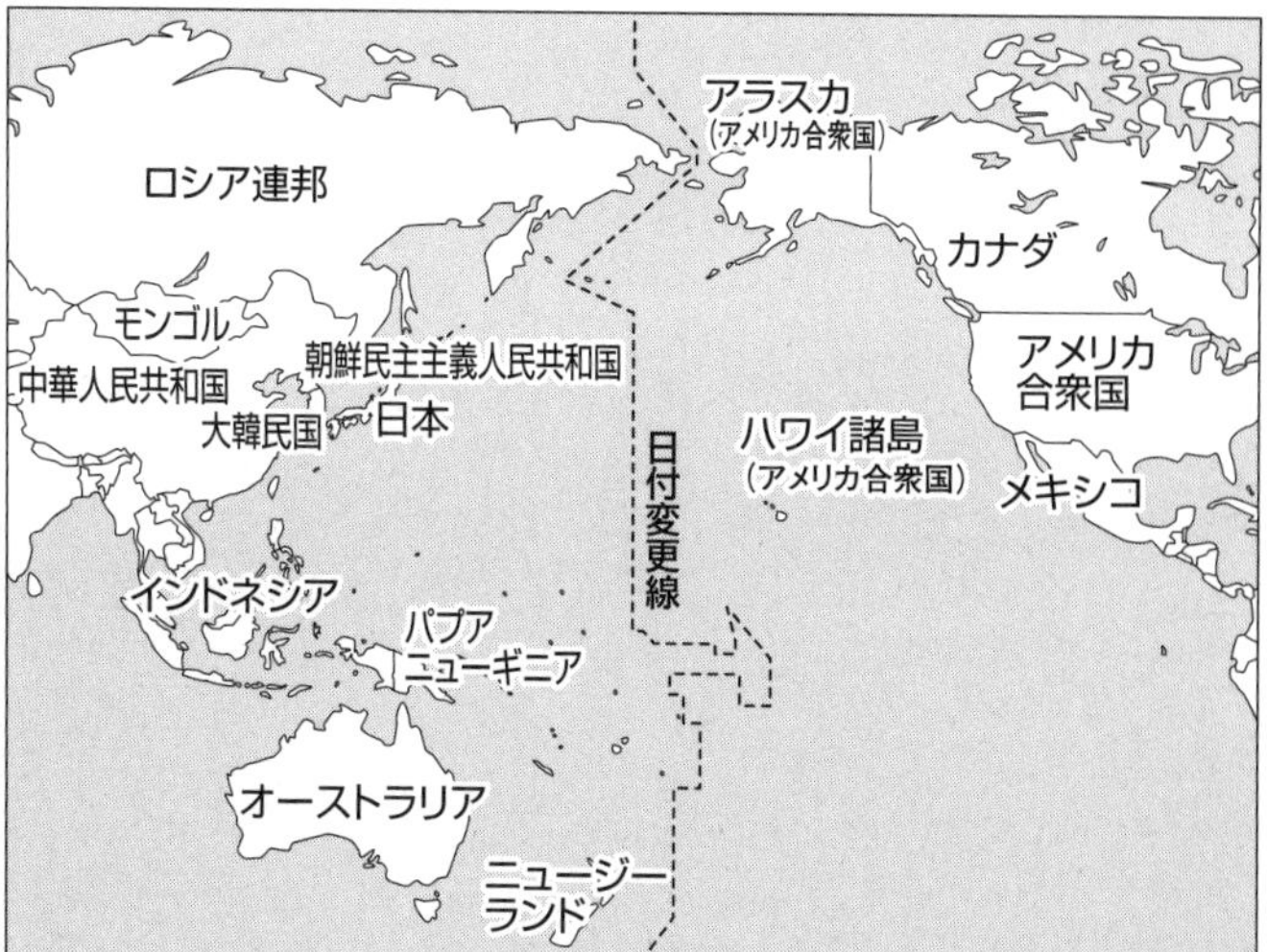

極を結んだ線。それを基準線として「0度」としている。

すると、西回り、東回りに、それぞれ180度、ちょうど地球の反対側で12時間の時差ができる。

その線を1日の終わりとして、日付変更線としたのである。

それが、太平洋の真ん中にくることも好都合だった。人口が少ないため、近い場所どうしで日付が変わっても不便な思いをする人が少なかったからだ。

もっともこの日付変更線は、北のアリューシャン列島（アメリカ）とカムチャッカ半島（ロシア）の間、南では、ニュージーランドの東方で一部曲がっている。これは、同じ国内で日付が変わることを避けるために、曲げられているのである。

ちなみに、太平洋上を飛ぶ飛行機によっては、機内で「ただいま日付変更線を通過しました」とアナウンスしてくれる。

ヨーロッパとアジアの境界線はどこ？

ヨーロッパとアジアの境界はどこか？

この命題は、古くから議論されてきたが、今も結論は出ていない。

まず、語源的には、地中海が基準になる。「ヨーロッパ」という言葉は「地中海の西岸」を意味する「エレブ（ereb）」から、「アジア」は「地中海の東岸」を意味する「アス（assu）」から生まれた言葉だからだ。

とはいえ、「エレブ」「アス」という言葉が生まれたのは、古代ギリシャ時代よりもさら

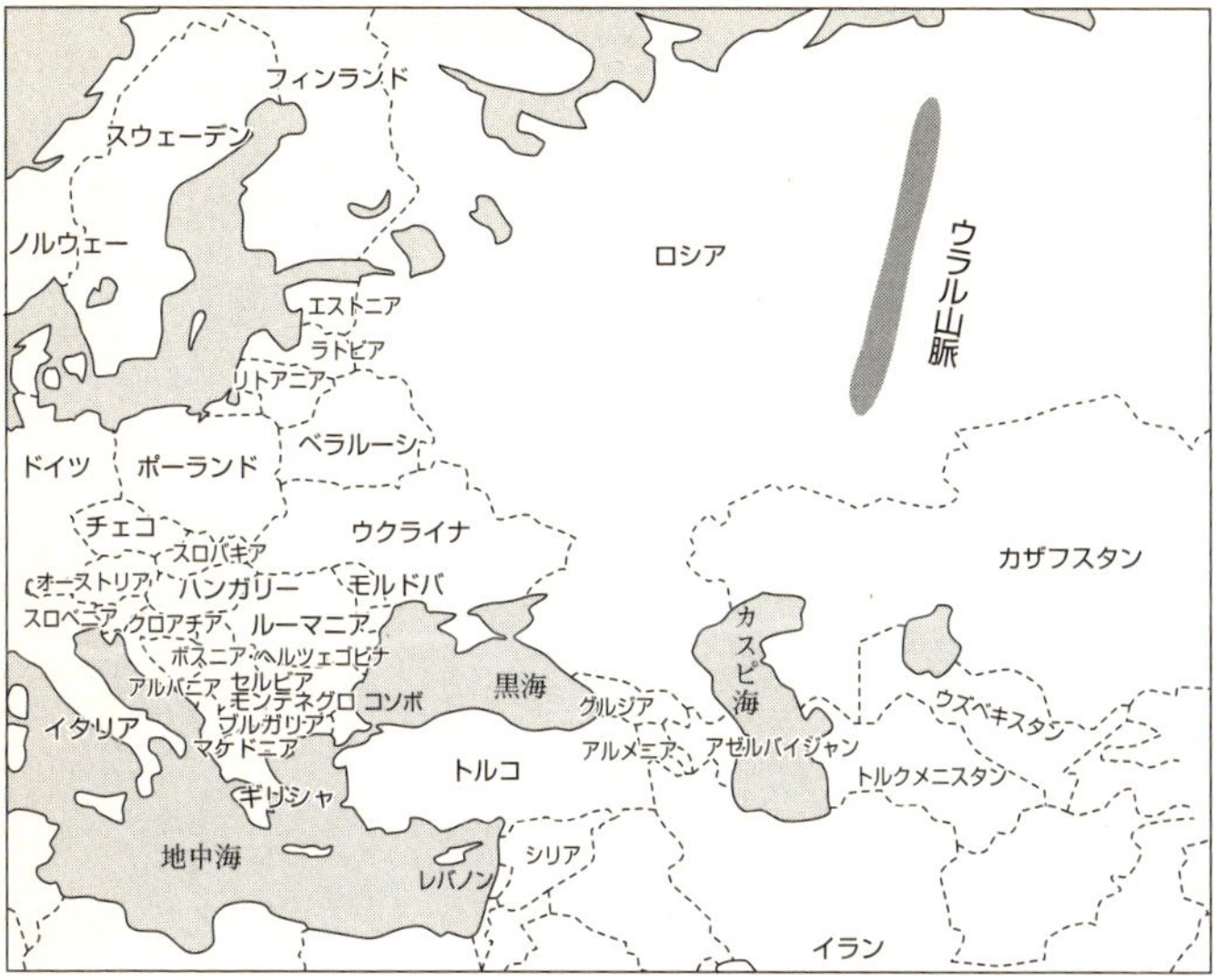

に前である。現在とは、世界観がまったく違う時代の話であり、今、地中海を基準にヨーロッパとアジアを分けても見当違いの話になる。

現在、もっとも有力な見解は、ロシアの中心より西側にあるウラル山脈を境界線とする見方。ウラル山脈の西をヨーロッパ、東をアジアとするわけだが、これとて決定的な説ではない。

ウラル山脈は全長約2000キロメートル。小さな山脈ではないが、ユーラシア大陸全体を南北に貫いているわけではない。

ウラル山脈を境界線としても、その延長線をどこにどう引くかという問題が残る。

また、ハンガリーは、明らかにウラル山脈の西側に位置しているが、民族的にはヨーロッパよりもアジアに近く、そのため「地理的には東欧だが、ハンガリーはアジアの一部」とする見方もある。

「キリスト教圏はヨーロッパで、それ以外は アジア」とすることもできるが、この考え方だと、イスラム教徒が多い旧ユーゴスラビアのあたりがややこしくなる。

なお、このテーマは、単に観念的な論議にとどまらない。EU加盟問題がからんでいて、政治的にも重要な意味をはらんでいる。

太平洋、大西洋、インド洋…海の間にも境界はある?

国と国の間に国境があるように、海と海の間にも境界線がある。その境界線を決めた「国際水路機関」の基準によると、太平洋とインド洋の境界は、以下のとおりである。

まず、太平洋とインド洋の境界をたどると、ミャンマー、タイ、マレーシアの西岸沿いに南下して、シンガポール南端まで。それから、マラッカ海峡、スマトラ島西岸からジャワ島を通ってオーストラリア西岸を南下。さらに、オーストラリアの南岸に回ってタスマニア島へ。タスマニア島西岸を通り、最南端のサウス・イースト岬から南極に至る東経146度49分25秒の経度線となっている。

また、太平洋と大西洋の境界は、北アメリカ大陸から南アメリカ大陸の西岸を南下。最南端のホーン岬から南極大陸に至る西経67度16分の経度線である。

したがって、国際基準では、日本海もオホーツク海も東シナ海なども、日本周辺の海はすべて太平洋に含まれることになる。

ちなみに、大西洋とインド洋の境界は、ノ

ルウェーからフランス、スペイン、アフリカ大陸の西岸を南下。さらに、アガラス岬から南極大陸に至る東経20度の経度線となっている。

海はいったい どこの国のものか？

尖閣諸島問題などで、近年、頻繁に耳にするようになった「領海」や「接続水域」という言葉。それらは、どのような海を指すのだろうか？

まず、国際海洋法条約によって、海は四つの区分に分けられている。「領海」「接続水域」「排他的経済水域」、そして「公海」である。

まず、「領海」は、海岸線から12海里（約22キロメートル）までの海。この海域には沿岸国の主権が及び、他国の漁船が勝手に操業したりすることは許されない。ただし、単に通航する場合は、外国船でもその国の平和や秩序を乱さないかぎり、自由に航行する権利（無言通航権）が認められている。そこが進入すれば、ただちに侵犯とされる領土や領空とのちがいだ。

「接続水域」は、海岸線から24海里（約44キロメートル）までの海域。密航船や密輸船が領海に侵入することを防ぐため、沿岸国が事前に必要な規制をすることができる海域だ。

「排他的経済水域」は、海岸線から２００海里（約３７０キロメートル）まで。この海域では、漁業権、石油、天然ガス等の採掘権などが、沿岸国の権利になっている。つまり「排他的経済水域」とは、「経済的な恩恵に関しては、他を排して独占できる海域」という意味だ。

ただし、船の航行については、どの国の船にも自由な航行が認められている。

日本の場合、領海から排他的経済水域までを含めた面積は、約450万平方キロメートル。国土面積は約38万平方キロメートルだから、その約12倍にもなるわけだ。

沿岸国がなんらかの権利を行使できるのは、この「排他的経済水域」までで、そこから先の「公海」はどこの国のものでもない。

「七つの海」って、どことどこの海？

「七つの海」といったら、どの海を指すかご存じだろうか。太平洋、大西洋、インド洋の三大洋に、南極海、北極海を加えてもまだ二つ足りない。残りの二つは地中海か、カリブ海か、もしかしたら日本海か……。

正解は、次の七つである。北太平洋、南太平洋、北大西洋、南大西洋、インド洋、北極海、南極海の七つ。

「七つの海」をこのようにまとめたのは、19世紀のイギリスの作家ラドヤード・キップリング。『ジャングルブック』の作者として知られる人物だ。とくに地理学的な根拠があるわけではないのだが、一般に「七つの海」と言えば、このキップリングの分類法をとることになっている。

ただし、世界の海を七つにまとめたのは、キップリングがはじめてというわけではない。「七つの海」という表現の歴史は古く、2世紀ごろに活躍したアレキサンドリアの天文・地理学者プトレマイオスも、その著書『地

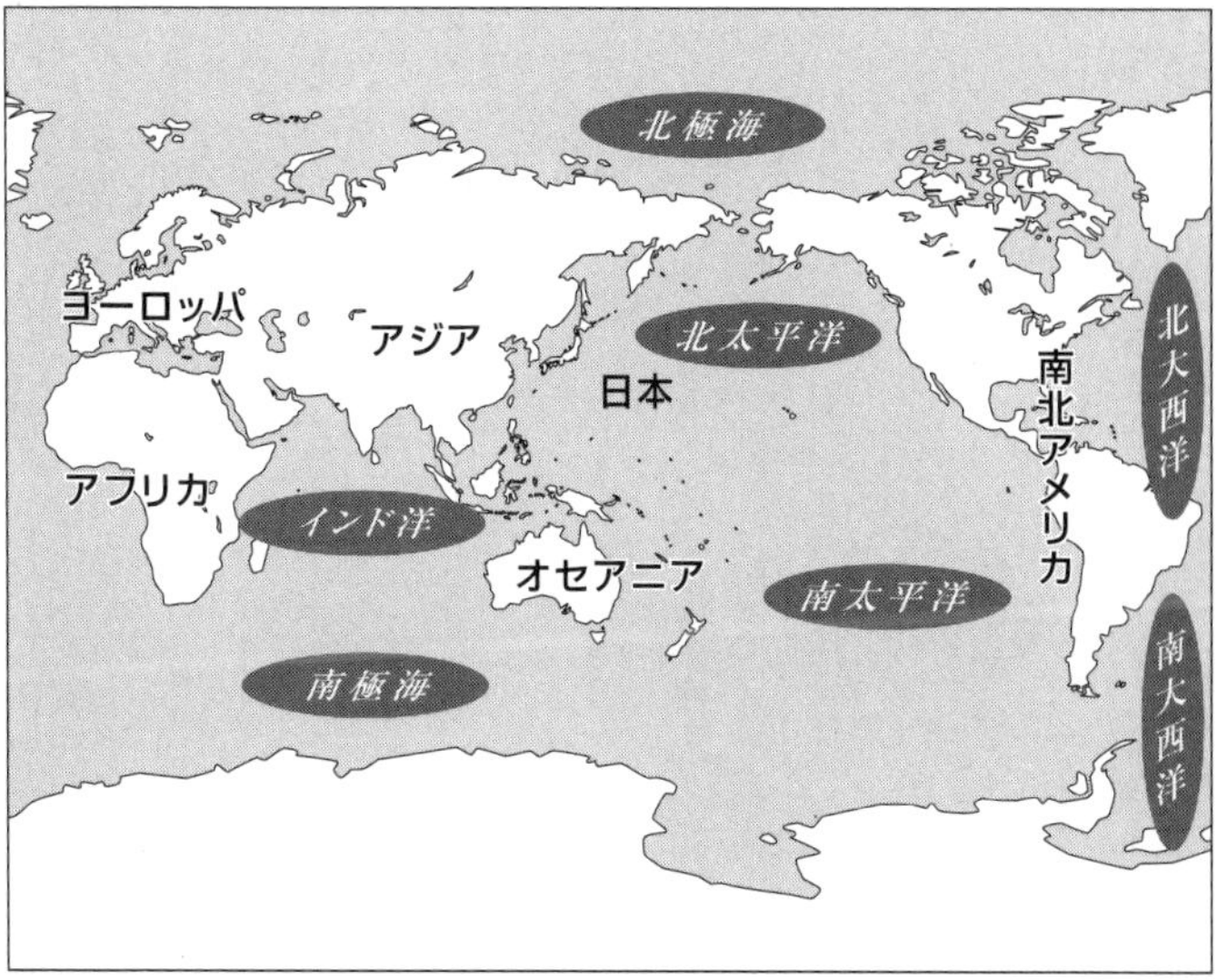

理学』の中で、すでに「七つの海」を挙げている。プトレマイオスの選んだ「七つの海」は、地中海、アドリア海、黒海、カスピ海、紅海、ペルシャ湾、インド洋の七つ。当時の世界観がよく表れている。

新大陸が発見される時代になると、七つの海はかなり現代に近くなり、１５６９年に作成された地図では、地中海、北海（北大西洋）、エチオピア海（南大西洋）、南海（東太平洋）、太平海（南太平洋）、インド洋、タタール海（北極海）が「七つの海」に選ばれている。

このように「七つの海」は、時代とともに変わってきたわけだ。

ところで、どうして海をわざわざ七つに分けるのか。これには「世界には七つの陸地をめぐる七つの海がある」という古代インドの神話が影響していると言われる。

世界で一番長い川は?

「世界で一番長い川は?」と尋ねられて、「ミシシッピ川」と答えるのは、40歳以上の人だろう。たしかに、20年以上前までは、ミシシッピ川がもっとも長い川とされていた。

ところが、現在、もっとも長い川とされているのは、エジプトのナイル川である。以下、2位がブラジルのアマゾン川、3位が中国の長江。ミシシッピ川は4位に転落している。

といっても、ミシシッピ川が縮んだわけではない。新たな探検調査でナイル川とアマゾン川は新しい水源が発見されて、ともに長さが延び、その分の距離を足したところ、ミシシッピ川を上回ってしまったのである。

そもそも、川の長さは、定義・測定が難しい。一般には、川の上流のいくつかの支流のうち、もっとも距離が長いところで測定することになっているのだが、測定方法や、地形変化などによっても距離が変化するからだ。

実際に、ナイル川は、アスワンハイ・ダムが建設されたときには蛇行部分が減り、当時発表されていた数字よりも短くなっていたと言われている。また現在、アマゾン川に、下流近くにある支流の長さを加えると、ナイル川を抜いてしまうことになる。

世界で一番大きな島は?

日本の本州は大陸をのぞいた世界の島の中で、7番目に大きいことをご存じだろうか。

約22万8000平方キロで8位のグレートブリテン島（イギリス）と、ほぼ同じぐらいの大きさがあるのだ。

では、世界で一番大きな島はどこかといえば、デンマーク領のグリーンランド。その面積は、217万5600平方キロで、日本の本州の約10培もある。第2位以下は、ニューギニア島（77万1900平方キロ）、ボルネオ島（73万6600平方キロ）、マダガスカル島（59万平方キロ）となっている。

よその国と一番多く接している国は？

世界で一番多くの国と国境を接している国はどこだろうか？

2012年現在、14もの国と国境を接している国が二つある。一つは中国である。北朝鮮から反時計回りに、ロシア、モンゴル、カザフスタン、キルギス、タジキスタン、アフガニスタン、パキスタン、インド、ネパール、ブータン、ミャンマー、ラオス、ベトナムの14カ国と国境を接している。

香港とマカオはすでに中国に返還されているが、これら（香港はイギリス領、マカオはポルトガル領）が返還される以前は、一時的に16カ国と国境を接していたこともある。

もう一つは、やはり世界最大の国ロシアである。ノルウェーから反時計回りに、フィンランド、エストニア、ラトビア、ベラルーシ、ウクライナ、グルジア、アゼルバイジャン、カザフスタン、中国、モンゴル、北朝鮮と国境を接している。

しかし、これでは全部で12だ。じつは、この他にポーランドとリトアニアの間にロシアの飛び地があって、これで国境を接する国は14カ国となる。

別項で詳しく紹介するが、このカリーニングラードという飛び地は、第二次世界大戦まではドイツ領だったが、1945年、ポツダム会談の結果、ソ連領となった土地だ。

地球上、最北の町、最南の町はどこ？

「世界の果て」と聞いて思い浮かべるのはどこだろうか？　地理的にいえば、南極と北極というのが妥当だろう。では、人が暮らしている最北、最南の町といえばどこだろうか。

まず、最北の町は、北極海に浮かぶノルウエー領スバールバル諸島にある。同諸島中、最大の島であるスピッツベルゲン島のニーオルスンという町で、北緯78度55分に位置している。かつては炭鉱の町だったが、現在は炭鉱は閉鎖され、ノルウェーはじめとする各国の北極観測基地が置かれている。

一方、最南の町は、南米最南部のフエゴ島の南隣、チリ領ナバリノ島にある。島の北岸、ビーグル海峡に臨むプエルトウィリアムスは、もともと軍の前哨基地として建設され、これが町に発展したもの。むろん「南」といっても暖かいわけではなく、南緯54度57分、寒風吹きすさむ極寒の地である。

世界で一番深い海はどこなのか？

世界一深い海は、グアムやサイパンが浮か

ぶマリアナ諸島に沿って南北に走るマリアナ海溝。その深さは、最深部のチャレンジャー海淵で1万911メートル。世界最高峰のエベレストをひっくりかえしても、山頂が底につかないくらいの深さである。

ちなみに、チャレンジャー海淵の名は、1951年にこの海淵の深さを測定した、イギリスの「チャレンジャー8世号」にちなんでつけられたもの。そのとき初めて、1万メートル以上の深さがあると測定されている。

その後、さまざまな国がこの海淵を調査した結果、1995年に日本の無人探査機が測定した1万911メートルが、目下の世界最深潜行記録として認められている。

ところで、この地球最深の海の底には、生物は生息しているのだろうか？

深海は、太陽の光が届かず、水温は低く、酸素は薄く、水圧はいちじるしく高い。

そんな厳しい環境では生物など生存できるはずがない、と考えてしまいそうだが、じつは1万メートルを超える海底にも、ヨコエビ類や環形動物の仲間の生息が確認されている。もう少し浅い1万メートルから8000メートルぐらいになると、ナマコや二枚貝、巻貝なども見られ、6000メートルぐらいではシンカイクサウオの仲間など魚類も生息している。

世界で一番、標高の低いところにある町は？

地球上の陸地でもっとも高いところといえば、ご存じのように、エベレストの山頂。これは誰でも知っているが、反対にもっとも低いところはあまり知られていない。

地球上の陸地表面でもっとも低いところは、イスラエルとヨルダン国境に横たわる死海のほとりである。ここにあるエイン・ボケックという町が、現在、世界でもっとも標高の低いところにある町とされている。

この町の標高はマイナス393・5メートル。東京タワーの高さよりさらに60メートルも低い。「海のそばにそんな低い町があったら、海水が流れ込んで、海の底に沈んでしまうではないか」と思うかもしれないが、その心配にはおよばない。死海の水面の海抜はマイナス394メートルで、エイン・ボケックよりも、死海のほうがさらに低いのである。

水は高いところから低いところへ流れるものなので、死海に流れ込む川はあっても、死海から外に流れ出る川はない。つまり、死海には出口がない。それでも、死海の水があふれ出さないのは、ここがひじょうに暑い地域で、すぐに水分が蒸発してしまうためである。

また、死海は塩分濃度が高いことでも知られるが、これにもその土地の低さが関係している。死海には、ヨルダン川が塩分を含んだ水を運んでくるが、水分が蒸発していく分、塩分はたまる一方になる。これが、塩分濃度が高くなる理由である。

死海のように塩分濃度が異常に高くなると、魚は棲めなくなり、藻さえも生えなくなる。魚にとっては、まさしく死の世界で、そこから「死海」という名前がつけられた。一方で、死海の水にはミネラルや塩化カリウムが豊富に含まれ、皮膚病やリューマチの治療に効果がある。保養に訪れる観光客は多く、人間にとってはむしろ〝健康の海〟である。

国連に加盟していない国には、どんな事情がある？

国際連合は、世界の国々が国際平和と経済・社会の発展のために集まった、国際機関である。１９４５年10月24日に正式に発足し、当初の加盟国は51カ国だった。

現在では、ほとんど全世界の国々が国連に加盟しているが、なかにはそれぞれの事情があって、国連に未加盟の国もある。

まず、台湾の場合は、もともとは常任理事国だったが、１９７２年、中国が国連に加盟したとき、入れ替わりに追放された。安保理の常任理事国である中国が、台湾を国家として認める可能性は低いので、国連復帰は難しいだろう。

バチカンの場合は、宗教的理由による。世界のカトリックの総本山として、政治的に中立の立場を保っているため、安全保障の名の下に軍事行動も行う国連に参加することは考えられない。

ところで、国連に加盟するのは無料ではない。各国はその経済力から算出した比率で、分担金を負担することになっている。貧しい国の中には、この分担金が払えずに国連加盟を果たせない国もある。

２０００年に加盟したツバルという国は、ＩＴの恩恵で国連加盟を果たすことができたといわれる。

というのも、ポリネシアの小国ツバルの国名を表すドメインは、「.tv」。これをアメリカのベンチャー企業に高値で売却したのだ。そう、「.tv」は「テレビジョン」の略でもあるので、世界中のテレビ会社が使いたいと思ったところから、このドメインに高値がついたのだ。

「○○公国」って、どんな国？

ヨーロッパには、いくつか「公国」がある。有名なところでは「モナコ公国」だが、この公国とは、どういう国のことなのだろうか。

「公国」の「公」は、君主称号を表している。君主がDukeまたはPrinceを名乗る国を、日本語では「公国」と訳しているのだ。

たとえば、グレース・ケリーを王妃に迎えたモナコ公国の君主レーニエ3世は、「レーニエ公」とも呼ばれる。

ところで、Dukeは公爵のことだから「公」というのも納得がいくが、Princeがなぜ「公」になるのだろうか。普通は「王子」ではないのだろうか。

この場合のprinceは、principal（第一の、筆頭の）というもともとの意味に基づいている。一国の筆頭、首長、主権者という意味で、王子の意味のprinceとはちょっと違う。

ここで、もう一つの疑問。一国の君主なのに、なぜKingではないのだろうか。

これは、簡単に言えば、Kingを名乗りにくい事情があるためだ。

たとえば、モナコ公国の場合は、そのロケーションからも想像がつくだろうが、長くフランス王国の従属国であり、フランス国王と同じレベルの称号を名乗ることは許されなかったのだ。そこで、Princeと呼称するようになったというわけだ。

いまでも国土の50倍の“植民地”をもっている国は？

かつて、イギリスをはじめとするヨーロッパの強国は、自国の何倍もの面積の植民地を有していた。その後多くの植民地は独立し、植民地などという言葉は今や歴史の教科書の中だけ……そんなふうに思っているのなら、それはちょっと違う。植民地は、現代の世界地図にも残っているのだ。

もっとも、今では植民地といわずに自治領と表現するが、主なところでは「イギリス領バミューダ諸島」や「デンマーク領グリーンランド」が挙げられる。

とくに、グリーンランドは、面積約217万平方キロメートルの世界最大の島。日本の国土の約6倍もある。デンマーク本土は約4万3000平方キロメートルだから、デンマークは本土の約50倍もの植民地を持っていることになる。

ただ、前述のとおり、現在では「自治領」となっていて、グリーンランド自治政府が置かれている。

このグリーンランド、面積217万平方キロメートルといっても、その80％は氷河や万年雪に覆われていて、人が住めるのは沿岸部のみ。真夏でも気温は1桁、沿岸には流氷が漂う過酷な環境だ。

にもかかわらず、なぜ「グリーンランド」と呼ばれているかというと、話は西暦982年にさかのぼる。

この島の名づけ親は「赤毛のエイリーク」と呼ばれたノルマン人。彼は、グリーンランドの前に発見した島を「アイスランド」と名づけて入植者を募集したが、希望者が集まらなかった。その失敗の原因は、「氷の島」と正直にネーミングしたことにあると考えたエイリークは、次の入植者募集物件を「グリーンランド」と命名したのだ。

現在、グリーンランドの人口は約5万6000人。大半が先住民族だが、ヨーロッパからの移民の血を引く人たちもいる。彼らの祖先には、氷の世界を目のあたりにして「エイリークにだまされた！」と嘆いた人もいたことだろう。

国連加盟国で、正式に英文表記すると一番短い国は？

2012年1月現在の国連加盟国は193カ国。このうち、英文表記したとき、もっとも長い国名をもつのがイギリスだということは、わりとよく知られている。

イギリスは、ショートフォーム・ネーム（Short-form name）といわれる一般名称は、「United Kingdom」だが、国の政治体制などを反映した正式国名（Long-form name）は、「The United Kingdom of Great Britain and Northern Ireland」（グレートブリテンおよび北アイルランド連合王国）となる。

その反対に、もっとも短い国名はどこだろう。これが意外なことに、日本なのだ。

日本の正式国名はずばり5文字で「Japan」。日本を含め、ロングフォーム・ネームをもたない（決めていない）国や地域は、カナダ「Canada」、アイルランド「Ireland」などがあるが、インド「India」、スペイン「Spain」

などとともに日本は最短なのだ。

なお、ペルー「Peru」、チャド「Chad」、マリ「Mali」などは4文字で綴れるが、いずれもショートフォーム・ネームで、正式国名にはそれぞれ「共和国」（Republic of ～）がつく。

インドネシアとモナコの国旗はどうして同じデザイン？

世界には、同じデザインの国旗を使っている国がある。モナコ公国とインドネシアで、どちらも、上半分が赤、下半分が白というデザインになっている。

先にこの国旗を使ったのは、モナコ公国のほう。1297年にイタリアからの移住者がモナコの王となって以来、赤白の二色が使われてきた。

この二色旗が正式に国旗に制定されたのは、1818年のこと。1956年、国王のレーニエ3世が、アメリカの女優グレース・ケリーを王妃に迎えたときには、モナコ国民は赤と白のカーネーションで歓迎した。

一方、インドネシアの国旗が正式に決められたのは、モナコに遅れること131年、1949年の独立のときだった。

もともとインドネシアでは、赤と白は太陽と月を表す色として古くから親しまれてきた。そこで、オランダの植民地支配から独立するにあたり、なじみ深い二色旗を国民統合の象徴としたのである。

のちに、この二色は、赤が自由と勇気、白は正義と純潔を表すと発表されている。

ちなみに、インドネシアの国旗は、縦横比

が2対3。一方、モナコ公国の旗は、縦横比が4対5だから、厳密には、両国の国旗は100%同じというわけではない。

また、ポーランドの国旗は、上半分が白、下半分が赤と、配色が逆さになっているだけ。同国の建国説話によれば、夕焼けの空を飛ぶ白鷺を見て旗としたとされているが、現在では、赤は独立と国のために流された血、白は喜びを表すとされている。

極寒の北極に砂漠があるって本当？

砂漠と聞くと、灼熱地獄を連想する人が多いことだろう。

照りつける太陽と、砂に反射する熱で、夏には軽く40℃を超える暑さに襲われそうである。

しかし、砂漠は暑いところだけにあるのではない。じつは、北極地帯にも南極大陸にも砂漠があるのだ。

砂漠とは、水分不足のため、特殊な生物しか生きられない地域のこと。北極圏の多くは年間降水量が少ないうえ、その大部分が凍結するため、植物はほとんど育たない。したがって、北極圏には、砂漠と呼ぶにふさわしいところがあるのだ。

南極大陸にも、地肌の出ている無氷地帯に砂漠が存在する。その砂漠の中で最大のものは「ドライバレー」と呼ばれている。年間の降水量が数ミリしかないため、乾燥した砂漠地帯となっているのだ。要するに、水がないため、凍ることすらないというすさまじい土地なのである。

年々、大西洋が広がり、太平洋が狭くなっている？

大西洋がどんどん広がる一方で、太平洋はだんだん狭くなっている。やがて、日本からアメリカへ、ボートを漕いで行けるようになるかもしれない――といえば、空想科学小説のような話だが、現実に地球の地殻はそのような方向に活動し続けている。

もともと地球上の陸地は、南アメリカ、アフリカ、インド、オーストラリア、南極大陸などが一つのかたまりだった。それが、地殻変動を繰り返し、現在のような各大陸に分かれてきた。

その活動がいまも続いており、実際、大西洋は、毎年4～10センチの速さで広がっていることが確認されている。

このように、大陸が移動するのは、地殻の下でマントルが対流しているからである。地球の中心部の温度は数千度もあり、マントルはその熱で下から熱せられて、非常にゆっくりとではあるが、対流している。

大西洋の海底には、この対流が湧き上がって、盛り上がった中央海嶺がある。その中央海嶺が少しずつ隆起することで、両側のユーラシア大陸とアメリカ大陸の両方を押して、その間の距離を広げているのである。

一方、太平洋には、マントルの対流が沈み込み、深い溝のようになっている海溝がある。この海溝に、海底の岩盤が沈み込むことで、アメリカ大陸と日本列島の距離は少しずつ縮んでいるのだ。

この活動が今後も続けば、何億年か後には、アメリカ大陸と日本列島がくっつくと考えられている。

世界一の山脈がふつうの地図に載っていないのはなぜ？

世界一高い山はヒマラヤ山脈のエベレスト。これは標高で測る絶対値だから、間違いないだろう。

では、「世界一長い山脈は？」と聞かれたらどうだろう。

アンデス山脈やロッキー山脈もたしかに長い。しかし、この答えには、どこかに盲点がないだろうか？　そう、海の中だ。

海底にも山はある。周囲より相対的に高ければ〝山〟だから、海抜0メートル以下でも山は山である。

海底の山脈は「海嶺」と呼ばれる。

地球の表面がいくつかのプレートに分かれていて、徐々に移動していることは、ご存じのとおり。

海嶺とはこのプレートが生まれてくるところで、海底の裂け目から上昇してきたマントルが、海水で冷やされて岩盤になり、プレートを形成していく。

だから、マントルが吹き出した跡がプレートの縁にそって山脈を形成する。それが海嶺だ。

この海嶺は、地上の山脈のように、風雪で浸食されることもなく、長々と続いている。たとえば、大西洋中央海嶺などは、北はアイスランドあたりから、南はアフリカ大陸の南端まで続く。

つまり、ロッキー山脈とアンデス山脈をつ

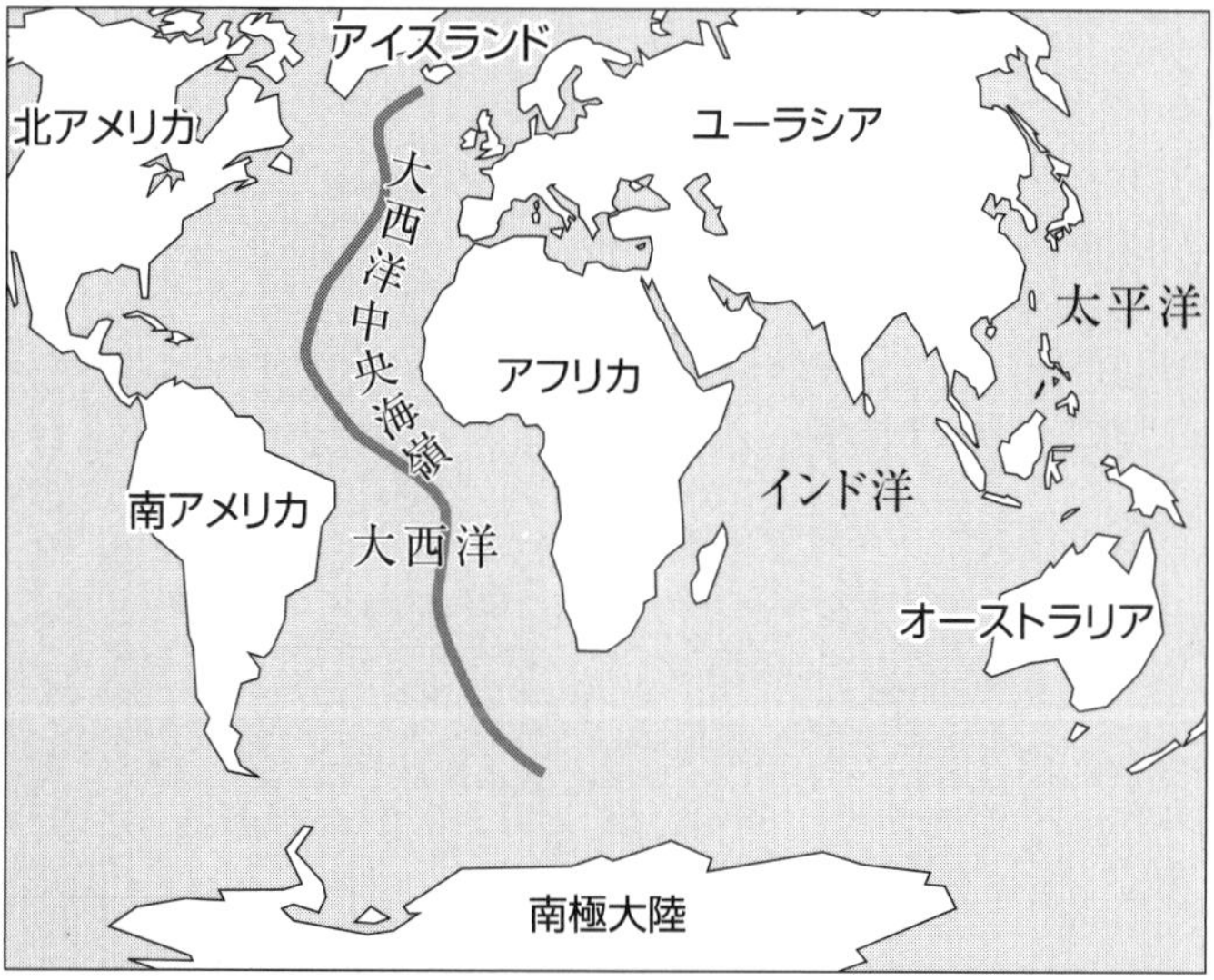

ないだよりも、さらに長いのだ。

海嶺のほとんどは海の中に沈んでいるが、海面に突き出している場所が1カ所だけある。アイスランドだ。

アイスランドは、大西洋中央海嶺の一部が海面に顔を出した島で、島を南北に貫く地溝帯でマントルが噴出し、年に数センチずつ新しいプレートが形成されている。

というわけで、アイスランドは、小さな島ながら、大陸移動説（プレート・テクトニクス）を体現しているユニークな島なのだ。

スカンジナビア半島はどうして年々盛り上がっている？

スカンジナビア半島は、現在も隆起を続けている。

これは、半島の上に乗っかっていた〝重し〟がとれたからである。

では、いったいどんな重しがスカンジナビア半島を押しつぶしていたのだろうか？

それは「氷」である。

スカンジナビア半島は、現在も非常に寒い地域だが、氷河期はさらに寒く、現在の南極のように半島全体が厚い氷で覆われていた。この氷の重みで、スカンジナビア半島は沈み込んでいたのである。

「たかが氷で」と思うかもしれないが、氷河期の様相は今の常識を超えるもの。半島を覆っていた氷の厚さは3キロメートルにもおよんだと推定されているから、その重量は天文学的な数字である。

それだけの重みがかかれば、大地といえども沈んでしまうのだ。


現在、スカンジナビア半島は、氷河期以前の高さに戻ろうとしているわけだが、盛り上がっているといっても年に1センチ程度のこと。住民の生活にはなんの支障もない。

陸地のない北極は、どこからどこまでのことを指すのか？

どこからどこまでを「北極」と呼ぶか、その範囲についてはいくつかの考え方がある。

第一は、北緯66度30分以北を「北極」とする意見で、これがもっとも一般的とされている。

北緯66度30分をボーダーラインとするのは、夏至の日と冬至の日の日照時間に基づく。夏至は、ご存じのように、北半球では1年でもっとも昼の長い日。その太陽の出ている時間は北へ行くほど長くなり、北緯66度30分を超えると、太陽は1日じゅう沈まなくなる。

一方、冬至は1年でもっとも昼の時間の短い日であり、北緯66度30分以北では太陽はまったく現れなくなる。

つまり、これ以北は「昼」「夜」という考え方の通用しない「別世界」という意味で、このラインより北を「北極」とするという見方が生まれたのだ。

北極に関する第二の定義は、「夏の平均気温が摂氏10℃以下」。気象学者の間では、この定義が一般的に使われている。

第三は、植物が生育できるかどうかで決めるもの。寒帯地方には針葉樹林が多いが、さらに北上すると針葉樹林も姿を消し、コケや草しか生えなくなる。その境界線を「森林限界線」と呼び、植物学者などの間では「森林限界線より北」を「北極地方」とするのが一般的な見方になっている。

南極の「到達不能極」っていったい何？

南極大陸には「到達不能極」と呼ばれている場所がある。南緯82・06度、東経54・58度の地点である。

南緯90度の「南極点」から463キロ離れた場所にあるこの「到達不能極」は、標高3718メートル、氷の厚さが4000メートルを超えるという、まさに雪と氷の究極の場所。地球上でもっとも自然環境の厳しい氷河地帯である。

「到達不能極」と呼ばれているのは、南極大陸のどの海岸線から向かっても、もっとも遠い地点にあたるから。

といっても、前人未踏の地というわけではなく、1958年に旧ソ連の南極探険隊が一度到達したことがある。そのさい、ソ連観測隊はそこに観測基地を設置し、記念の銘板と、レーニンの胸像を取りつけた。

したがって、到達不能極は絶対に到達できない場所というわけではなく、正確には「到達困難極」であるといえる。

もっとも、どういう呼び方をしようが、ここに近づくのがきわめて難しいことに変わりはない。

国連旗の世界地図は、なぜ北極が中心になっている?

国連旗は、左の図のように、青地に白で染め抜かれた世界地図をオリーブの葉で囲んだデザインになっている。

平和のシンボルであるオリーブの葉が、国連がめざす世界平和の推進を表しているという。

ところが、旗に描かれた世界地図を見ると、北極点を中心に描かれている。これでは、世界平和を唱えながら、北半球の国々を優先しているような印象を与えかねない。

そんな誤解さえ招きかねない北極中心のデザインになった背景には、採択当時の世界情勢が隠されている。

国連旗が採択されたのは、第二次世界大戦の終戦から2年後の1947年、第2回国連総会でのことである。

当時は、すでにアメリカとソ連の間で冷戦が始まっていたため、平面図にした場合、米ソのどちらが大きく見えるかで、もめる可能性があった。

そこで、地球のてっぺんからの鳥瞰図《ちょうかんず》にすれば、そういう問題は生じないので、北極を中心に描いて、米ソの冷戦をできるだけ早く平和的に解決したいという願いを込めたという。

また、南緯は60度までをおさめることで、オーストラリアや南アフリカ、アルゼンチンといった南半球の国の国土がとぎれないように配慮されている。

さらに、経度は、正面の下部にグリニッジ天文台の０度がくるように考えられて描かれている。

これにより、最上部は日付変更線の通る太平洋上となり、米ソ両国が左右にバランスよく配置されることになった。

ちなみに、この国連旗を他の国旗と一緒に掲揚するときには、国連旗をいちばん上にするか、左端に掲げることが国際ルールとなっている。

世界地図を英語でアトラスというのはなぜ？

「アトラス」とは、英語で「世界地図」や「地図帳」という意味。この言葉が使われ始めたのは、１５００年代のことと見られている。

そもそも、アトラスはギリシャ神話に登場

する巨人の名で、たいへんな怪力の持ち主。天を背負いながら四方を眺める生活を送っており、世界の隅々まで理解するようになったとされている。

大航海時代の1569年、地図学者のメルカトルが「正角円筒図法（メルカトル図法）」を発明し、世界地図の制作に取り組んだ。

この図法では、南北が極端に広がる地図となるが、方位は正確で航海には便利なため、やがてヨーロッパで使われるようになった。

メルカトルの地図帳は、1585年から当時の最新情報を反映したものが発表されたのだが、その表紙にアトラスの絵が描かれていた。

以来、英語では世界地図、または地図帳といえば、「アトラス」が代名詞となっていく。「アトラス」は固有名詞から一般名詞化したのである。

ちなみに、ジブラルタル海峡のアフリカ側には、アトラス山脈がそびえている。

ギリシャ神話によれば、怪力の持ち主アトラスも歳には勝てず、やがて重い天を支えるのが苦しくなってきた。

そこで、英雄ペルセウスが、「目にしたすべてのモノを石に変えてしまう」メドゥサの首を取ってきたとき、アトラスもその首を見て岩山となり、現在の同山脈の場所に横たわったとされている。

世界最古の世界地図はどんな地図だった？

現在、発見されている最古の地図は、紀元前1500年頃の粘土板に記されたもの。メソポタミアの遺跡から発見された。

次いで、前1200〜1100年頃の古代エジプト新王国時代のものと見られるパピルスの地図も見つかっている。

ただし、ともに狭い地域の地図であり、世界地図ではない。

では、世界地図が初めて登場したのはいつかというと、「世界」という言葉を当時の人々が知るもっとも広い地域という意味でとらえれば、メソポタミアの新バビロニア王国時代（前600年頃）の地図が挙げられるだろう。

粘土板に刻まれたその地図には、首都バビロンを中心に、かなり広い地域の様子が記されている。

同じ頃、ギリシャでも地理学者ヘカタイオス（前6世紀〜5世紀頃）が、地中海・黒海・ドナウ川・ナイル川・北アフリカ・アラビア半島などをかなり正確に表現した地理書と、世界地図を作成したが、残念ながら地図のほうは残っていない。

その後、前3世紀にギリシャのエラトステネスが、かなり正確に地球の周囲の長さを算出。さらに紀元2世紀になると、アレキサンドリアで活躍した天文学者プトレマイオスが、地球の円周を360度に等分する経緯度を記した地図作成法を考案した。

これによって、現代人が使っている地図の基礎がほぼできあがった。

❷ アジア・中東

そもそも中国とインドはなぜ人口が多いのか？

2011年現在、人口約13億5000万人の中国と、約12億人のインド。この2国は、世界の人口順位の1位と2位を占め、他国を大きく引き離している。

3位のアメリカ（約3億1000万人）と比べると、両国の人口が際立って多いことがよくわかるだろう。

では、なぜ中国とインドは、これほど人口が多いのだろうか？

まず中国だが、人口推移の様子をみると、1840年当時の人口が約4億1000万人。1949年の中華人民共和国の成立時は5億人超。

もともと絶対数は多かったわけだが、増加

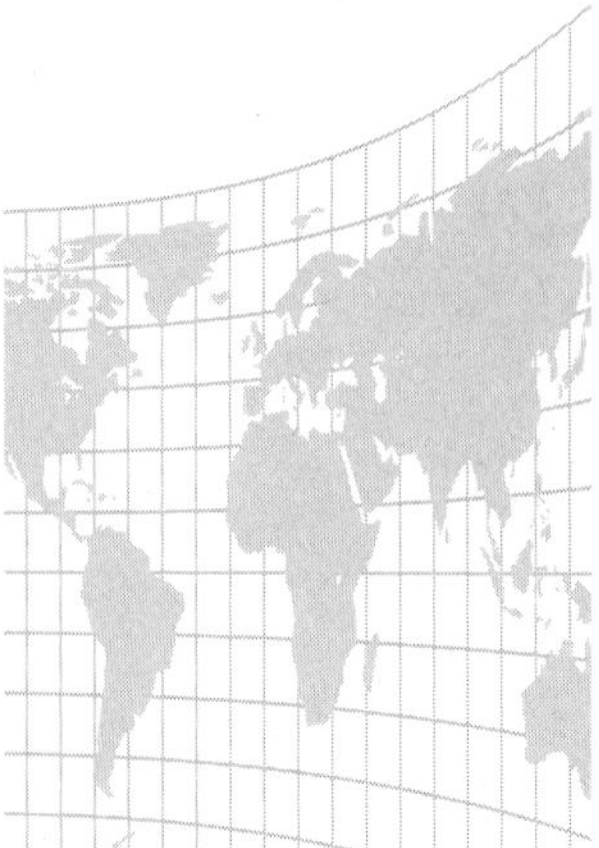

率はひじょうにゆるやかだった。

人口がハイペースで増え出したのは、1950年以降だ。

これには、死亡率が低下し、平均寿命が延びたことが大きく影響しているが、もう一つ、中華人民共和国の成立で、結婚・妊娠ブームが起きたという事情もある。政府が不妊手術や人工中絶を禁止し、国策として人口増加をはかったのだ。

また、中国に古来、「多子多福」、「早生貴子」(子供は早く産む)、「無児絶後」(子どもがないと後が絶える)といった多産信仰があることも見落とせない。

人口が爆発的に増えたため、1979年以降「一人っ子政策」が実施されていることは、よく知られている。

一方、インドはどうかというと、1901年当時の人口が約2億3800万人で、1950年当時は約3億6000万人。ここまでの人口増は比較的ゆるやかで、それ以降に急激な伸びを見せている。

これは、1947年の独立以降、国民の栄養状態や公衆衛生、医療サービスなどの改善によって、死亡率が着実に低下してきたことが大きい。

加えて民主主義国家のインドでは、一党独裁体制の中国が打ち出したような、人口抑制政策を行いにくい。それで、絶対数の多さ+自然増という形で、爆発的に人口が増えてきたわけだ。

目下、インドの人口増加率は1・5パーセントで、中国の0・5パーセントを引き離している。2030年までには、中国を抜いて世界一の人口大国になるとみられている。

同じアジアでも西と東で気候がまったく違うワケは？

西アジアのイランやイラクは砂漠の国。中央アジアのタジキスタン、ウズベキスタンも砂漠の国。一方、東南アジアのタイ、ベトナム、カンボジア、南アジアのバングラデシュなどは、雨量が多く、ジャングルの生い茂る国である。

同じ「アジア」といっても、西と東ではまったく気候が異なるわけだが、どうしてここまで違うのだろうか。

これに関しては、西と東の違いと見るよりも、「海に近いかどうか」という観点で区別したほうがいい。

東南アジアの国々は、太平洋やインド洋などの大海に囲まれているので、大気はいつも水分をたっぷりと含んでいる。要するに湿度が高く、低気圧が発生すると、すぐに雲ができ、雨が降り始める。

一方、西アジアや中央アジアは、海から遠く離れた内陸部。大気は乾燥していて、低気圧が発生しても、なかなか雨にならない。

これが、アジアの西と東で、雨量が大きく違う原因である。つまり、西と東で気候が異なるのは、海との距離が違うからなのだ。

もちろん、わが日本は海に囲まれた国。そこで、新潟とロシアのシベリアを比べると、冬の気温はシベリアのほうがはるかに低いが、降雪量は新潟のほうが圧倒的に多い。この差を生んでいるのも海との距離。新潟が豪雪地帯なのは、日本海に面しているからで、シベリアに雪があまり降らないのは、海から

遠く離れた内陸部だからである。

ただ、これはあくまで一般論で、ペルシャ湾岸の国々のように、海の近くでも乾燥した砂漠という地域もある。

どうして中国は、あんなに広いのに時差がない？

東西に広い国土をもつ国では、通常、複数の時間帯を用いている。そうしないと、時刻と実際の生活時間が合わなくなるからだ。

世界一東西に広い国は、むろんロシア。その経度差は１７０度、地球の約半周分もある。極東地域に住む人々が朝食を食べていると き、ヨーロッパに近い地域では前の日の夕食を食べているというわけだ。これだけ、生活時間に差があると、日本のように一つの時間帯というわけにはいかない。そこで、ロシアでは11もの時間帯を設けている。

アメリカも、ロシアほどではないが、本土だけでも四つの時間帯を設けている。

ただし、例外もある。中国だ。中国国土の経度差は60度以上もあり、単純に考えれば四つの時間帯があってもいいのだが、中国は一つで押し通しているのである。

しかも、中国時間の基準とされているのは、北京や上海《シャンハイ》近くを通る東経120度線。だから、北京や上海では、時刻と生活時間が合っているのだが、西域ではお昼のニュースを早朝に見るという事態になっている。

せめて「東西の真ん中を基準にすれば」と思うが、中国の場合、東と西では極端に人口密度が違うため、人口が集中している東側沿岸部を基準にしているのだ。また、西域に住んでいる人々に、発言権の小さい少数民族が多いことも関係していそうだ。

なぜ、北京の街は凸型になっている？

北京の中心部は、戦後の中華人民共和国の成立前まで、紫禁城《しきんじょう》を中心に分厚い城壁に囲まれた街だった。しかも、その城壁は、上空から見ると、「凸」型という珍しい形をしていた。

もともと、北京に城壁がつくられたのは、12世紀の半ば、「金」という国の首都になってからのこと。当時の城壁は四角い形をしていた。

その後、15世紀の初めになって、「明」の永楽帝がそれまで「大都」だった名を「北京」

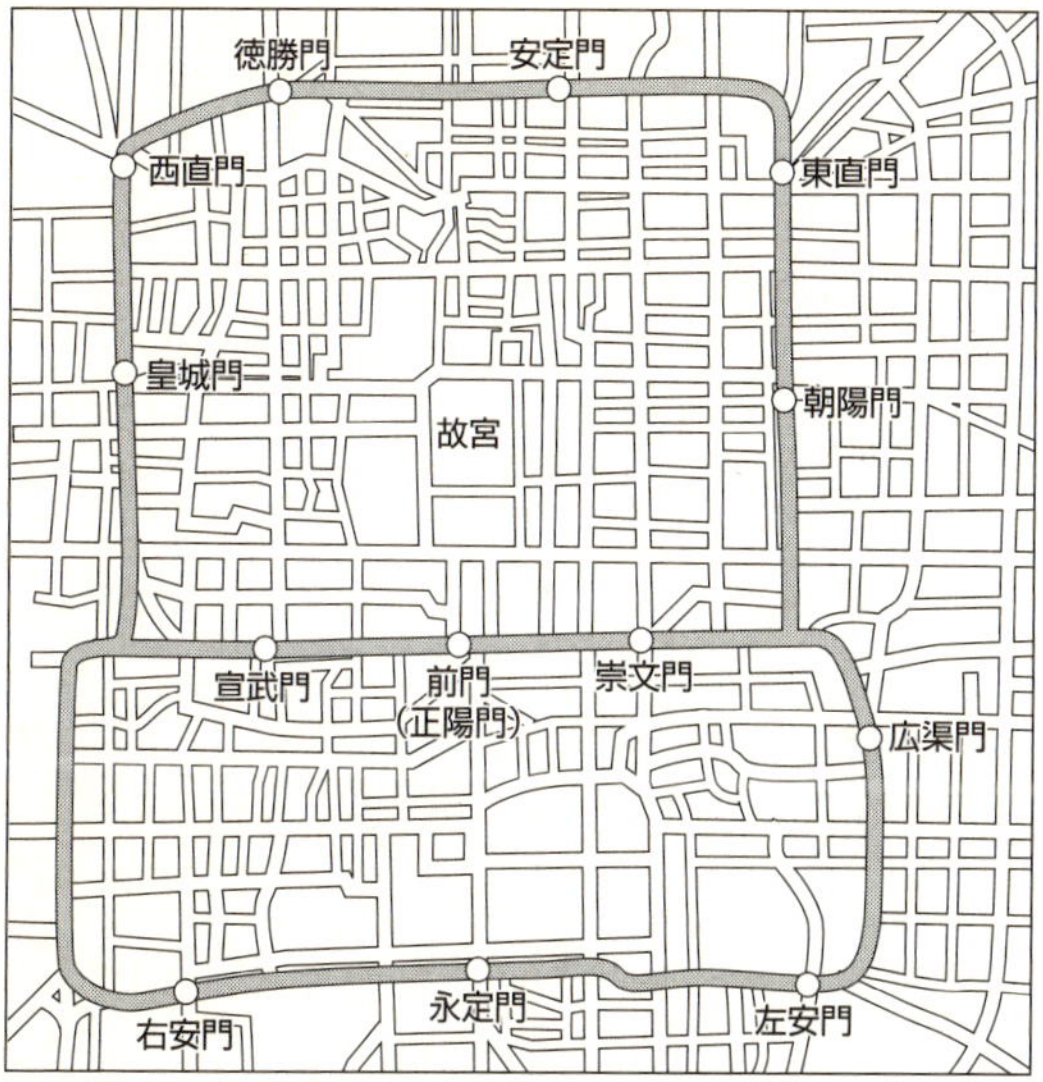

と改名、城壁も大幅に造り替えたが、そのときも城壁は四角いままだった。

ところが、この明の時代に、それまでの城壁の南に新たな城壁が付け加えられ、外城と呼ばれた。

その結果、北京は、二つの四角を重ね合わせた「凸」型の街となったのである。

現在、北京市の中心部にある正陽門は、「凸」型の街になる前の市街の最南端。この門をはさむようにして、大通りが東西に走っているが、この大通りも、明の時代の半ばまで、高くて分厚い城壁だった。

かつての城壁の跡地は、現在、広い環状道路となり、その下を地下鉄が通っている。というように、北京には、大通りという形で、かつての凸型のあとが残っている。

シルクロードを中国語では何という？

シルクロード（絹の道）は、ご存じのように、古くからユーラシア大陸の東西をつないできた重要な交易路。この交易路を通って、さまざまなモノや文化が行きかったが、とくに、古代中国で作られた絹が遠くローマまで伝わり、珍重されたことから、象徴的に「絹の道」と呼ばれてきた。

シルクロードの起点は中国の長安（現在の西安）で、終点はシリアのアンティオキアとなる。長安からアンティオキアまでのルートは主に三つあった。

一つは、敦煌《とんこう》からタクラマカン砂漠の南側に回り、ホータン、ヤルカンドなどを通ってパミール高原に向かう道。これがもっとも古いルートで、「天山南路南道」または「西域南道」と呼ばれていた。

二つめは、敦煌から桜蘭《ろうらん》やトゥルファン方面へと向かう道。そこから天山山脈の南側を通りパミール高原に入る。このルートは「天山南路北道」または「天山南路」と呼ばれていた。

三つめは、敦煌の北方にあるハミへと向かい、トゥルファン、ウルムチ、イリ川流域へと通じる道。そこから先は、遊牧民の通商路であるステップロードにつながる。このルートは、天山山脈の北側を通るため「天山北路」と呼ばれていた。

ただし、シルクロードという言葉そのものの起源は、そう古くはない。

この言葉を最初に使ったのは19世紀ドイツ

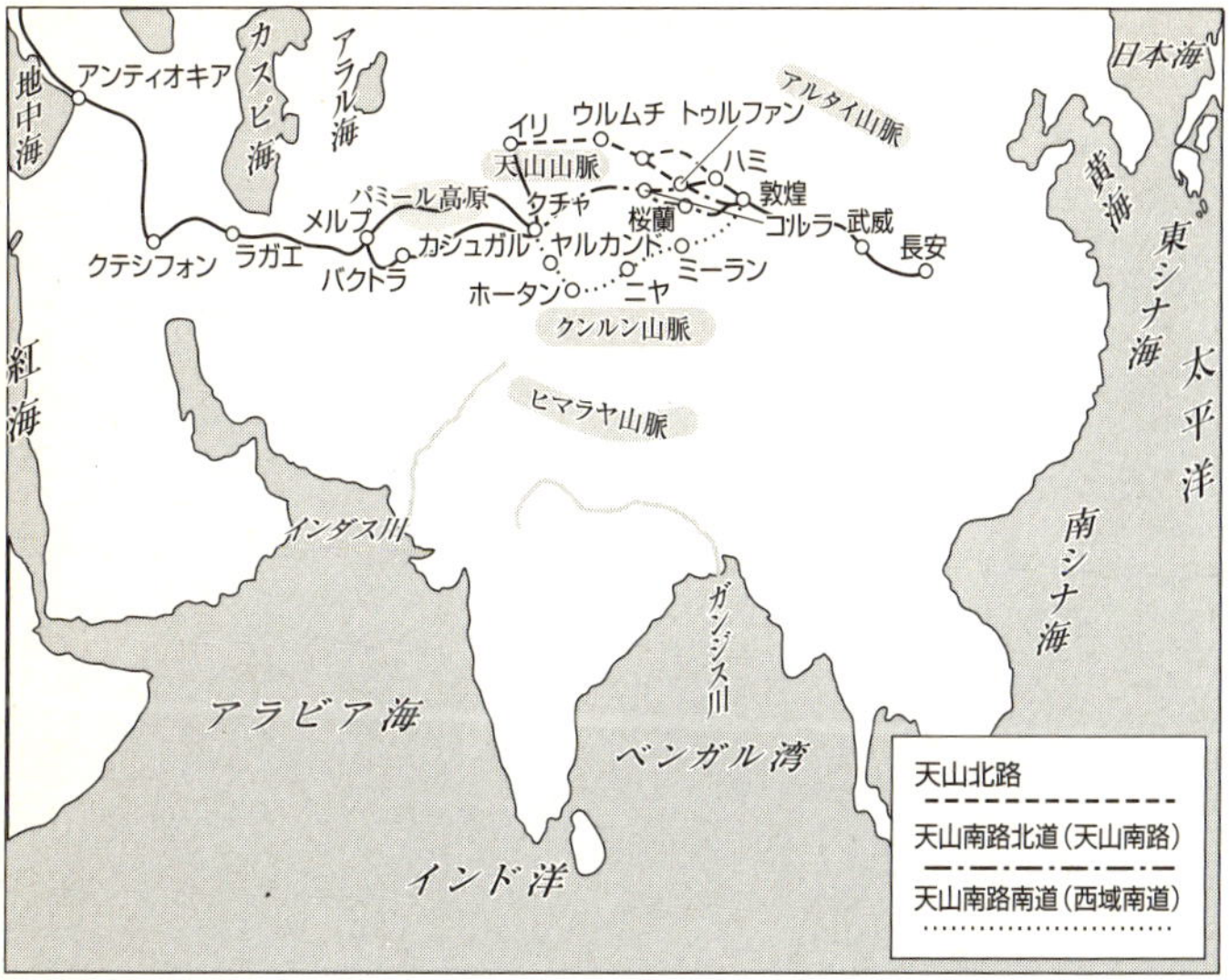

の地理学者リヒトホーフェン。

彼がその著書『China』（1877年）で「ザイデンシュトラーセン」（絹の道）という言葉を使い、その弟子が中央アジア旅行記の書名にこの言葉を使ってから、世界的に有名になった。

それが英訳されて「Silk Road」となり、さらに和訳されて「絹の道」になったわけだが、ではシルクロードの本場中国では、どう訳されているのかというと、「絲綢之路（日本語読みにすれば「しちゅうのみち」）。絲綢とは、ずばりシルクのことである。

長江と揚子江、どっちを使うのが正しい？

中国の長江といえば、ナイル川、アマゾン

川に次いで世界第3位の長さを誇る世界屈指の大河。全長約6380キロもさることながら、流域面積は中国の総面積の約5分の1にのぼり、川の名前もずばり「長大な河」という意味である。

ところで、日本でも世界でも、長江の別称は「揚子江」ということになっているが、正確にいうと中国に揚子江という川はない。じつは、揚子江という呼び名は、ちょっとした勘違いから生まれたもので、現地の人がそう呼んでいるわけではないのだ。

その勘違いがおきたのは、19世紀初頭のこと。長江を船で下っていた西洋人が、船頭にこう尋ねたという。「この川はなんという名前ですか?」

すると、船頭から返ってきたのは「ああ、揚子橋です」という答え。船頭は橋の名前を聞かれたと勘違いして、たまたま近くにかかっていた橋の名前を答えてしまったのだ。しかも、質問した西洋人のほうも、それを「揚子江」の聞き間違いだろうと解釈してしまった。以来「揚子江」という呼び名が、世界に広まることになった。

もちろん、中国での呼び名は、あくまでも「長江」。だから、中国に「揚子江」という川はないといえるのだ。

砂漠なのに洪水になるゴビ砂漠の謎とは?

雨が降ると、砂漠でも洪水になるのはわかるが、日照りが続いているのに、突然洪水が起きる砂漠もある。ゴビ砂漠である。日照りが続くとオアシスがあふれ出し、周辺の町を水浸しにしてしまうというのだ。

その原因は、ゴビ砂漠のはるか彼方にそびえる天山山脈にある。同山脈は、長さ約2000キロにもおよぶ大山脈。最高峰のポベーダ山は海抜7439メートルもの高さを誇る。当然、天山山脈の高いところは、真夏でも万年雪に覆われている。

問題はこの万年雪だ。ゴビ砂漠から天山山脈にかけて、日照りが続くと、同山脈を覆っている大量の雪が溶け出すのだ。それが地下水脈にどっと流れ込み、地下水の出口であるオアシスで一気に噴き出すのである。

大山脈の雪解け水が、蛇口を求めるように集中的に噴き出すのだから、付近をたちまち水浸しにしてしまうというわけだ。

ちなみに、天山山脈の雪解け水は、5000キロ先のオアシスまで流れていく。なんともスケールのでかい話である。

なぜフィリピンの人は世界各地に出稼ぎに行くのか?

フィリピンは、シンガポールやインドと並び、アジアの国々のなかでは英語力がひじょうに高い国として知られる。英語が苦手な日本人にとってはうらやましいかぎりだが、歴史をふりかえると、そうとばかりはいえない。

フィリピンは、マゼラン来航後の1565年にスペイン領となり、19世紀末にアメリカの植民地になるという苦難の歴史を経てきた。英語が得意なのはそのためといえる。アメリカの植民地支配は47年間と比較的短かったが、その間に徹底した英語教育が行われ、1946年の独立後も、国語のフィリピノ語とともに、英語が公用語になっている。

そして、今や英語は、フィリピンにおける最大の〝外貨獲得源〟になっている。

フィリピンは、国内の失業率が高く、貧困世帯率が約35％にのぼる。国土の約半分を一握りの大地主が所有するという不平等社会でもある。

そこで、この国の人々の多くは、英語を武器に海外へ出稼ぎに行く。その数は、４００万～５００万人。これは、国の労働力人口の約1割にあたる数である。

おもな出稼ぎ先となっているのは、アメリカ、シンガポール、香港、イギリスなどの英語を使える強みを生かせる国。働き口はさまざまだが、女性は家政婦や看護婦として働くケースが多い。

現在、彼らが海外から送金するといわれるお金は、本国のＧＤＰの10％近くにのぼるとみられる。辛い歴史と、小学校から英語教育を行うバイリンガル政策が産み出す外貨である。

アンコールワットに使われた「石」の謎とは？

カンボジアの観光名所になっているアンコール遺跡は、9世紀初頭から15世紀まで栄えたアンコール朝の遺跡群。東西20キロ、南北10キロの範囲に、おもなものだけで30近くの遺跡が散在しているが、とりわけ有名なのは、池に映る寺院が印象的なアンコール・ワットと、その北に位置するアンコール・トムの遺跡だろう。

これらの遺跡は、アンコール朝がタイのア

ユタヤ朝の侵攻で滅亡（１４３２年）するとともに、密林のなかに埋もれてしまっていた。今によみがえったのは、１８６０年、フランスの学者によって発見されたからだ。

だが、この発見とともに、遺跡にまつわる謎も浮かび上がってきた。

最大の謎の一つは、石造寺院の建造に使われた石材が、どこからどう運ばれてきたのかという問題だ。

たとえば、アンコール・ワットの建造に使われた巨大な石柱１５００本余りは、どこから運ばれてきたのか？

もちろん、熱帯雨林のなかに、それらしい石切り場はない。唯一考えられるのは、北部のダンレック山脈だが、距離が50キロも離れている。しかも、大量の石材を運べるだけの水運ルートも見当たらない。これだけの重量の石を陸路で運んだとは考えにくいし、謎は深まるばかりだ。

アンコール朝の人々が、王朝の滅亡以後どこへ消えてしまったかも、大きな謎である。これほどの遺跡を残すだけの高度な文化を築きながら、突然歴史から姿を消してしまった人々。彼らが消え去ったあと、王都アンコールはすっかり荒れ果て、密林のなかに謎だけが残されたのである。

シンガポールで、海を埋め立てるのに買ったものとは？

シンガポールは、国土が非常に狭い国である。東京23区よりも狭いほどだが、その面積は年々少しずつ広くなっている。といっても、土地がひとりでに生長するはずもない。シンガポールでは、昔から国土が狭いという問題を少しでも解消するため、海を埋め立ててきたのである。

ところが、シンガポールには山らしい山がない。つまり、埋め立てようとしても、土すら自給することができないのだ。

といえば、ゴミを利用しているんだなと思う人もいるだろう。実際、東京湾の夢の島などは、ゴミで埋め立てられてきた。

ところが、シンガポールは、その方法はとらなかった。

なんと、マラッカ海峡をへだてたインドネシアから、土を買ってきたのである。大量の土を船で運び込んで、それで海を埋めているのだ。

水や電力を隣国から買う国はあっても、土を輸入する国は世界的にも珍しい。

中東と離れたインドネシアがイスラム国になった経緯は？

日本国内では、まわりに仏教徒やキリスト教徒はいても、イスラム教徒に出会う機会が少ないので実感しにくいが、実は、イスラム文化圏は意外なほどに広く、現在、世界中にイスラム教徒は10億人はいるとみられている。

そして、イスラム教徒の人数がもっとも多い国は、イラクでもサウジアラビアでもなく、アジアのインドネシアなのだ。

イスラム教が誕生したのは、7世紀のアラビア半島でのこと。その後、イスラム教は急速に西へ東へと伝播していった。

アジアの中でも、とくにインドネシアにイ

スラム教徒が多いのは、国際交易が盛んだったことが一つの理由。インドネシアに小型帆船で交易にやってきたアラビアやインドの商人たちは、多くがイスラム教徒で、布教活動にも熱心だった。

一方、国際的な交易があまり行われていなかったベトナム、ラオス、カンボジア、タイ、ミャンマーなどには、イスラム教は浸透せず、現在に至るまで仏教中心の国となっている。

そして、インドネシアに伝えられたイスラム教は、スーフィズムと呼ばれる一派で、厳格なアラブ・イスラムとはかなり性格が違っていた。

スーフィズムは「神秘主義」と訳され、粗末な衣服（スーフ）をまとい、苦行と瞑想によって神との一体感を求めるという信仰。インドネシアでは、イスラムが伝わる以前は、ヒンドゥー教、仏教とともに、土着のアニミズム信仰が深く根付いていた。そうした土壌があったからこそ、スーフィズムがすんなりと受け入れられたと考えられている。

現在、インドネシアでは、仏教、ヒンドゥー教、イスラム教、キリスト教の世界四大宗教が共存している。ただし、必ずしも平和共存しているわけではなく、宗教がからんだ衝突事件も起きてきた。インドネシアは、宗教に関して、世界の縮図のような国といえるかもしれない。

インドネシアの「ネシア」って、どんな意味？

インドネシアやミクロネシアの「ネシア」とは、ギリシャ語で「島々」を表す「nesos」

と、国・地名を表す接尾語「～ia」が合体したもの。

だから、インドネシアは「インドの島々の国」となる。1884年、オランダの植民地時代に、ドイツの民俗学者アドルフ・バスチャンが命名したといわれている。

この地域には、もともとサンスクリット語の「大麦」に由来する「ジャワ」という地名があるが、独立の際に宗主国だったオランダに気を遣って「インドネシア」を採用したという。

一方、ポリネシア、メラネシア、ミクロネシアの三大ネシアのうちもっとも古いのは、ミクロネシア。「小さな島々」という意味で、1831年にフランスの地理学者ドムニー・ドリエンツィが、パリ地理学協会に提唱したのが初出という説が有力だ。

次が「黒い島々」という意味のメラネシア。これはその翌年、同じフランスの探検家デュモン・デュルビルの命名。ちなみに、この人、南極にも行っていて、発見したペンギンに自分の奥さんの名前をつけたことで有名。それが、アデリーペンギンである。

その次が、「たくさんの島々」という意味のポリネシア。これは1853年、フランスの地理学者マルト・ブランが考案した。

そして、最後が、バスチャンのインドネシアというわけだ。

マラッカ海峡で「事故」が多い事情とは？

マラッカ海峡は、マレー半島とインドネシア・スマトラ島の間を通り抜ける、長さ約8

00キロの海峡。インド洋と太平洋を最短で結ぶ近道であり、日本にとっては中東からのタンカーの通り道、ライフラインの要ともいえる重要航路である。

このマラッカ海峡、さまざまな事故や事件が頻発する海の難所としても有名だ。なにしろ、幅が狭く、もっとも狭いところは10キロにも満たない。

しかも、水深が浅いので、大型船が航行できる範囲が限られている。さらに、強い潮流が海底に砂州をつくるので、水深が頻繁に変化する。

そんなところに、大型タンカーをはじめ、貨物船、漁船、小さな木造の釣り船までが、ひっきりなしに往来しているのだ。「難所」といわれるのも無理はない。

加えてマラッカ海峡には、地理的な問題だけではなく、航行の障害となる条件がそろっている。たとえばスコール。熱帯特有の大豪雨に見舞われると、視界はわずか数百メートルに落ちてしまう。レーダーも雨雲でいっぱいになって、航行する船が映らなくなる。さらに、海賊が出没し、乗組員十数人程度の貨物船が頻繁に襲われている。

そのほかにも、焼き畑農業の煙や、のろのろと航行するオイルリグ（石油掘削船）に行く手をさえぎられるなど、この海峡にはありとあらゆる障害が待ち構えている。

ソウルが、盆地の西寄りに建設されたワケは？

韓国が、1980年代に成し遂げた高度経済成長は、当時「ハンガンの奇跡」と呼ばれた。「ハンガン」とは、韓国の首都ソウルの街を東西に流れる「漢江」という川のこと。ソウルが首都に選ばれたのは、盆地であることと同時に、この漢江の存在が大きな決め手となった。

ソウルが首都となったのは、1394年、李成桂が高麗王朝を倒して、李氏朝鮮を興してから2年後のことである。

当時、彼が王宮を建て城壁を築いたのは、ソウル盆地の西寄り、漢江の北にある342メートルの北岳山のふもとだった。

彼がそこを首都と決めたのは、「風水」に基づいてのこと。風水では、後ろに山があり、南の開けたところに大きな川が流れる盆地こそ、都市にふさわしいとされている。

実際、ソウルの周りは、北漢山などの山々に囲まれ、南の開けたところには、漢江が流れている。風水的に「都」として、ピッタリの場所だったのである。

ちなみに、風水は中国で生まれた考え方で、のちに朝鮮半島や日本に伝わった。日本でも、平安時代に建設された平安京は、北と東西を山に囲まれた盆地で、南の開けた地域に、宇治川や木津川が流れるという、ソウルとよく似た立地条件がそろっている。

なぜ、韓国の地名で「ソウル」はカタカナで書く？

韓国はハングルの国だが、日本のガイドブックで韓国の地図を見ると、多くの地名が「釜山」「済州島」というように漢字で表記されている。現地の地下鉄や観光地の案内表示などでも、ハングル、ローマ字、漢字が併記されていることが少なくない。

ところが、「ソウル」だけは漢字表記がみあたらない。日本のガイドブックでも、カタカナ表記で統一されている。なぜだろう？

これは、「ソウル」が、「みやこ」を意味する韓国古来の言葉であるため。中国から伝わった漢字では書き表すことはできないからだ。

ソウルを韓国の首都としたのは、前項でも述べたように朝鮮王朝の太祖である李成桂。高麗王朝の首都開城から遷都する際に、風水に基づいて候補地を選定した結果、最適の場所とされたのが「漢陽」、つまり今のソウル。以来、ソウルは600年以上にわたって首都として栄えてきた。日本の植民地統治時代には「京城」という名がつけられたが、その後、日本の支配から解放されたのを機に「ソウル」と改称した。

板門店には本当に「お店」があるのか？

板門店は、朝鮮戦争の休戦協定が結ばれたところで、現在は、南北の非武装地帯として、両国の共同管理下に置かれている。ここでは、1本の軍事境界線を挟んで向き合う南北兵士や施設を見学できる。

韓国語では「パンムンジョム」と呼ばれるが、漢字で書くと「板門店」となる。この地名を見ると、かつては、お店が建ち並んでいたのかと思うかもしれないが、高麗時代のこの地は、旅館がポツンとあるだけの寒村だった。その旅館は、門が木の板でつくられていたので、「板門店」と呼ばれていた。その旅館の名前が、そのまま地名になったというわけだ。

現在は、非武装地帯となっているので、近くには誰も住んでいないと思われがちだが、じつは、韓国側には板門店から南西に1・5キロのところに「自由の村」という集落があり、昔からの住民が住んでいる。

韓国にはどうしてクリスチャンが多いのか？

韓国といえば、儒教文化が深く根づく国というイメージがある。また、その昔、日本に仏教を伝えた国でもあり、今でも仏教は重要な宗教の一つ。さらに、韓国の宗教で忘れてはならないのは、キリスト教だ。

人口の約4分の1、信者数にして約1200万人がキリスト教を信仰しているともいわれる。

この人口比率は、アジアのなかではフィリピンに次いで高い。

ではなぜ、韓国でキリスト教がこれほど浸透しているのだろうか？

理由の一つに挙げられるのが、じつは戦前の日本による支配だ。

戦前の日本は、植民地支配下の朝鮮に対して同化政策を行い、日本の国家神道を信仰するよう求めた。

だが、これにもっとも強く抵抗したのが、キリスト教（とくにプロテスタント）勢力だ。1919年に発生した三・一独立運動でも、キリスト教徒が指導的な役割を果たし、その後の韓国では、キリスト教が民族主義と結びつくという、独特の展開をみせた。ほかのアジアの国では支配側の力になっていたキリスト教が、韓国では抵抗の力になったのである。

韓国の独立後も、キリスト教は、厳しい生活を送る人々の間に、着実に広まっていった。独立後の民主化運動を担った人々にも、クリスチャンが多かった。

そうしたことが、韓国にキリスト教を根づかせる原動力になったとみられている。

シベリアでは、凍った土の上にどうやってビルを建てている？

ロシアのシベリアというと、草も木もない不毛の地と思っている人もいるだろうが、それは誤解。シベリアにも都市はあり、人々はちゃんと生活を営んでいる。たしかに、シベリアの冬は厳しく、氷点下40℃、50℃という日が続くが、決して住めないところではない。

しかし、そうはいっても、シベリアで生き抜くには、それなりの工夫が必要である。

たとえば、シベリアの建物を見ると、平屋も高層ビルも「高床式」で、地面と建物の間にすき間が空いている。これも、シベリアで生き抜くための工夫の一つである。

建物を高床式にするのは、シベリアの大地が永久凍土でできているから。永久凍土の堅さはコンクリート並なので、地面の上にじかに建物を建てることも可能なのだが、建物が地面に接していると、暖房熱で永久凍土が溶けて、地盤がゆるむおそれがあるのだ。

そこで、シベリアでは、まず永久凍土に支柱を打ち込み、地表から1メートルから2メートルくらいのところに土台をつくり、その上に建物を建てる。こうすれば、人間の生み出す熱が永久凍土におよぶことはないというわけだ。

ところで、氷点下40℃、50℃という寒さは、日本ではなかなか経験できないが、シベリア暮らしの経験者に聞くと、「寒いと感じるのは、氷点下15℃くらいまで。そこから先は気温がどんなに下がっても、違いはよくわからない」とのこと。「ただし、氷点下30℃を下回ると、突然メガネが割れたり、時計が動かなくなったりするので、ただ事でないことはわかる」という話だった。

トルコはアジア？それともヨーロッパ？

サッカーワールドカップ大会の「アジア予選」には、イラン、イラクはもちろん、カザフスタンやウズベキスタンも参加する。だが、イラン、イラクと国境を接するトルコは、「ヨーロッパ予選」に参加する。

では、トルコはヨーロッパの国かというと、地理的にはその国土の97％はアジア側とされ、ヨーロッパ側は3％しかない。だが、トルコ最大の都市イスタンブールは、かつては東ローマ帝国の首都であり、いまもアジア諸国よりもヨーロッパとの結びつきが強い。

まさに、トルコは、アジアのような、ヨーロッパのような、あいまいな国なのである。

人種的にみても、東西文化の接点に位置するトルコでは、長い歴史の中で混血を繰り返してきた。そのため、ヨーロッパ人に近い人もいれば、アジア系の人もいる。

また、母国語であるトルコ語や、国民のほとんどが信者というイスラム教をみると、西

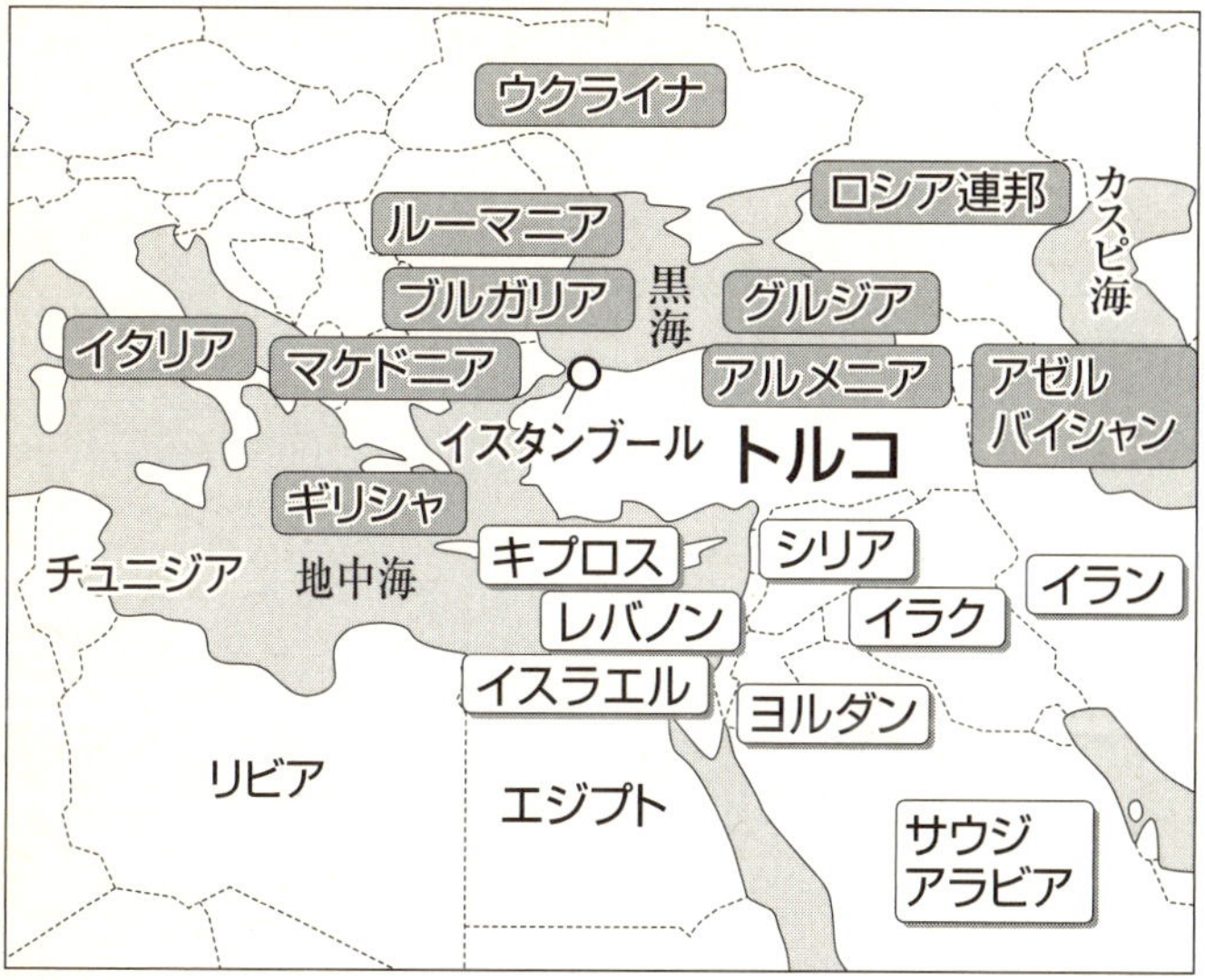

アジアとの結びつきが強いという見方もできる。しかし、その一方、政治的にはイスラム諸国機構に属しながら、第二次世界大戦後にはＮＡＴＯに加盟し、現在はＥＵへの加盟を目指している。

ちなみに、トルコのサッカーが強くなったのは、ドイツに移民したトルコ人の子が、ドイツでサッカーをしながら成長。トルコ代表として戦うようになったからである。

死海がどんどん干上がっているワケは？

死海は、イスラエルとヨルダンの国境沿いにある湖。25％もの塩分を含んでおり、湖水中にはまったく生物が生息していない。そのため、古くから「死海（Dead Sea)」と呼ばれてきたのだが、現在、その死海が干上がってしまう危機に直面しているのである。

というのも、死海に流入する川は、ほぼヨルダン川1本といっていいが、このヨルダン川の水が灌漑に利用されているため、水量が大幅に減ってきている。そして、死海周辺はご存じのように砂漠地帯。雨がほとんど降らないうえ蒸発が激しく、水位はどんどん低下。干上がりかけているのである。

もちろん、イスラエル政府では対策を考えている。その一つが、地中海から死海へ海水を流し込み、水を供給するというもの。死海の湖面の高度はマイナス400メートル近い。地中海よりも400メートルも低いわけで、運河を掘れば、この落差を利用して海水を供給することが可能というわけだ。

ところが、この周辺は紛争が絶えないところでもある。イスラエルが〝死海救済計画〟を実行しようとすると、周辺国からは必ず反対の声があがる。そのため、交渉が長引き、なかなか実行に移せないのである。

なぜ、アラル海はどんどん小さくなっている？

中央アジアのカザフスタンとウズベキスタンの国境に、アラル海という湖がある。かつては世界で4番目に大きな湖で、その景色の美しさから「中央アジアの真珠」と呼ばれてきた。

ところが、そのアラル海が、近年干上がって、どんどん小さくなっている。湖面積が3分の1になったといわれ、かつての湖面がむき出しになったところには、船がそのまま放置されていることもある。

その主原因は、旧ソ連時代の「アラル海プロジェクト」である。１９６０年、旧ソ連は、不毛の砂漠地帯を緑の大地に変えようという壮大な計画をぶち上げた。その構想の基本は、アラル海に注ぐアムダリア川とシムダリア川の水を農地に引き込むというもの。巨大な水路が建設され、「レーニン水路」「スターリン運河」などと名づけられ、周辺では綿花やコメなどが栽培された。

最盛期の70年代後半には、旧ソ連内の綿花の95％、コメの40％を収穫する大農業地帯となり、「砂漠の奇跡」と呼ばれた。

しかし、もともとこの一帯は、砂漠化するくらい降水量の少ない地域。注ぎ込む川の水を横取りされたアラル海の水位はみるみる下がり、どんどん干上がり始めたのである。

現状のままでは、２０２０年代には、アラル海は、濃い塩水を残すだけになり、もはや湖ではなくなると言われる。むろん、そうなれば、この水に頼ってきた３２００万人に及ぶ周辺住民の生活は成り立たなくなる。

もちろん、カザフスタンやウズベキスタンでは、対策を協議しているが、名案は浮かんでいない。川の流れをアラル海に戻すことは簡単だが、そうすると今度は農業が大打撃を受け、周辺経済が破綻してしまうからである。旧ソ連時代の〝遺産〟をめぐって、中央アジア諸国は大きなジレンマに直面している。

「中東」って、どこからどこまでのこと？

「中東」と聞くと、イスラエルやヨルダンといった国を思い浮かべる人は多いだろう。

では、その2カ国以外で中東に含まれる国は？　と聞かれて、明確に答えられるだろうか。

じつは、国際社会でも、どこからどこまでが中東なのか、はっきりしていないのが実情だ。

そもそも、「中東（ミドル・イースト）」という言葉が初めて使われたのは、1902年、アメリカの海事戦略家アルフレッド・マハンが、ロンドン発行の雑誌『ナショナル・レビュー』に掲載した論文だと言われている。

この論文の中で、マハンは、ロシアとイギリスの戦略的覇権を検証し、両国間の争いの舞台となったスエズからインドまでの広大な一帯を「中東」と呼んだ。

その理由は、ヨーロッパ人はアジア東部を「極東（ファー・イースト）」と呼び、地中海東岸及び小アジア、バルカン半島までを「近東（ニア・アジア）」と呼んできたが、当該地域はその中間に位置するため、「中東（ミドル・イースト）」としたとみられている。

しかし、マハンが明確な線引きをしなかったため、その後、「中東」という言葉は、あいまいなまま使われることとなった。

日本の外務省では、中東と近東を合わせて「中近東」と呼んでいる。

そのエリアは、東はアフガニスタンから西はモロッコ、北はトルコから南はスーダンまでのエリアである。

しかし、これも、ヨーロッパで言われる「近東」「中東」の範囲が明確でないということで、戦後になって、日本が独自に作った地理的な概念であり、日本だけでしか使われていない。

イスラムの国の国旗に三日月マークが多いのは？

赤十字は、戦場や難民キャンプなどで医療活動を行っている国際的な組織であり、そのマーク。イスラム圏でもこの団体は活動しているのだが、中東などではこのマークは使われていない。十字が、かつてイスラム圏の人々を大虐殺した十字軍を思い出させるからである。

そこで、代わりに使われているのが、白地に赤く三日月を描いたマーク。どうして三日月かというと、十字がキリスト教圏のシンボルであるように、三日月がイスラム圏のシンボルだからである。イスラム圏の国々の国旗に三日月マークが多いのも、そのためだ。

三日月マークがイスラム圏に広がったのは、15世紀にオスマントルコ帝国がこのマークを国章に定めてからのこと。デザインは、赤地に三日月と星を白く染め抜いたもので、現在のトルコの国旗はその伝統を受け継いだものとなっている。

どうして、油田は砂漠地帯に多い？

ＯＰＥＣ（石油輸出国機構）加盟国の多くは、中東か北アフリカの砂漠地帯にある。そのため、「石油は砂漠でとれるもの」と思っている人もいるだろうが、これは勘違い。実際、ＯＰＥＣには２００９年までインドネシアも加盟していたし、他に海底油田を持つ国もある。砂漠でなくても石油はとれるのだ。とはいえ、多くの油田が砂漠地帯にあるのは事実。なぜだろうか。

中東や北アフリカに油田が多いのは、そこが大昔、海の底だったことに由来する。

石油は海中のプランクトンの死骸が海底に堆積し、それが地熱と地圧の影響を受けて石油となったもの。石油が出るということは、かつてそこが海の底だった証拠なのである。

現在、われわれが使う石油は、約2億3000万年～6000万年前に死んだプランクトンからできたものと考えられている。

紅海が細く、深く切れ込んでいるのはどうして？

紅海は、アラビア半島とアフリカ大陸の間にある内海。長さ1880キロ、幅の平均は340キロと、細く長く切れ込んでいるのが特徴だ。

とくに、アラビア半島南端の国イエメンと、アフリカ東端の「アフリカの角」に位置するソマリアは、まさに目と鼻の先の近さ。それもそのはず、じつはアラビア半島は、大昔にはアフリカ大陸の一部だったのだ。

ところが、今から2000万～1000万年前におきた地殻変動によって、アフリカ大陸の東部に裂け目が生じ、アラビア半島は大陸から切り離された。

そのときできた断層をグレート・リフト・バレー（大地溝帯）という。

現在の紅海は、その大地溝帯の一部。裂け目に海水がたまって、今のような海になったのだ。

紅海を生み出したグレート・リフト・バレ

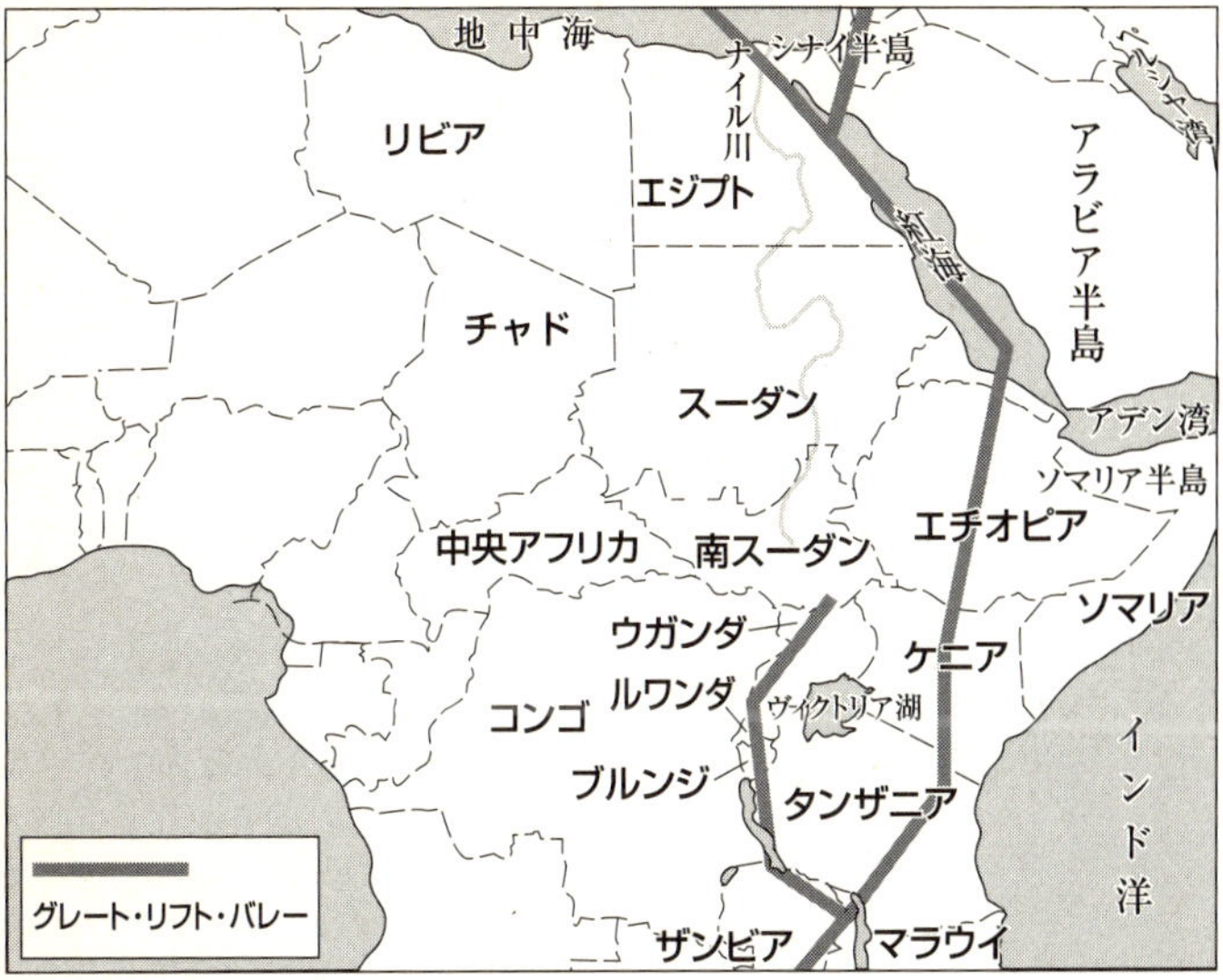

ーは、南北に長く延びていて、北側ではシナイ半島を形成している。その地溝帯は、ヨルダン渓谷から死海へと続いている。

一方、紅海から南へと延びる地溝帯は、エチオピアの高原地帯やケニアを縦断し、タンザニアに至る。

また、ヴィクトリア湖を囲むようにして、ウガンダのアルバート湖や、ルワンダのキヴ湖、ブルンジとタンザニアをまたぐ形のタンガニーカ湖、マラウイ湖などを形成している地溝帯もある。

この地域に数多く見られる湖や沼は、地溝帯の底の部分に水がたまってできたものがほとんどである。

さらに驚くべきことに、この大地溝帯の陥没は、いまだに続いている。およそ1年に5ミリのペースで開き続けているので、このままのペースでいくと、数十万年〜数百万年後には「アフリカの角」の部分が、アフリカ大陸から分断されると予想されている。

とすると、ソマリアなど地溝帯の東側に位置する地域は、地溝帯に海水が流れ込むことによって、独立した島になってしまうことになる。

インドの国旗に描かれた「車輪」は何を表している？

世界の国々の国旗の中でも、車輪の模様が描かれているのは、インド国旗しかない。

インド国旗は、上からサフラン色、白、緑に色分けされ、真ん中の白地に、青で車輪が描かれている。この車輪の紋章は、インドをほぼ統一したことで知られるアショーカ王時代の「チャクラ」と呼ばれた古い車輪に由来する。

紀元前3世紀、マウリア朝のアショーカ王が、南インドの一部をのぞいてインドを統一したが、その最中、南方のカリンガ王国で数十万という人々を虐殺する。のちに、アショーカ王は、その残虐な行動を悔いて仏教に帰依したといわれ、以降、暴力ではなく、カルマによる支配に努めるようになったと言われる。この場合のカルマは「法」と訳されるが、法律ではなく道徳的な徳目に近い。

アショーカ王は、このカルマを刻んだ石柱碑を各地につくった。その石碑のてっぺんには、王家の象徴である獅子の像が彫られ、台座には「車輪」が刻まれた。クルクル廻る車輪は、輪廻の象徴。このデザインが、約2200年後、イギリスから独立するとき、国旗

に採用されたのである。

車輪の輻《や》の数を数えてみると、24本あり、これは1日が24時間であることを表している。車輪そのものは、1日が永続的にまわり続けるという意味で、永久の繁栄を象徴しているという。

ちなみに、国旗のサフラン色はヒンドゥー教、緑はイスラム教を表し、白が二つの宗教の和解を表している。

また、サフラン色と緑が、この国の天然資源を、白は生命と平和を表すとも説明されている。

インドに「〜バード」という地名が目立つのは？

インドの地図を見ると、「ハイデラバード」「アラハバード」「アウランガバード」「アーメダバード」など、「バード」のつく地名が目に入ってくる。

「バード」といえば、英語の「鳥」を思い浮かべる人が多いだろうが、インドの地名についた「バード」は、もとは「アバード」という単語で、意味は「城塞、集落」。たいていの場合、先行する言葉と連音になって、「バード」と発音されている。

たとえば、インド随一のハイテク都市で、世界から注目されるデカン高原の「ハイデラバード」は、ペルシャ語の「ライオン」という意味の「ハイダール」と結びついて、「ライオンの町」という地名になった。

ヒンドゥー教の三大聖地の一つ「アラハバード」は、「唯一神アッラーの町」という意味だし、「アウランガバード」は、ムガール帝国の第6代皇帝アウラングゼーブの名にちなんでつけられたもの。「アウラングゼーブ皇帝の町」という意味である。

また、マハトマ・ガンジーの出身地に近く、独立運動を開始した町として知られる「アーメダバード」は、1411年、イスラム教徒のアーマド1世によって建設されたことを記念し、「アーマド王の町」と命名された。

インドの隣国のパキスタンにも、首都の「イスラマバード」や「ファイサラバード」など、「バード」のつく都市がある。

イスラマバードは、何もない土地に植林し、建設された都市で、1961年から工事が始まり、2年後に首都となった。

そのとき、イスラム教が国教であることから、「イスラムの町」という意味で、こう名づけられた。

インドの首都は、デリー？それともニューデリー？

「ムンバイ」「チェンナイ」「コルカタ」と聞いても、すぐには、どこのことかわからない人がいるのではないだろうか。

一方、「ボンベイ」「マドラス」「カルカッタ」とくれば、いずれもインドの大都市だとすぐに理解できるだろう。

じつは、ここ15年ほどの間に、インドの四大都市のうちの三つで、地名が改められている。

　三つとも、イギリス植民地時代の都市名が、もともとの地名に戻されたのである。

　まず、１９９５年に改名されたのが、旧ボンベイ。この地には、もともとパールバティ女神の化身ムンバにちなみ、地元のマラティ語で「ムンバイ」という地名があった。それが、ヨーロッパ人の来航後、ポルトガル語に由来する「ボンベイ」となり、世界に知られることになった。

　イギリスの植民地時代も、そう呼ばれていたのが、古来の地名に戻されたのである。

　さらに、１９９７年8月に独立50周年を迎え、都市名の英語表記が大問題となった。その前年の総選挙で、地方政党が大躍進したことで、「地方の時代」が叫ばれたことが、ナショナリズムと結びつき、植民地時代の地名の改名に拍車をかけることになった。

　たとえば、１９９８年にタミル語の「チェンナイ」に、旧マドラスが、２００１年、この地の女神の聖地「カーリーガート」に由来するといわれるベンガル語の「コルカタ」に改名された。旧カルカッタが、また「ベンガル語」の「ベンガル」も「バングラ」に改められている。

　さて、四大都市のうち、残る首都の「ニューデリー」も、地図によっては「デリー」と表記されている。

　ここは改名したわけではなく、もともとデリー都市圏の中にニューデリーという行政地区ができたという経緯なので、インドの首都としては、「デリー」でも「ニューデリー」でも間違いではないことになる。

紅茶の産地ダージリンってどんなところ？

インド北部に位置する町ダージリンは、その名のとおり、紅茶のなかでもとくに香りが高いことで知られるダージリン・ティーの産地である。

ここダージリンは、ヒマラヤ山脈南麓の標高２１３０メートルという高所に位置する。すぐ背後に、世界最高峰のエベレストや、カンチェンジュンガ（世界3位の高峰）といった山々がそびえている典型的な高原都市である。

ヒマラヤ山脈にいだかれた土地にあるため、ダージリンの気候はひじょうに涼しい。インドといえば暑い国というイメージがあるが、ダージリンは7月の平均気温が16℃と、夏の暑さをまるで感じさせない。

涼しくて景色もいいこの町は、イギリス統治時代から、一大避暑地として発展してきた。今も、インド各地から集まってくる避暑客でにぎわっている。

また、麓から町まで登るダージリン・ヒマラヤ鉄道は「動く世界遺産」として有名。ミニ山岳鉄道で「トイトレイン」とも呼ばれる。１８８１年に開通し、イギリス統治時代の部品がいまだに修理されて使われているという〝動く鉄道博物館〟のようなカワイイ鉄道だ。

アラブの国旗に共通する色の法則とは？

中東や北アフリカなど、アラブ諸国の国旗

をながめてみると、どの国の国旗にも白・黒・赤・緑の4色のいずれかが使われていることがわかる。

たとえば、アラビア半島南部の国イエメンの国旗は、上から赤・白・黒の3色というデザイン。アラブ首長国連邦の国旗は、左側に縦長の赤、右側に緑・白・黒の3色が重なる。

国によって、4色すべてを使うか、それ以下の色数にしているかは分かれるが、定番の4色から色を選んでいる点は同じ。そこで、この4色は「アラブの色」と呼ばれる。

なぜ、アラブの国でこれらの色が用いられるのかというと、まず白と黒は、イスラム教の始祖ムハンマドが旗の色に使ったものだから。

白旗は、ムハンマドの出身部族であるクライシュ族のターバンの色であり、ムハンマド自身もメッカ奪還のための戦いで白旗をかかげたという。

一方、黒旗は、聖戦で落命した者への追悼の意味で使われたとされる。

そしてそれぞれの色は、のちにウマイヤ朝、アッバース朝の王朝旗の色になった。

では、現在、イスラムのシンボルカラーともいえる緑はというと、これはムハンマド自身のターバンの色だったといわれる。もっとも、ムハンマド以前にも、緑色は砂漠の広がる中東では生命の象徴であり、天国を表す色として尊ばれていた。

残る赤はというと、ムハンマドの曽祖父ハーシムの子孫であるハーシム家のシンボルカラーだったと伝えられる。と同時に、ムハンマドの聖戦のシンボルカラーともされている。

❸ 南・北アメリカ

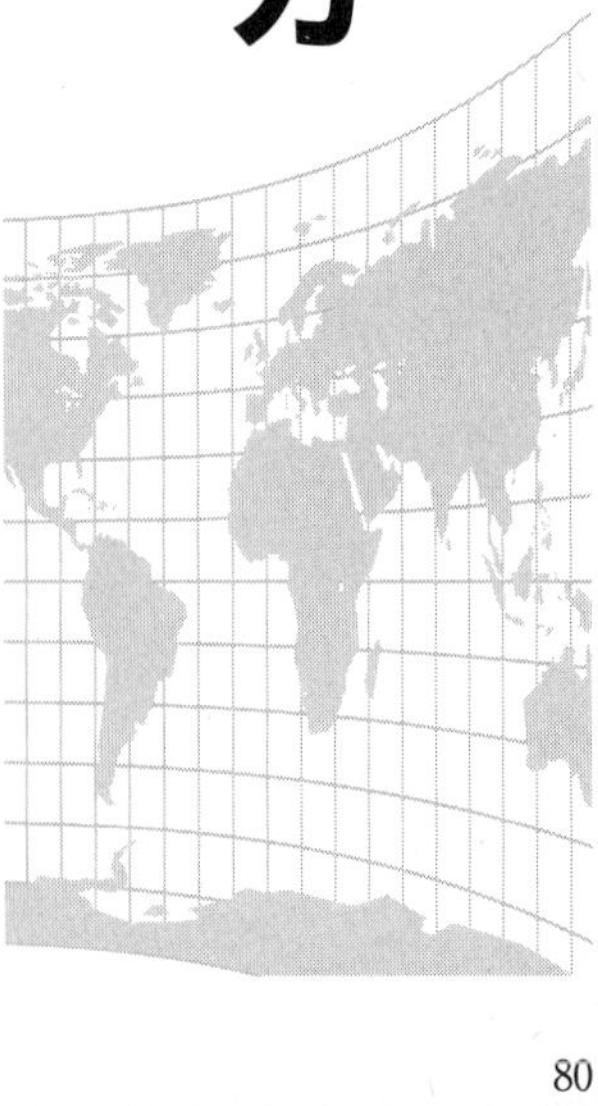

カナダとアメリカの国境はどうやって決めた？

世界地図を見ると、カナダとアメリカ合衆国の国境線は、人工的にまっすぐ引かれているのがわかる。

両国の国境線は大きく二つあって、一つは北緯49度線に沿って東西に長く引かれているもの。もう一つは、アラスカとカナダをたてに区切る西経１４１度線だ。

これらの国境線の確定は、地図で見るほどシンプルにはいかなかった。

たとえば、五大湖を通って東方に伸びる国境線。この国境線は、アメリカ独立戦争終結のときに結ばれた１７８３年のパリ条約において、おおむね合意されたものだが、当時の測量が未熟だったために、あとになってから、いくつかの重大な問題が発生した。

問題の一つは、オンタリオ湖以東の国境の基準となった大西洋に注ぐセント・クロワ川に、じつは3本の支流があることが判明したことである。

また、スペリオル湖から西側へ向かう線についても、ウッズ湖の西岸までと決められていたが、その地点から南に延ばした線が、条約で合意していたミシシッピ川には到達しないことが判明したのである。

いずれのケースも、熱い論争に発展したが、1818年の協定で、まずウッズ湖から西方のロッキー山脈に至るまでの国境が、北緯49度線と決まった。

これは、1803年にミシシッピ川以西の土地を、アメリカがフランスから購入したことに伴うもので、世界屈指の長さを誇る人為的な国境線が誕生することになった。

また、大西洋側での国境問題も、1842年の条約で妥協点が見出された。

さらに、1846年には、北緯49度の国境線が西へ延長され、太平洋側まで到達するのである。

1867年には、アメリカがロシアから買収したアラスカをめぐっても、やはり国境問題がおきている。

地図を見ると、アラスカ・カナダの国境がじつはまっすぐではなく、太平洋岸でカナダ領に細長く食い込んでいることがわかる。いわゆるアラスカの「鍋の取っ手(pan-handle)」といわれる部分だ。

この取っ手部分の領有権が問題になったのは、金鉱が発見されていたからである。両国とも領有権を主張したが、1903年にアメリカに有利な形で確定、これでカナダとアメリカの国境線は120年をかけてようやく定まった。

アメリカの州境は、なぜあんなにまっすぐ?

アメリカの地図を見ていると、アメリカの中部、西部では、州の境界線が一直線になっていることに気づく。

まるで定規で線を引いたように州が区切られているのだ。

その理由は、西部開拓時代の土地政策にある。

独立間もないころのアメリカは、イギリスとの戦争に多額の戦費を費やし、大きな負債を抱えていた。その借金返済の手段として連邦政府が注目したのは、西部の広大な土地だった。

政府は、1785年、公有地法令を定めて、まず西部のすべての土地を6マイル（約10キロ）四方に区切った。

さらに、それを1マイル四方の36区画に分割。そのうち5区画を公立学校や連邦政府用地として除き、残りの31区画を640ドルで売却したのである。

2年後の1787年には、北西部令を制定して、連邦政府から知事らを派遣。住民の成人男子が5000人になれば、準州として自治を認め、6万人になれば州に昇格できることにした。

この二つの法律に基づいて土地をマス目に切って扱い、次々と州に昇格させたので、州境は一直線になったというわけである。

「西部劇」でいう「西部」って、どこからどこまでのこと？

アメリカのサンフランシスコが、ゴールドラッシュにわいたのは、１８００年代の中ごろのこと。

金鉱を見つけて、成り金になった人たちのことを、その年代にちなんで「49ers（フォーティー・ナイナーズ）」と呼ぶが、その中に１人の日本人がいたことをご存じだろうか。

その名は、ジョン万次郎。土佐の沖合で漁をしているときに漂流、アメリカ船に助けられ、アメリカまで連れて来られた人物である。彼が日本に帰国するときの旅費は、このゴールドラッシュで手に入れた金でまかなっている。

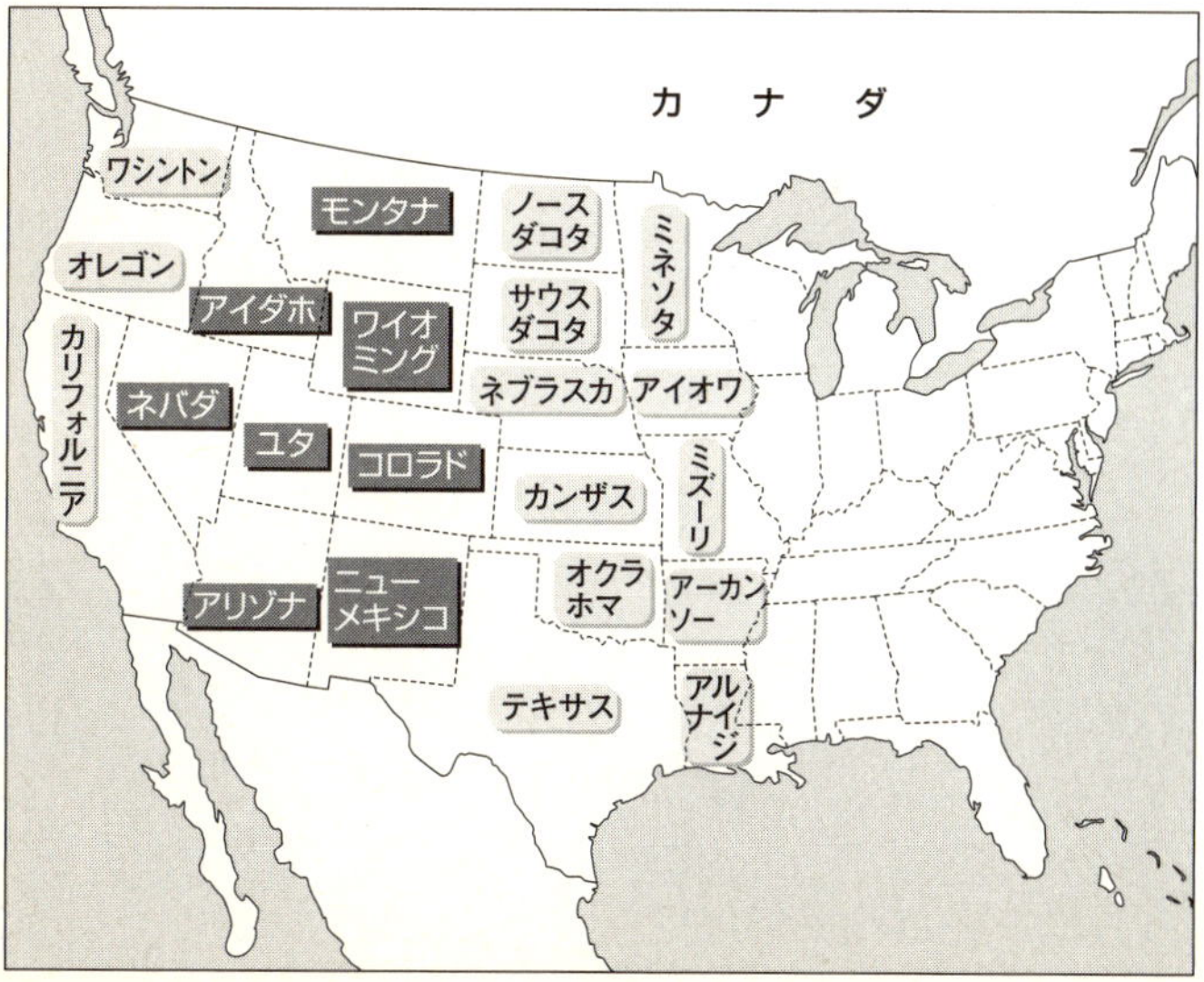

さて、ゴールドラッシュで人口が急増したサンフランシスコは、開発が急ピッチで進み、カリフォルニア州は早い時期に州に昇格した。アメリカの西部開拓というと、東海岸から順に西へ進んだと思われがちだが、じつは、サンフランシスコやロサンゼルスなどの西海岸は、ロッキー山脈を挟んだ地域を飛び越して先に発展したのだ。

したがって、「西部劇」での「西部」は、最後までフロンティアとして残っていた地域、つまりアメリカ中部と西海岸の間の地域を指すことが多い。現在の州で言えば、アイダホ、ネバダ、ユタ、アリゾナ、ニューメキシコ、モンタナ、ワイオミング、コロラドなどである。

西部劇には、乾いた大地を馬車が土ボコリをあげながら走るシーンがよく登場するが、あの光景はアリゾナやニューメキシコならではのもの。いまでも馬車が車に変わっただけで、都市圏を離れれば、西部の風景はそうは変わらない。

フロリダ沖に人食いザメが多数現れるのは？

アメリカ・フロリダ沖では、毎年、サメの目撃件数が20～30件はあり、人間が襲われて死に至るケースもある。フロリダ沖は「人食いザメの出現件数が世界一多い海」といわれるが、それはそもそもこの海がサメにとって、エサが豊富な海域だからである。

フロリダ沖には、メキシコ湾流とアンティル海流が渦巻きながら流れている。アンティル海流は、大西洋の北赤道海流がアンティル諸島で二分されるうちの、アンティル諸島東側に沿って北流する暖流のこと。メキシコ湾流も暖流であるため、フロリダ沖の水温は、年間を通じて20〜26℃と暖かく、サメのエサとなるメバチマグロが多数生息する。この獲物を狙って、サメはフロリダ沖に集まってくるのである。

また、フロリダは、アメリカ有数のリゾート地。その分、海水浴や船遊びをする人が多いので、人間がサメと遭遇する確率が高くなる。ただのサメが人食いザメに変貌するケースが多くなるというわけだ。

ニューヨークの番地はどう読むのが正しい？

ニューヨークを舞台にした映画には、『34丁目の奇跡』『ニューヨーク東8番街の奇跡』などのように、舞台の中心地を番地で表したものがある。現地に詳しくない人には、どこを指すのかイメージしにくいかもしれないが、ニューヨークの番地のつけ方はひじょうにシンプル。一度法則を覚えてしまえば、地図なしで、マンハッタンを移動できるほどだ。

まず、覚えておきたいのが、マンハッタンの通りは、東西南北にほぼ並行・垂直に走っているということ。そして、南北に走る大通りは「アベニュー（Avenue）」と呼ばれ、位置を「○番街」（○ th Ave.）で表す。一方、東西に走る大通りは「ストリート（Street）」と呼ばれ、位置は「○丁目」（○ th St.）で表す。これらの数字は、アベニューでは東から西に向かって、ストリートでは南から北に向かって大きくなる決まりだ。

もう一つ、覚えておきたいのが、大通りにはさまれた区画のなかにある、街区（ブロック）の数字の振られ方。日本でいう「番地」がこれにあたるが、この数字は、アベニューの東が奇数で西が偶数、ストリートの北が奇数で南が偶数と決まっているのだ。

これらの法則を覚えておくと、たとえば「○番街と×丁目の角」というだけで、待ち合わせ場所を伝えることができる。また、「11 W.53rd St.」（西53丁目の11番地。番地が奇数だからストリートの北にある）と知るだけで、その場所に簡単に行けるようになるわけだ。

コロンブスが上陸した島はそもそもどこ？

コロンブスが初上陸した新大陸の陸地は、一般的には、バハマ諸島の一つ「サンサルバドル島」とされている。だが、本当にこの島だったかどうかについては、今なお議論が絶えない。

残された一部の航海誌から、確実にわかっているのは、その島がもともと「グアナハニ」と呼ばれていたこと。そしてコロンブスが、その島をスペイン滞在時になじんだ「サンサルバドル教会」にちなんで、サンサルバドルと命名したことだけである。

現在、サンサルバドル島と呼ばれている島は、もとはワトリング島という名だったが、1942年にコロンブス研究家のS・E・モリソンという人の説にもとづいて、こう改称されたもの。

ところが、モリソンの説には、アメリカ地理学協会が真っ向から反論している。

同協会は１９８６年、５年がかりの本格的な調査をもとに、「上陸地点はワトリング島ではなく、その南東１０４キロに浮かぶサマナ島だ」という新説を発表した。この説は、コロンブスが問題の島への上陸前に立ち寄った５地点と、各地点の方角や距離をコンピュータで計算した結果、はじき出されたものだという。しかし、この説をさらに否定する学者もいて、依然、決着はついていない。

アメリカの宇宙開発基地が、南部に集中しているのは？

毛利衛さんや向井千秋さんなど、日本人宇宙飛行士も乗せたスペースシャトルは、フロリダ州にあるケネディ宇宙センターから打ち上げられていた。また、有名なＮＡＳＡも、テキサス州ヒューストンの近くにあって、世界中から観光客を集めている。

これらに代表されるように、アメリカの宇宙開発基地は南部に集中している。その理由は、もともと南部に軍事関連施設が集中していたからだ。

南北戦争に敗れた南部は、北部に比べて開発が遅れていた。そのため、20世紀になってから、開発の遅れを取り戻そうと大規模な開発が行われた。たとえば、ＴＶＡ（テネシー川流域開発公社）の設立もその一つだが、これらの大規模開発が、戦後の冷戦時代、軍事産業と結びついていく。たとえば、原爆製造工場は、ＴＶＡの電力を利用できるオークリッジに建設された。

軍事関連産業は、広大な用地を必要とするが、南部はその条件を備えていたし、また南部が石油や天然ガスの資源に恵まれていることも、好条件だった。

また、航空宇宙関連施設も、広大な用地を必要とする。軍事技術と関係することもあって、航空宇宙関連施設は、自然と軍事関連企業や研究所の近くに建設され、これまた南部に集中することになったというわけだ。

なぜアメリカでは、最大の都市が州都にならない？

アメリカのカリフォルニア州には、日本でもよく知られるロサンゼルスやサンフランシスコという大都市がある。そのカリフォルニア州の州都はどこか、とたずねられれば、たいていの日本人は、ロサンゼルスか、サンフランシスコと思うだろう。

ところが、正解はそのどちらでもない。州最大の都市ロサンゼルスでも、州内でもっとも早くから発展したサンフランシスコでもなく、サクラメントという地味な街である。

このカリフォルニアだけでなく、ニューヨークの州都は、人口750万人のアメリカ最大の都市ニューヨークではなく、人口10万人のオールバニという小都市。さらに、ダラスやヒューストンがあるテキサス州の州都はオースティンであり、シカゴという大都市があるイリノイ州の州都はスプリングフィールドという小さな都市である。

そもそも、アメリカ合衆国の首都からして、最大の都市であるニューヨークではなく、ワシントンD.C.になっている。

アメリカ人は、昔から、政治の中心と経済・商業の中心を分けるという発想をもち、実行してきた。そのため、その州で最大の都市だからといって、州都とはしていないのである。

大都市の喧騒から離れた落ちついた場所で政治を行うというのが、アメリカのスタイルと言えそうだ。

アメリカ国内なのに「ニュー・メキシコ」というワケは？

アメリカの州なのにニュー・メキシコ。そんな名前になった背景には、数世紀にわたる歴史的事情がある。

この地域は、古くから北米先住民の文化が栄えていた土地だった。ところが、16世紀半ばから、この地に金を求めて、探検家がたびたびやってくるようになる。

すでにスペインのエルナン・コルテスが征服していた隣接するメキシコと同様に、金の豊かな土地だろうと考えられていたからだ。

そして1562年、スペインの探検家フランシスコ・デ・イバラによって、この地に「Nuevo Mexico」（新しいメキシコ）という地名がつけられた。豊かなメキシコにあやかろうということで、こう名づけられたのだ。

その後1589年になって、この地はスペイン領になり、1821年にメキシコが独立を果たすと、今度はメキシコ領になる。

だが、この地がメキシコ領だった期間は短い。メキシコは、1846～48年のアメリカとの戦争に敗れ、ニュー・メキシコ（ほかユタ、ネバダ、カリフォルニア、アリゾナなど諸州）の割譲を余儀なくされたのだ。

そのさい、アメリカは、スペイン語名をそのまま英語化して、その地を「ニュー・メキシコ」（New Mexico）と呼ぶことにした。

もっとも、議会からは「それではメキシコの領地のように聞こえるではないか」と強い反対の声があがったというが、結局は伝統の力が勝って、昔からの地名が使われ続けることになった。

「ワシントンD.C.」の「D.C.」ってなんのこと？

サンフランシスコがあるのはカリフォルニア州、ニューヨークがあるのはニューヨーク州。「では、アメリカ合衆国の首都、ワシントンがあるのは？」と聞かれると、うっかりワシントン州と答えてしまいそうだが、これは間違い。ワシントン州は太平洋側にあり、まったく場所が違う。

では、ワシントンはどの州に属すかというと、じつはどこにも属していない。首都ワシントンは、連邦議会の直轄区なのである。

首都ワシントンの正式名称はワシントンD.C.で、このD.C.は、「District of Columbia」の略。「コロンビア特別地区」という意味で、このDには「どの州にも属さない連邦政府の直轄区」という意味が込められている。

Cのコロンビアはアメリカ大陸の発見者コロンブスにちなむものだ。

ワシントンD.C.がどこの州にも属していないというその理由には、アメリカの建国史が詰まっている。

1783年の独立当初、連邦政府はフィラデルフィアに置かれていたのだが、「合衆国全体の政府が特定の州にあるのはいかがなものか」という声があがり、どの州にも属さない特別地区構想が持ち上がった。もともと、州が先にあり、それから国が生まれたアメリカならではの話である。

そこで、1790年、当時の国土のほぼ中央、ポトマック河畔に新首都を建設することが決まり、翌年、メリーランド州とバージニア州が260平方キロの土地を連邦政府に提供。こうして、どこの州にも属さないワシントンD.C.が生まれた。

当初の予定では、首都所在地域全体を「Territory of Columbia」（コロンビア準州）、連邦都市を「City of Washington」（ワシントン市）にすることになっていたが、やはり準州といえども特定の州に首都があるのはよろしくない、ということになって、現在の「ワシントンD.C.」という形に落ちついた。

1982年、ワシントンD.C.の住民投票で「ニュー・コロンビア州」の設立が決議されたが、連邦議会は承認しなかった。首都に関するアメリカの考え方は、建国から200年経っても変わらなかったのだ。

世界最長の洞窟はどこにある？

「世界でいちばん高い山はエベレスト」。「世界でいちばん長い川はナイル川」。「世界でいちばん広い湖はカスピ海」。この三つは、外務省の子ども向けホームページ「キッズ外務省」にも載っていることなので、大人は知っていて当たり前。

だが、「世界でいちばん長い洞窟」はと聞かれて、スラスラッと答えられる人はめったにいないはずである。

世界でいちばん長い洞窟は、その名もズバリ「マンモスケーブ」。「ケーブ（cave）」は「洞窟」「洞穴」のことで、それが「マンモス」というわけだから、名前も覚えやすい。まさしく、これは雑学の〝穴場〟である。

マンモスケーブは、アメリカ合衆国ケンタッキー州の「マンモスケーブ国立公園」内にある。

その総延長は、なんと500キロメートル以上。「以上」がつくのは、洞窟内が迷路のようになっていて、どこまで延びているのか、まだはっきりしていないから。未調査の部分も含めると、560キロメートルぐらいになるのではないかとみられている。

日本の洞窟では、最長といわれる岩手県の安家洞でも24キロ程度。これでも、日本の洞窟では群を抜いているのだが、日本一と世界一では文字どおり桁が違う。

なぜネバダは核実験場に選ばれたのか？

ラスベガスのあるネバダ州は、アメリカ西部の州。州の大半を砂漠が占め、州域の85％が政府の所有地である。この地で第1回めの核実験が行われたのは1951年のこと。当時はまだ、地上での核実験（1963年のPTBTで禁止）や、地下での核実験（1996年のCTBTで禁止）が禁止されていなかった時代。ネバダの空にはキノコ雲がかかり、「死の灰」が降り積もった。

アメリカが、この地を核実験場に選んだのには理由があった。当初、アメリカが核実験を行っていたのは、マーシャル諸島のビキニ環礁とエニウェトク環礁。だが、太平洋での実験は費用がかかるということで、トルーマン大統領の指示により、本土に核実験場を設置することになったのだ。

そのさい、候補地として国内五つの地が挙げられたが、最終的に「風下方向の角度90度、半径200キロ一帯の人口がもっとも希薄」という理由で、ラスベガスの北西約105キロの地点が核実験場に選ばれた。以後、1992年までのあいだに、ネバダ核実験場では925回の核実験が行われた。うち、大気圏での実験は1962年までに100回ある。

実験は、人口の多いラスベガスに健康被害が及ばないよう、南西か南東から風が吹いているときにだけ行われたが、それでも風下に約17万人の人が住んでおり、少なからぬ住民が健康被害にあっている。

ハワイは、どんな事情でアメリカの州になった？

「誰でも行くハワイなんて……」と、半分バカにしていた人でも、一度訪れると、「もう最高！」と変身してしまう。カラッと晴れてすがすがしい気候と、何もかもがのんびりとした雰囲気。まさに「楽園」と呼ぶにふさわしい島々である。

この南の楽園がアメリカの州になったのは、第二次世界大戦後の1959年のこと。このとき、州昇格に大きな役割を果たしたのが、日本からの移民たちだった。

ハワイがアメリカとかかわりをもつのは、その100年近く前の南北戦争の時代である。南部からの砂糖供給を断たれた北部は、ハワイ産の砂糖を優遇し、大量に輸入した。おかげで、ハワイ王国（当時）の砂糖産業は発展したが、この結果、ハワイは経済的にアメリカへ依存することになった。

19世紀末になると、のちのアメリカ大統領セオドア・ルーズベルトが、海洋国家建設の構想を打ち出す。これによって、ハワイは、経済面だけではなく、軍事的にもアメリカから重要視されることになる。

こうした動きに危機感をもっていたハワイの女王リリオカラニは、極秘裏に王権を大幅に強めた新憲法の発布を計画したが、アメリカ軍に阻止されてしまう。

このクーデターで、1894年、アメリカをバックとしたハワイ共和国が成立。その4年後にはアメリカ領とされた。

1900年、ハワイは準州となり、第二次世界大戦後には州昇格を求める声が高くなる。この運動の中心となったのが、太平洋戦争でアメリカ兵として戦った日系人たちだった。ハワイの州昇格を渋るアメリカの議会へ、議員を送り込み、ついに正式の州として認めさせたのである。

アメリカの星条旗は、赤と青の13のストライプと50の星からなる。13のストライプは、独立したときの13州を表し、50の星は現在の50州を表すが、その50番めの星はハワイなのである。

ハワイ島はなぜ天体観測に向いている？

太平洋に浮かぶハワイ島のマウナケア山

は、世界でもっとも天体観測に適した場所といわれる。日本の国立天文台が所有する世界最大級の赤外線望遠鏡があるほか、イギリス、カナダ、アメリカなど、各国の最新鋭の望遠鏡が設置されているのも、ここマウナケア山だ。

　では、この山のどんなところが、天体観測に向いているのだろうか？

　まず、挙げられるのは、標高が４２００メートルと高く、頂上が雲の上にあること。さらに、観測の障害となる水蒸気をふくむ空気が薄いこと。しかも、１年のうち３００日以上が晴れるほど、気象が安定しているうえ、光の障害やスモッグの害が少ないことも、天体観測には好都合だ。

　さらに、マウナケア山は、地理的な条件にも恵まれている。ハワイ島は、赤道近くにあるため、北半球の天体すべてと南半球の天体のほとんどを観測できる。また、世界有数の観光地だけに、世界のどこからでもアクセスしやすく、各国の観測関係者が集まって交流するのにも都合がいい。

　こうしたことから、ハワイ島は「地球上でもっとも宇宙に近い場所」ともいわれる。一般の観光客に向けた天体観測のツアーもあり、満天の星空を満喫することができる。

「私はわからない」という名前の半島は？

　メキシコ南東部に位置するユカタン半島は、かつてマヤ族による古代文明が栄えていたことで知られている。

　マヤ文明のおこりは紀元前後のこと。４～

9世紀に全盛期を迎え、ピラミッドや天文学・暦法、マヤ象形文字など、高度な文明を発展させた。

しかし、最盛期を過ぎると、ユカタン半島の文明は衰退していき、15世紀半ば以降は、小さな王国に分かれて、互いに争う時代になった。そして、16世紀にはスペイン人に侵入され、同世紀末までにマヤ圏全域がスペインの支配化に入った。

ユカタン半島という名は、このスペイン人侵入の時代についたもの。伝承によると、1519年、エルナン・コルテスの率いる遠征隊がこの地に上陸したとき、現地の人に向かって「ここはどこだ?」と尋ねたという。すると、返ってきた答えが「ユカタン(yukatan)」だった。

「ユ カタン」は、現地の言葉で「(言っていることが)私はわからない」という意味。だが、コルテス一行は、これをこの地を指す地名だと勘違いし、それがそのまま地名になったという。

現在のユカタン半島は、多くの遺跡や、半島の先端のリゾート地カンクーンなどが世界的に知られる観光地。知らない人などいないはずなのに、「私はわからない」という地名だけはそのまま使われている。

メキシコの国旗にワシが描かれているのは?

メキシコは、古くからマヤ文明やアステカ文明など、高度な文明を築いてきた国。「メヒコ」(スペイン語)という国名は、アステカの言語ナワトル語が由来で、「メシトリの地」という意味をもつ。

メシトリとは、アステカでもっとも信仰された守護神の名であり、「コ」は、場所を表す接尾語。「守護神のおわすところ」という、国の独立と繁栄の願いを込めたこの国名は、スペインから独立を果たした1821年に、正式に定められた。

アステカの伝説は、この国の国旗にも生きている。メキシコの国旗の中央には、国章であるワシの図柄が描かれているが、これはアステカの首都「テノチティトラン」の創建にまつわる神話を表している。

アステカ神話によると、この国の首都は「中の島にサボテンの茂る湖のほとり」に作らなければならないと予言されていた。1325年のある日、アステカ民族が中部高原にあるテスココ湖を訪れると、湖中の小島にワシが現れ、サボテンにとまった。そこで、この地に集落を築くことにしたという。

そのとき、築かれた集落こそ、14～15世紀に繁栄を極めた大都市テノチティトラン、そして現在のメキシコの首都メキシコシティのもとになっている都市だ。

メキシコは北アメリカなのか?

アメリカ大陸は、地理的に見て、大きく「北アメリカ」と「南アメリカ」に分けられる。南北の大陸を細い陸地でつなぐパナマ地峡以北が「北アメリカ」、以南が「南アメリカ」である。この区分に従えば、メキシコは北アメリカ大陸に属することになる。

一方、民族分布で区分すると、アメリカ大

陸は「アングロアメリカ」と「ラテンアメリカ」に分けられる。

アングロアメリカは、イギリスからの移民であるアングロ・サクソン系の民族が、おもに開拓した地域で、具体的にはアメリカ合衆国とカナダを指す。

これに対し、ラテンアメリカは、スペイン、ポルトガルなど、ラテン系の人々が入植した地域。メキシコ以南の地域とカリブ海諸国がこれに含まれる。

とすると、メキシコからパナマまでの国々（カリブ海諸国を含む）は、地形的には北アメリカ大陸に属しながら、民族・文化的にはラテンアメリカに属することになる。

「中央アメリカ（中米）」という言い方は、こうした地域を指すために使われるものだ。

どうして「バージン諸島」は二つある？

カリブ海に浮かぶバージン諸島はリゾート地として知られるが、旅行代理店で「カリブ海のバージン諸島に行きたい」といっても、それだけではうまく話が通じないだろう。カリブ海には、「バージン諸島」が二つあるからだ。一つはアメリカ領、もう一つはイギリス領で、統治する国からして違う。

一般にリゾート地として知られるのはアメリカ領のほう。セント・クロイ島をはじめとする約１００の島と岩礁からなり、総面積は約３５０平方キロメートルで人口は約10万人。

一方、イギリス領のバージン諸島は、アメ

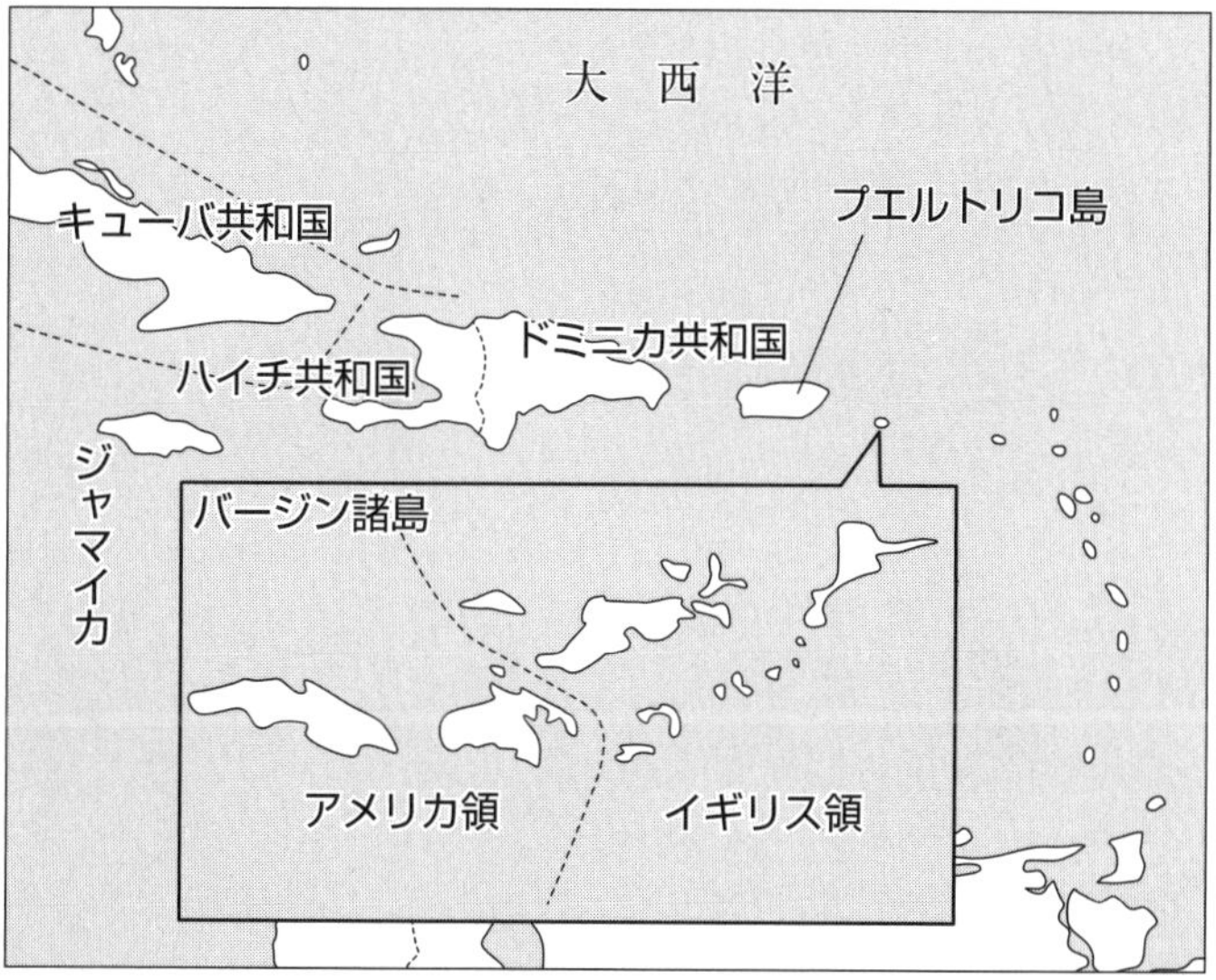

リカ領の東側に位置し、約40の島からなり、総面積は約150平方キロメートル。人口は1万人程度だ。

どちらも同じ名前なのは、もともと「バージン諸島」とはアメリカ領とイギリス領の二つの部分を合わせた地域を指す地名で、当初は一つだったからである。

二つに分かれたのは1672年のこと。この年東部がイギリス、西部がデンマークの支配下に置かれ、バージン諸島は東西に分断される。1917年、西部はアメリカ領となるが、これはデンマークがアメリカに売ったため。売値は2500万ドルだったという。

ちなみに「クリスマス島」という名の島も二つある。一つは太平洋上にあり、キリバス共和国に属する。名づけ親はかのキャプテン・クックで、「1777年のクリスマス・イヴの日に発見したのでこの名がつけられた」とされている。もう一つはインド洋上にあり、オーストラリア領。こちらは、1643年のクリスマスの日に、イギリス東インド会社の貿易船がこの島に到着したので、そうネーミングされたとされている。

北米・南米は大国なのに、なぜ中米は小さな国に分かれている？

アメリカ大陸の北と南は、中央でごく細くなりながらも、かろうじて陸地でつながっている。その狭い陸地を掘り抜いたパナマ運河で、太平洋と大西洋が結ばれている。

メキシコ南方のくびれたその狭い地形には、七つもの国が存在する。面積は日本の約1・4培しかないところに、グアテマラ、ベリーズ、ホンジュラス、エルサルバドル、ニカラグア、コスタリカ、パナマという7カ国が分立しているのだ。そうなったのは、支配者階級が各々の利益を優先した歴史の産物といえる。

もともと、中米の各国はスペインの植民地だったが、メキシコの独立に刺激されて、ベリーズとパナマを除く5州が、1823年、「中米諸州連合」として独立。

しかし、その支配者階級は、植民地時代に富を蓄えた大土地所有者や大商人、軍人指導者たち。独立してからも、支配者階級の利益を守ることが優先され、互いの利害が対立。分裂や統合を繰り返し、結局、1838年に五つの共和国に分かれてしまったのである。

また、人種的にも、グアテマラにはインディオと呼ばれる先住民が多く、エルサルバド

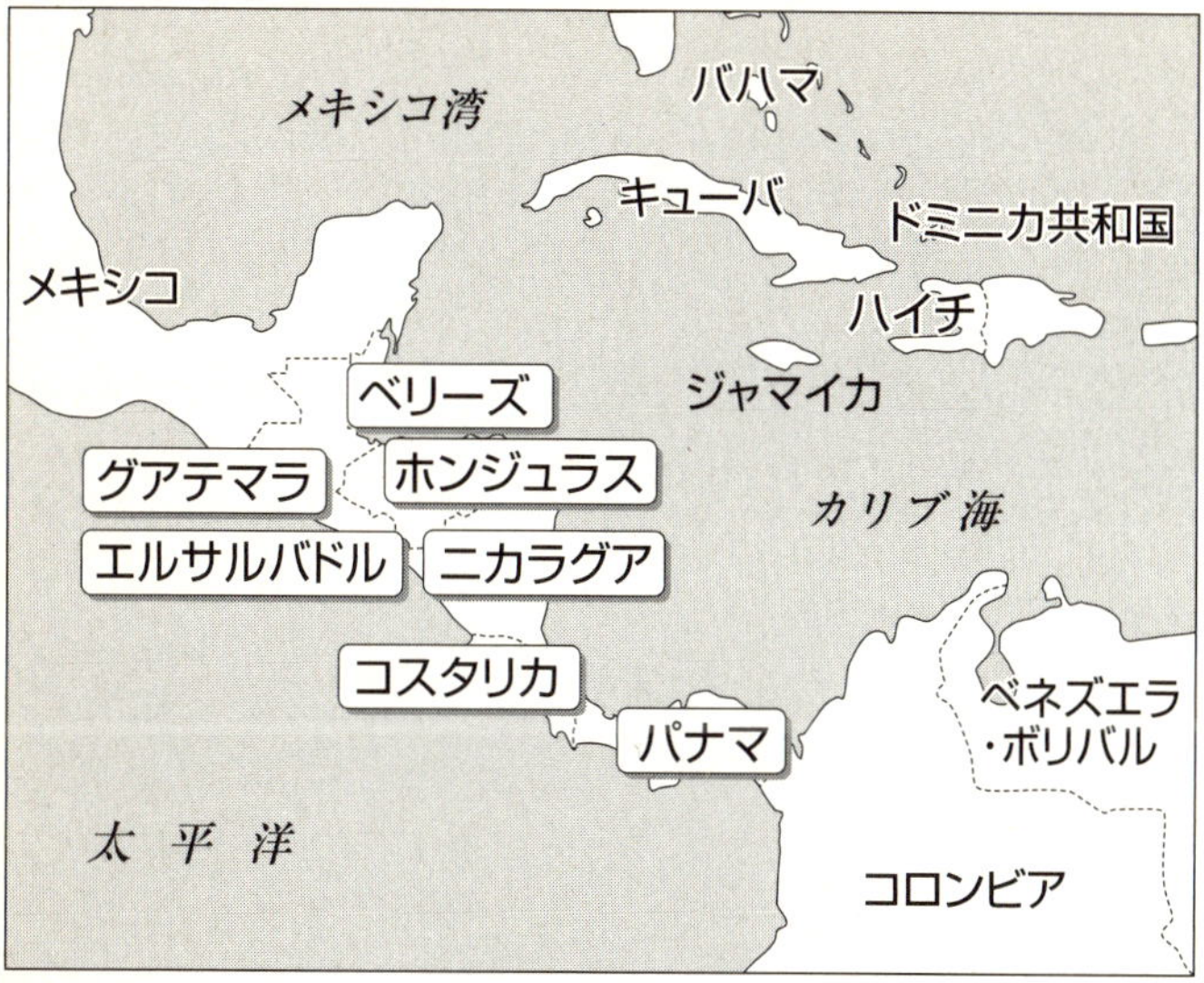

ルやホンジュラスでは、スペイン系白人と先住民の混血が多い。さらに、コスタリカにはスペイン系の白人が多いなど、国によって人種が微妙に違うことも、分立する一因となった。

ちなみに、パナマは、１９０３年にコロンビアから独立。イギリス領ホンジュラスと呼ばれたベリーズは１９８１年に独立した。

バミューダトライアングルで飛行機、船が消えた本当の理由は？

「魔の三角海域」といわれるバミューダトライアングルは、フロリダ半島の先端と、プエルトリコ、バミューダ諸島を結んだ海域のこと。このバミューダトライアングルで、昔から船や飛行機の事故が多かったのは事実である。

その原因は100%解明されたわけではないが、いくつかの説得力ある仮説が浮かび上がってきている。

まず、船の事故については、海藻説。このあたりは、メキシコ湾流をはじめとする三つの海流に囲まれ、ほとんど流れのない海域になっている。つまり、海藻が繁殖しやすいところなのだ。とくに、ホンダワラの一種であるサルガッソーという海藻が異常発生し、それで昔の帆船は動けなくなった、という説である。

次に、メタンハイドレート原因説。これは、メタンガスが濃縮されて固体化したもので、このあたりの海底に堆積していることがわかっている。このハイドレートが温度変化などで気化するとどうなるか。巨大な泡が突然わき起こり、航行していた船を襲うと、船は浮力を失い、沈没してしまう。さらに、メタンガスをたっぷり含んだ大気の中に飛行機が飛び込むと、エンジンプラグに引火して空中爆発を起こしたり、エンジンが停止することが考えられる。

さらに、ダウンバースト説もある。ダウンバーストは、積乱雲の下に発生する突発的な下降気流のことで、とくに飛行機にとって危険な気象現象だ。

最近では、バミューダトライアングルの謎も、こうした理論で科学的に説明できるというのが、定説になりつつある。

ただし、バミューダ海域の事故では、発見された船から乗組員だけが忽然《こつぜん》と消えていたなど、科学で解明できないこともあると主張する人も、依然存在する。

メキシコ、ジャマイカ、キューバの国名に共通するのは？

メキシコはサッカーの強豪国として知られるが、そのサポーターたちは、「メヒコ、メヒコ」と応援しつづける。「メヒコ」というのがこの国の本来の呼び名というわけだ。

かつて、アステカ王国の栄えた地に、スペイン軍が侵攻したのは１５２１年のこと。高度な文明を誇った王国を破壊して植民地としたが、その中心都市を「メヒコ」と名づけた。「メヒコ」は、先述のとおり、アステカ族の信仰した守護神にちなんでいる。

「メキシコ」は「メヒコ」を英語読みしたもの。スペインやポルトガルに代わって、大英帝国が世界へ勢力を伸ばすにしたがって、「メキシコ」という呼び名が世界に広まっていく。日本での呼び名も、この英語読みに基づいている。

メキシコと同じように、日本で英語読みが一般化している中米の国名としては、ほかにジャマイカとキューバがある。

ジャマイカは、先住民のアラワック族によって、「泉の島」という意味の「ハイマカ」と名づけられていた。石灰岩による地下洞穴が多く、地下水が良質の泉としてあちこちで湧き出しているためである。

コロンブスは、第二次探検のときにこの島を発見。その日のカトリック暦の聖者名から、「サンチャゴ島（聖ヤコブ）」と名づけたが、現地では「ハイマカ」という名が使われ続けていた。１６６０年以降のイギリス占領時代に、英語式発音に改められ「ジャマイカ」となったのである。

また、キューバも、コロンブスによって発見されたとき、当時のスペイン皇女にちなんで、「ファナ」と命名された。しかし、これに反発した現地の人々は、古くからの「クーバ」という名前で今も呼び続けている。「キューバ」は、それを英語読みしたものだ。

カリブ海にカレー好きの多い国がある事情とは？

トリニダード・トバゴは、カリブ海に浮かぶ島国。トリニダード島とトバゴ島という主要2島から成り、目と鼻の先に南米大陸のベネズエラがある。

この国は、カリブの文化的な中心地といわれる。民族音楽のカリプソや、インド系の音楽のテイストを取り込んだソカは、この国の発祥。ほかにも、リンボーダンスなど、世界規模に広がりをもつ文化を数多く生み出してきた。

ところで、カリブ海の国なのになぜインド音楽の影響が、と思う人がいるかもしれないが、じつはこの国の国民は、アフリカ系黒人40%に対し、インド系が40%とほぼ半々ずつ。インド系の国民が多いのは、かつてはイギリスの植民地だったからだ。

１４９８年、コロンブスによって発見されて以来、この地は長くスペインの支配下にあったが、スペイン、フランス、オランダ、イギリスの争奪戦の末、19世紀初頭にイギリスの領有が確定。以後、１９６２年に独立するまで、その支配下にあった。

インドの人々が、この国に連れてこられた

のは、1830年代以降のこと。黒人奴隷が廃止されたため、イギリスはプランテーションの労働力を、同じ植民地下のインド人で補ったのだ。その結果、この国では、街にインド風の家並みが見られたり、カレー料理のメニューも豊富だったりと、カリブ海の国としてはユニークな側面をもつようになった。

世界には、これと同様の経緯から、カレーがよく食べられている国がほかにもある。南太平洋のフィジー、アフリカの島国モーリシャスなどだ。

ブラジルがコーヒーの大産地になったきっかけは？

現在、日本は世界でも五指に入るコーヒー消費国。その総輸入量の約4分の1にあたる10万トン近くをブラジルから輸入している。むろん、ブラジルは世界最大のコーヒー生産国。毎年、200万トン以上を生産する。

ブラジルにコーヒーの苗木がもたらされたのは、1727年のこと。だが、すぐにブラジルの主産物として成長したわけではない。ブラジルのコーヒー生産量を飛躍的に増やしたのは、アメリカ独立のきっかけともなった「ボストン茶会事件」である。

当時、英国の植民地だったアメリカでは、コーヒーよりも紅茶がよく飲まれていた。しかし、イギリス政府が「茶条令」を発布して輸入紅茶販売を独占し、価格をつりあげた。これに憤激した植民地の人々は、ボストンに停泊中のイギリス船を襲撃して、積み荷の紅茶を海中に投げ捨ててしまったのだ。

この事件をきっかけに独立への機運が高ま

り、またアメリカ人は英国を利する紅茶ではなく、コーヒーを飲むようになったのだ。そのコーヒーの大半を供給したのが、ブラジルなのである。

もともと気候に適していたブラジルのコーヒー生産は、その後も順調に発展し、19世紀後半には、世界のコーヒー生産の半分を占めるまでになった。現在でも、全世界の2割程度がブラジル産だ。

ところで、私たちがよく飲む「ブレンド」の多くは、ブラジル産のコーヒー豆をベースとしている。

ブラジル産の豆は、クセがなく、味も香りもまろやか。その誰にも受け入れられやすい味と香りが、日本人をはじめとして世界の人々に好まれ、ブラジルをコーヒー世界一の国にしたといえる。

リオのカーニバルはどうやって始まった?

カーニバル（謝肉祭）は、キリスト教のお祭りの一つで、毎年2月か3月ごろ、世界各地のキリスト教国でにぎやかに祝われる。とくに、その派手さで有名なのが、ブラジルのリオのカーニバルだ。人々は、華やかな衣装を身につけ、サンバのリズムにのり、太鼓などの楽器を打ち鳴らしながら、3日4晩踊り明かす盛大なイベントだ。

このカーニバルは、かつてブラジルを領有していたポルトガルから伝わったものだ。ポルトガルでは「エントルード」といい、通りすがりの人に水や香水をかけたり、腐った卵や泥をぶつけ合ったりするお祭が行われていた。17世紀、これがブラジルに伝わり、ブラジルのカーニバルの原型になった。

一方、在ブラジルの白人上流階級の間では、乱痴気騒ぎのエントルードではなく、仮装して馬車に乗る、より上品なパレードが行われていた。当初、リオ市民の大半は衣装を買うお金がなかったため、このパレードには参加していなかったが、やがてエントルードが禁止され、パレードに加わるようになった。

そのさい、彼らがパレードに持ち込んだのが、アフリカ系住民の民俗舞曲をルーツとするサンバ。リオのスラム街には元奴隷の黒人が多く、日々の鬱憤を歌や踊りで晴らしていた。これが、パレードに吸収されて、いわゆるサンバとして確立していった。

初のサンバチームが結成されたのは、1929年のこと。30年代には、数多くのサンバグループができ、リオのカーニバル＝サンバという形が固まっていった。

世界で一番高いところにある首都は？

ボリビアの首都ラパスは、世界で一番高いところにある首都として知られている。

ラパスは、アンデス山脈の中ほどに広がる高原地帯に位置する都市だ。標高が高いため、赤道に近いわりに涼しく、古くから人々が暮らしてきた。

W杯の南米予選は、ここラパスでも行われるが、富士山の頂上でサッカーをしているのと変わらないため、ブラジルやアルゼンチンといったサッカー強豪国の選手ですら、ふだんは低地で試合をしているため、バテバテになってしまうことが多い。

ラパスは、それくらい空気が薄く、慣れていない者には、歩いたり走ったりすると、体に大きな負担がかかる土地なのだ。

ラパスでの試合では、ブラジルをはじめとする強豪国の選手たちにとっての最大の敵は、ボリビアの選手ではなく、その標高の高さといえそうだ。

ギアナ高地はなぜ「山」ではなく「高地」なのか?

日本人のイメージする山の形といえば、三角形が基本だが、地球上にはこれとはまったく違う形の山もある。たとえば、南米のベネズエラ・ボリバル、ガイアナ、ブラジルの3国にまたがるギアナ高地である。

ギアナ高地の頂上は、テーブルのように平ら。日本の山には緩やかな傾斜があり、下へ行くほどすそ野が広がるが、ギアナの山の側面は断崖絶壁で、すそ野と呼べるようなものはない。

ギアナ高地には、そのような形の「テーブルマウンテン」が点在している。

ギアナ高地と日本の山が違う形をしているのは、〝生まれ育ち〟がまったく違うからだ。日本の山は地殻変動によって大地が盛り上がり、その結果として生まれたものだが、ギアナ高地の山々は、もともとは大地の中に埋まっていたもの。

何億年という歳月をかけて地殻のやわらかい部分が浸食されて、固い岩盤がむき出しになり、それがテーブル型となって現れたのである。要するにギアナ高地の、今、麓とされているところは、大昔は地中に埋まっていたところというわけである。

ギアナ高地を世界に知らしめた小説に、『シャーロック・ホームズの冒険』の作者でもあるコナン・ドイルの『失われた世界』がある。ドイルがこの小説の舞台としたのは「ロライマ山」と呼ばれる高さ２８１０メートルのテーブルマウンテン。山頂部分の面積は45平方キロメートルもあり、東京ドームが４０００個も入る。

『失われた世界』は、古生物学者が、絶滅した恐竜を探しにギアナ高地に行く冒険小説だが、ギアナ高地に太古の地球の面影が残っていることは確か。恐竜こそいないものの、水かきのないカエル、原始的なゴキブリなど、ほかでは見ることのできない生物が多数棲息している。

海がないのに海軍をもつ国ってどこ？

南米の中西部に位置するボリビアは、周囲をペルー、チリ、アルゼンチン、パラグアイ、ブラジルの５カ国に囲まれた内陸国。海には、まったく面していない。

にもかかわらず、この国には４８００人からなる海軍が存在する。軍事演習が行われているのは、ペルーとの国境にあるチチカカ湖である。

ボリビアとペルーの国境をまたぐ形のチチカカ湖は湖面標高が３８１２メートルと、富士山よりも高いところにある。そんな高所で海軍の軍事演習が行われているのは、もちろん世界でここだけだ。

それにしても、なぜ内陸国であるボリビアに海軍があるのだろうか？

じつは、この国にも、かつては海があったのだ。

ボリビアは、インカ帝国が崩壊した1533年以降、長くスペインの支配下にあったが、1825年、ラテンアメリカ解放運動のリーダー、シモン・ボリバルの指導のもと、独立を勝ちとった。ボリビアという国名は、この指導者の名にちなんだものだ。

独立時のボリビアは、現在よりはるかに広い領土をもち、海にも面していた。ところが、19世紀末から20世紀前半に、チリ、ブラジル、パラグアイとそれぞれ戦争になり、いずれも敗れたので、独立時の国土の約60％を失ってしまった。

とくに、チリとの戦争（1879〜84年）では、太平洋に面する領土をすべて失ってしまったのである。

それでも、海軍を今なお維持しているのも、隣国に海を奪われたからといって、海軍までなくすのは、国家の威信が傷つくという意識があるからなのだろう。

ウルグアイの正式名に「東方共和国」がつくのはなぜ？

ブラジルとアルゼンチン両国に国境を接するウルグアイは、「ラテンアメリカのスイス」と称されるほど、教育や生活水準が高い国。

この国は、1814年にスペインから独立したあと、1903年に南米初の福祉制度を、1917年に南米初の議会制民主主義を導入するなど、早くから民主体制の確立に力を入れてきた。

宗教的には、カトリック信者が4分の3を占めるが、信仰の自由は保証され、ほかの南米諸国のように、カトリック勢力が大きな影響力をもっているわけではない。

ただし、一つ不思議なのは、この国の正式名称が「ウルグアイ東方共和国」（Oriental Republic of Uruguay）であること。

明らかに南半球に位置し、東洋とは関係がないはずなのに、この国の人たちは、歴史的に自分たちのことを「オリエンタル」と自称してきたのだ。

一説によると、アルゼンチンとの国境を流れるウルグアイ川の東側に開けた土地だからこう呼ぶ、ともいわれるが、ウルグアイ人自身にも「オリエンタル」のはっきりした由来はわからないそうである。

南米に1カ国だけ英語を公用語にする国があるワケは？

国土の85％が熱帯雨林におおわれ、豊かな大自然が前人未踏の状態で残る国。それが、南アメリカ大陸の北東部に位置するガイアナだ。

ガイアナは、日本の本州よりやや小さいくらいの国で、１９６６年の独立までは、英領ギアナの名前で知られていた。

現在の「ガイアナ」という発音は、独立にあたって、インディオの発音に合わせて変更されたものだ。

かつてイギリス領だった影響から、ガイアナは南米大陸で唯一、英語を公用語にしている。

また、およそ80万人の人口のうち、半数近くをインド系住民が占め、ヒンドゥー教の信仰が盛んである。

なぜ、アジアから遠く離れたこの地にインド系の人々が多く住むかというと、前述したトリニダード・トバゴと同様の理由からである。

イギリス植民地時代、同じくイギリスの植民地だったインドの人々が、サトウキビのプランテーションのために、この地に送り込まれたからである。

そのため、この国の文化には、イギリス文化の面影とともに、インド文化の影響も見られる。カレー料理がよく作られたり、音楽にインドの要素が混じっているなど、南米ではユニークなテイストの文化をもつ国となっている。

なぜ、ペルーには日系人が多いのか?

ペルーでは、1990年の大統領選挙で、日系人のアルベルト・フジモリ氏が当選し、ペルーいや南米初の日系人大統領が誕生したことがある。

あまり知られていないが、日本とペルーの関係は古く深い。ペルーは、南米で最初に日本と国交を開いた国なのだ。そのきっかけとなったのが、「マリア・ルス号事件」である。

1872年、横浜港に寄港したペルー船「マリア・ルス号」は、231人の中国人労働者を本国に運ぶ途中だった。ところが、あまりの虐待に絶えかねた中国人の1人が船から逃げ出して惨状を訴えた。

この事件は、日本初の国際裁判に発展し、当時の神奈川県権令・大江卓らが、人道主義の立場から231名全員の解放を勝ち取る。そして、この事件がきっかけとなって、日本とペルーの間で国交が結ばれることになったのだ。

これが、ペルー移民が始まる伏線となる。明治維新後、日本では急激に人口が増えていたが、産業はまだ未発達だった。そのままでは、失業者であふれてしまう。

一方、ペルーでは、砂糖きび産業が発展するなか、新たな労働力を求めていた。そういう両国の事情から、ペルーへの移民が開始されたのだ。1899年、第一回移民船「佐倉丸」が、790名を乗せてペルーへ出発した。

その後、さまざまな曲折を経て、日本人移民たちはペルーの社会に根を下ろしていき、現在では、約8万人の日系人がペルーで生活している。街の看板には日本名が掲げられ、日本語を理解するタクシー運転手がいる、ペルーはそういう国なのである。

ロビンソン・クルーソー島ってどんな島？

1719年に刊行された、ダニエル・デフォーの『ロビンソン・クルーソー』は、イギリス小説の草分けとも称えられる冒険小説の傑作。主人公のロビンソン・クルーソーが、暴風雨に遭って船が難破し、漂着した無人島で28年にもわたってひとりで生き抜いていく、という物語だ。

もちろん、ストーリー自体はフィクションだが、その主人公にはモデルがいる。スコットランド人の航海長アレキサンダー・セルカークという人物だ。

セルカークは、1704年、航海中に船長との争いがもとで、ファン・フェルナンデス諸島のマサティエラ島という島に置き去りにされてしまった。

この島は、チリ本土から600キロの沖に浮かぶ、南太平洋上の島。当時人っ子ひとり住んでいなかったこの島で、セルカークは、4年4カ月のあいだ自給自足の生活をし、1709年に海賊船に助けられた。

デフォーは、この体験談に着想を得たとみられている。

現在、セルカークが無人島生活を送った島は、世界的に有名になった小説にちなんで、「ロビンソン・クルーソー島」という名になっている。

また、2005年には、日本人探検家の調査によって、セルカークの滞在期間のものと推定される住居跡や航海用の器具などが見つかり、話題になった。

細長い国チリの東西の〝幅〟はどのくらい？

日本は南北に長い国だが、地球上には、日本よりも南北に長い国がある。南米大陸西岸の国チリである。日本の南北の距離は約3000キロメートルだが、チリは約4300キロメートルにおよぶ。

一方、東西の幅は日本以上に狭く、チリの平均は約180キロメートルで、もっとも広いところでも426キロメートルしかない。もっとも狭いところになると約100キロメートルである。

しかし、面積は75万7000平方キロメートルで、日本の約2倍もあるから、チリは決して狭い国ではない。地図を見ると狭く見えるが、これは南米大陸の大きさからくる一種の目の錯覚といえる。

チリの国土を北部、中部、南部の三つに分けると、ペルー、ボリビアとの国境がある北部は砂漠地帯、中部は肥沃な平野、南部は森林地帯で、その最南端は氷河、フィヨルドの南極圏と、地域によってまったく気候が違う。首都のサンティアゴがあるのは中部で、ここには日本と同じように四季がある。

チリの東側にはアンデス山脈が立ちはだかり、その向こう側はアルゼンチンだが、チリとアルゼンチンの国境はひじょうに入り組んでいて、行き先によっては、何度も二国間を行ったり来たりしなければならない。

ともあれ、チリは砂漠、氷河、太平洋、大山脈とスケールの大きな自然の詰まった国。日本からだと飛行機で約30時間ほどかかるが、一見の価値ある国である。

地球一の〝孤島〟はどの島？

山間にポツンと離れた集落など、行きにくい場所のことを「陸の孤島」というが、もともと「孤島」とは、海上にポツンとある島のこと。では、地球上で、他の島や大陸から、もっとも離れた島といえばどこだろうか。

文字どおりの「絶海の孤島」は、現在、チリの管理下にあるイースター島だ。この島は、チリから西へ約3700キロ離れ、周囲には一つの島もない。

まさに「絶海の孤島」と呼ぶにふさわしい島なのである。

ご存じのように、この島は例のモアイ像で有名。現在も、最大で高さ12メートル、重さが82トンもある石像が、600体以上も存在している。

古いものは8世紀ごろの作と言われるが、何のためにつくられたものか、いまだ詳しくは解明されていない。むろん、誰かが数千キロの海を渡ってこの島に上陸し、それらの像をつくったわけである。

イースター島は、面積は122平方キロメートル、東京の山の手線内ぐらいの広さしかないが、地図で探すのは簡単である。真っ青な南太平洋にポツンと打たれた点、それがイースター島だ。

「パタゴニア」で吹き荒れる風の正体は？

南米の旅行ガイドを見ると、「パタゴニア」という地名がよく出てくるが、これは国や都市の名前ではなく、南米大陸の南端、南緯40度以南の地域の総称。「パタゴニア」とはスペイン語で「大きな足」を意味し、先住民が毛皮の靴を履いていたことから、世界一周を初めてなしとげたマゼランが名づけたとされている。

面積は日本の約3倍もあり、南北に走るアンデス山脈を境に、国としてはチリとアルゼンチンに分かれている。

このパタゴニアは別名「風の大地」とも呼ばれている。というのも、風速30メートル程

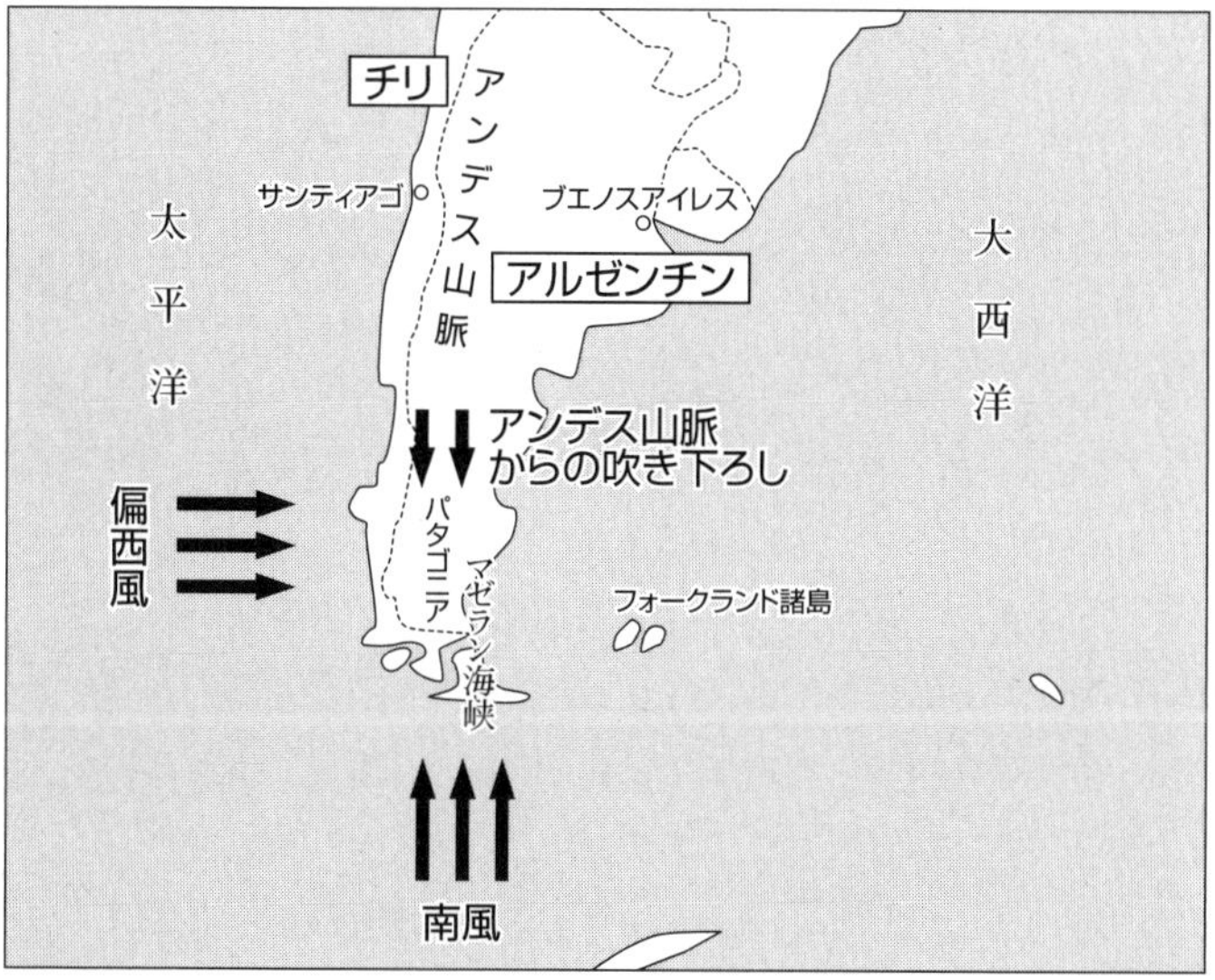

度の風が毎日のように吹いているからだ。日本人の感覚からすれば、毎日が台風、という感じである。

　パタゴニアで嵐が吹き荒れる理由は、ここが〝三つの風〟が重なる場所だからである。

　一つは、西から吹いてくる偏西風、二つめは、太平洋上と南極海上の気圧差から起こる南風。三つめは、アンデス山脈から吹き下ろす風。この三つの風がいずれも1年じゅう吹いているので、パタゴニアでは風が止むことがないのである。

　日照時間の短い北欧やロシアでは、より多く太陽の光を浴びるため、樹木が南に傾いて成長するが、パタゴニアの南部では、逆に樹木が北に傾いている。これは、太陽の光を浴びるためではなく、南から吹く風がとりわけ強いから。要するに、南極から来る風によって、押し曲げられているのだ。

木が曲がるほどの風の中で人間は暮らせるものだろうか、と考えてしまうが、答えはイエス。パタゴニアの人々は風速が30メートルを超える日でも、ごく普通に日常生活を送っている。風が強いのは今に始まったことではないので、人々はみごと適応しているのだ。

なぜホーン岬は〝船乗りの墓場〟といわれるの？

ホーン岬（オルノス岬）は、南アメリカ大陸の最南端にあたる岬。ここから先は、幅約800キロのドレーク海峡をへだてて、南極大陸があるのみという、最果ての地である。

このホーン岬周辺の海域は、古くから〝船乗りの墓場〟として恐れられてきた。


最初にこの海域を通過したのは、1616年、オランダ人のウィレム・スハウテンという人。岬の名も、彼の故郷ホールン（Hoorn）からとられている。

以来、400年近く経つが、依然としてこの航路は船乗りに敬遠されている。というのもホーン岬沖では、年中強風が吹き荒れ、波が高いからだ。

強風が吹く理由の一つは、南極大陸に近いこと。南極の冷たい空気と周辺の暖かい空気が交じり合い、次々と低気圧が生まれ、暴風雨がひんぱんに発生するのである。

それに、南緯56度という高緯度地方であるため、冬季には船が氷山と衝突する危険も生じる。

さらに条件を悪くしているのは、二つの大洋がここでぶつかり合っていることである。

この海域では、太平洋と大西洋が衝突しあっているが、二つの大洋の海面の高さには、かなりの差がある。この差が大きな三角波を生むのだ。

こうした理由から、ホーン岬沖は、いつ航行しても風が強く波も高い、難所中の難所となっているのだ。

また、ここには「偽ホーン岬（False Cape Horn）」と呼ばれる岬もある。本家のホーン岬の北西、オステ島南端の岬がそれである。「偽」と呼ばれる理由は、太平洋側から南アメリカ南端を目指して航海してくると、ホーン岬と同じ方向にこの岬が位置しているからら。

うっかり見誤まり、ホーン岬を回ったと思って船を進めていると、本来の航路から外れてしまうというわけだ。帆船の時代には、この間違いがもとで難破した船もあった。

“絶海の孤島”ガラパゴスの爬虫類はどこから来た？

南米エクアドルの西約1000キロの沖合に浮かぶガラパゴス諸島は、19の島々と多くの岩礁からなる。この諸島がダーウィンの進化論に大きなヒントを与えたのは、これらの島々が火山活動でできたもので、各大陸との交流がほとんどなかったからだ。島々には、純粋培養的に独自の進化をとげてきた固有種が数多く存在し、環境にどう適応してきたかを、わかりやすい形で観察できるのだ。

たとえば、ガラパゴス諸島にいる「ウミイグアナ」は、トカゲの仲間としてはただ一種、海にもぐる。これは、エサに乏しいこの島で生き延びるため、海岸に棲んで海草を食べなければならなかったからだ。

同じ理由で、「ガラパゴスコバネウ」というウは、海中の魚をエサにして生きてきたために、翼が退化してしまった。このウは、世界に29種いるウの仲間の中で、唯一空を飛ぶことができない。

ただ、不思議なのは、鳥類はともかく、世界最大のリクガメとして知られる「ガラパゴスゾウガメ」やイグアナなどの爬虫類が、どうやってこの絶海の群島にたどりついたかである。

よく知られているとおり、ガラパゴス諸島には、固有の陸棲哺乳類はいない。漂流物に乗ったとしても、大陸から遠くへだてられているため、途中で死に絶えてしまうからだ。

草食性のゾウガメやイグアナにしても、条件は同じだったはず。だが、これらの生物の先祖は、どうやってか、この島にたどり着くことに成功した。流木に乗ってきた可能性はあるにしろ、漂着までに数カ月はかかったはず。その間、エサのない状態でどうやって生き延びたのか——この謎はいまだに解き明かされていない。

赤道直下にペンギンやアザラシを運んだ海流とは？

ペンギンと言えば南極、アザラシと言えば氷の海——というイメージがある。しかし、ペンギンとアザラシは、赤道直下周辺にもけっこう住んでいるのだ。

その代表的な場所はガラパゴス諸島。ダーウィンの「進化論」とも縁の深いこの島には、世界的にも珍しい固有種の動物が数多く生息している。

では、この島に住むペンギンやアザラシは、どうやってこの島にやって来たのだろうか。

その秘密は海流にある。南米大陸西海岸に沿って北上するフンボルト海流は、南極大陸から切り離された氷の塊（テーブル型氷山という）を運ぶことがある。そのとき、南極のペンギンやアザラシが氷山に乗ったまま運ばれたのではないかと推測されている。

現在の地球環境では、南極の氷が北上するのは南緯40度あたりまでで、赤道まで到達することはありえない。

ところが、氷河期なら、話は別である。

むろん、氷河期の気温は現代よりもずっと低く、またペルー沖やガラパゴス諸島周辺の海域には、海底から海面に向かって湧昇流という冷たい海水の流れがあって、赤道直下にしては水温が低い。そうした条件が重なって、ペンギンやアザラシの先祖たちが、氷山に乗ってこの地域にたどり着いたと考えられるのだ。

ハワイにも、モンクアザラシという固有種が生息しているが、これも同じような経緯でハワイ諸島に流れついたと考えられる。

❹ ヨーロッパ

ドイツの首都ベルリンは、なぜ東のはずれにある?

東西ドイツの統一を経て、ドイツ連邦共和国の首都は、ボンからベルリンに移されたが、ドイツの地図を見ると、ベルリンは国土の東のはずれにある。これを見て、「どうして国のはずれに首都を置いたのか?」と疑問に思う人もいるかもしれない。

この疑問は、19世紀のヨーロッパの地図を見ると、すぐに解ける。ドイツがプロイセンを中心とした国家として統一されるのは19世紀半ばのことだが、当時の地図でベルリンは国土のほぼ真ん中に位置していたのである。

といっても、ベルリンの位置が変わったわけではない。変わったのは、国土のほう。19世紀のドイツの領土は、現在よりも東に広く、

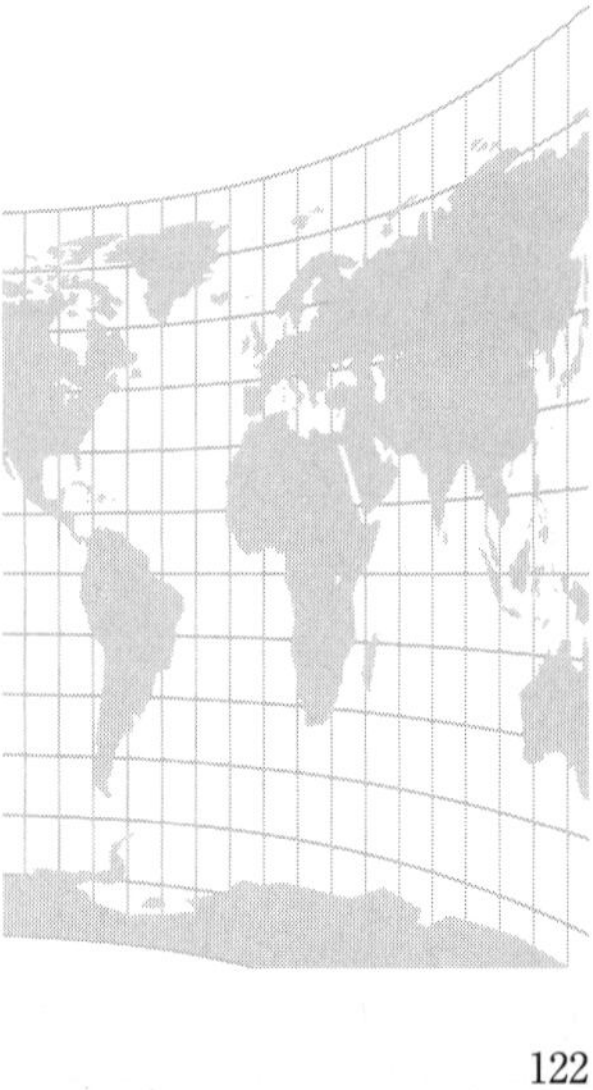

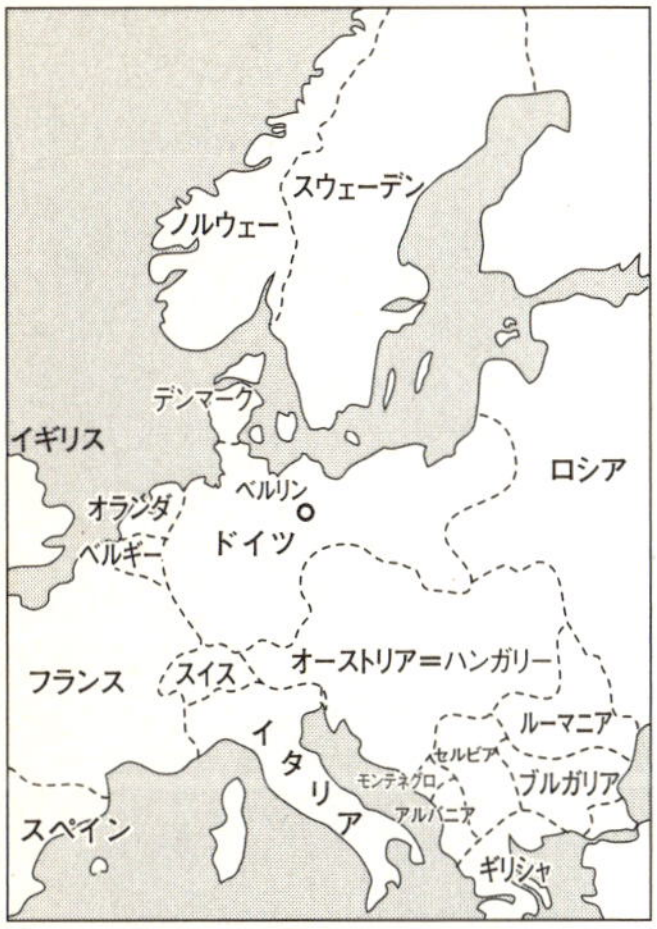

第一次世界大戦前

現　在

今のポーランドの西の部分もドイツ領だったのだ。

しかし、ドイツは2度の世界大戦に敗れて、多くの領土、とくに東側の領土を失うことになり、ベルリンは国のはずれになってしまったのである。

そんな経緯から、ヨーロッパには、現在はドイツの領土ではないが、「ドイツ文化圏」と呼ばれる地域がある。オーストリアやリヒテンシュタインで話されているのはドイツ語だし、スイスやルクセンブルクでもドイツ語は公用語の一つになっている。

ドイツが誕生した歴史的理由とは？

ドイツ人は、ドイツ語で自分たちのことを

「ドイチェ」と呼ぶ。「ドイツ民族」という意味で、9世紀ごろに生まれた言葉である。

もともとライン川沿いの地域では、さまざまな部族がそれぞれの国家をつくって暮らしていた。

やがて、その一帯を征服したフランク王国が、それらの部族国家を支配下に置いたが、互いの交流はほとんどないままだった。

ところが、9世紀になって、フランク王国が分裂して西フランクが生まれると、それに対抗するため、初めて各部族国家が一つにまとまった。これによって、初めてゲルマン民族だけの国家、東フランクが誕生し、統一民族名をつくる必要が生じた。そこで、高地ドイツ語で、「民衆」を意味する「ディウティスタ」が用いられ、これが変化して「ドイチエ」という言葉になったのである。


ちなみに、英語の「ジャーマニー」は、古代ローマ帝国時代、現在のドイツあたりに住んでいた人々を「ゲルマニア」と呼んだことに由来する。

この「ゲルマニア」の語源としては、いくつかの説があって、古代の言葉で「貪欲な人」いう意味の「ゲルマン」、あるいは「沼地に住む人」という意味の「ゲル・マン」などがルーツではないかといわれている。

なぜドイツには「〜ブルク」という地名が多い?

「デュイスブルク」って、どこの国の都市?と聞かれれば、その地名を知らなくても、ドイツの都市だと推測できるのではないだろうか。

ドイツには、ハンブルク、アウグスブルク、ローテンブルク、レーゲンスブルクと、最後に「ブルク」のつく都市がやたらに多い。また、ドイツ以外のドイツ語圏でも、「ザルツブルク」「ルクセンブルク」と、都市名はもちろん、国名にも「ブルク」がついている。

現在のドイツ語で、「ブルク」は「町、城塞」という意味である。語源は、ヨーロッパの先住民であるケルト人の言葉で、「高台」を意味する「ブリガ」だとみられている。

日本でも、城は、見晴らしがよく、攻めにくい高台や山腹に築かれるものだが、ヨーロッパでも同様だった。そのため、「高台」という意味の「ブリガ」が、「城塞」という意味の「ブルク」になったと考えられるのだ。

さらに、城塞の周囲には城下町ができ、都市へと発展していく。ドイツ語の「ブルク」は、やがて「町」という意味にもなった。

旧東ドイツの地図では、西ベルリンはどう描かれていた？

旧ソ連時代の地図は、現在ではほとんど役に立たない。共産主義体制の崩壊によって、地名がまるっきり変わってしまったからだ。ソ連時代には、そこらじゅうにマルクス広場やエンゲルス通りがあったのだが、もはやそれらの名を見ることはない。

というわけで、旅行者にとっては役に立たないソ連時代の地図だが、一部の人たちの間では高値で取り引きされている。レア物になりはじめているとともに、政治学の研究者にとっては、ソ連時代の地図は、政治史を研究するうえでの貴重な資料になるからだ。

たしかに、そういう目で見ると、ソ連時代の地図は面白い。そこらじゅうにあったはずの収容所は、いっさい地図には記されていないし、町ごと地図から抹殺されている場合もある。誰もがその姿を知っていたKGB本部も、モスクワの市内地図には記されていない。

そういう事情は、東欧の旧共産主義諸国でも変わらない。とくに、旧東ドイツ製のベルリンの地図は徹底していた。

ベルリンという都市は、旧東ドイツの圏内にあり、都市の西半分の西ベルリン（西ドイツ領）は、ベルリンの壁が崩れる前は、飛地のような形で東ドイツの中にポツンと存在した。それが、冷戦時代の東側の地図ではどう描かれていたかというと――何も描かれていないのだ。空白になっているのである。まるで、更《さら》地《ち》であるかのような扱いをされていたのだ。

これは、東ドイツの当局が、西ベルリンという存在を政治的にまったく認めていなかったからである。

オーストリア人が、自分のことを「オーストリア人」と言わないのは？

私たち日本人は、よく「日本人というのは……」などと口にする。

ところが、中欧のオーストリアでは、自分のことを「オーストリア人」と呼ぶ人はごく少数。むしろ、「ザルツブルガー」とか「チロラー」など、州の名前で呼ぶことが多い。国よりも州のほうに強い愛着を持ち、それがアイデンティティの核となっているのだ。

むろん、これがロシアやアメリカのような広い国なら、わからなくもない。しかしオーストリアは、人口は約800万人、国土面積8万4000平方キロで、北海道より少しばかり広い程度の国だ。たとえて言えば、北海道の人が、道産子ではなく「私は十勝人」「僕は釧路人」と競っているようなものだ。

オーストリアに根強い州意識が生まれたのには、いくつか理由がある。まず山がちの国であり、昔は遠方地域との交流がスムーズでなかったこと。また、各地に散在する城塞都市を中心として発達してきたため、それぞれの地域に独自の文化が生まれたことだ。

「イギリス連邦」って、いまでも何か意味がある？

イギリス連邦（Commonwealth of Nations）とは何だろうか。

これは、イギリスを中心とする独立国家の集まりで、カナダ、オーストラリア、ニュージーランド、インド、バングラデシュなど、かつてイギリスの自治領や植民地だった歴史を持つ、イギリスと縁の深い国々が参加している。

何と言っても、かつては七つの海を押さえた大英帝国。その余光はいまも世界中におよび、イギリス連邦には現在、イギリス本国を含め、54カ国（うちフィジーは2009年から資格停止中）もの国々が加盟している。さて、この連邦には、国際政治上、どんな意味があるのだろうか。

少なくとも、かつてはいろいろなメリットがあったと言える。まずは経済面。英連邦に加盟するということは、すなわちイギリスを中心とする経済ブロックに入ることを意味し、関税などの点で優遇された。

また、当初は、連邦加盟国のイギリス国王に対する忠誠心が強く、国際政治的にも連邦はそれなりの存在感をもっていた。

ところが、1973年、イギリスが拡大ECに加盟。ヨーロッパ諸国と経済ブロックを組むようになってから、イギリス連邦の経済的な結びつきは弱まっていく。

また、英国王を自国の元首に戴いていた連邦加盟国も、その多くが共和制に移行し、政治的な結びつきも弱まった。現在でも、建前上、立憲君主制をとり、イギリス国王を元首としているのは、わずか十数カ国。むろん、それも形式的なことにすぎない。

というわけで、現在のイギリス連邦には、経済的にも政治的にも大きな意味はなくなってきている。定期的に連邦首脳会議を開いているが、〝親睦会〟程度の意味しかもたないのが現状。「大英帝国の同窓会」とも言われている。

ロンドンの公園がやけに広いのはどうして？

ロンドンの公園は、とにかくだだっ広い。日比谷公園の9倍もの面積があるハイド・パーク、バッキンガム宮殿に隣接するセント・ジェームズ・パークをはじめ、中心部の主な公園だけで、5000万平方メートル（東京ドーム1000個分）もの面積を占めている。ロンドン全体では1億5000万平方メートルになるというから、たいへんなスケールだ。

しかも、イギリス式公園はひじょうに〝大

ざっぱ〟でもある。

雑木林があったり、草っ原が広がっていたり、坂道があったりと、自然が自然のままの姿をとどめている。ベルサイユ宮殿に代表される、人工的なフランス式庭園とは趣がまったく違うのだ。

では、なぜ大都市ロンドンに、こんなだだっ広い公園がいくつもあるのだろうか？

じつはロンドンの公園は、かつて王室の狩猟場として、あるいは貴族の私有地として使われていた場所だった。

今でこそ、それらの公園はロンドンの中心部に入っているが、かつては「ロンドン郊外」であり、王や貴族たちの憩いの場だった。それが、近代になってそのまま公園として整備されたため、都心とは思えないほど、広くて自然豊かな空間が残ったのだ。

スイスが永世中立国になった地理的背景は？

スイスが永世中立を宣言したのは1815年のことだが、話はそれより前、16世紀にまでさかのぼる。当時のスイスは人口過剰で耕地不足、つまり貧しい国だった。そのスイスが外貨を得るためにとった手段が、〝傭兵〟の派遣だった。

当時は、ヨーロッパのあちこちで宗教戦争が勃発していたが、そうした戦争には自国の兵隊だけではなく、外国の傭兵も参加していたのだ。スイス傭兵は、ドイツ傭兵と並んで最強と恐れられていた。

そうなると、外国に雇われたスイス人どうしが戦って殺し合う、という事態も出てくる。

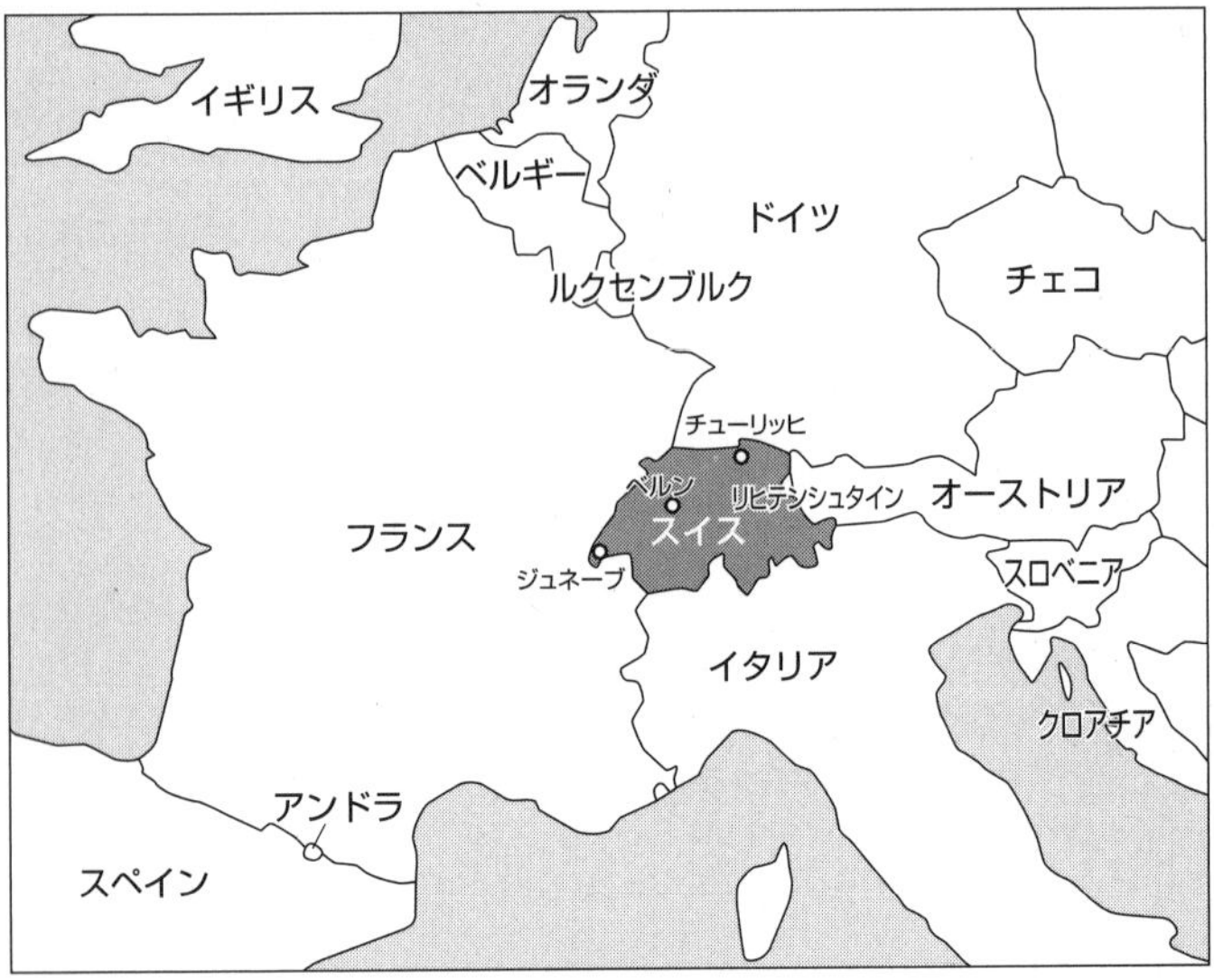

もともと人種も言語も多様で、統一の難しいスイスのこと、外国での戦争が内戦に発展しないともかぎらない。そこで、16世紀に初めて、中立政策をとることを明確にする。

だが、中立という立場は、自分で宣言するだけでなく、周囲にも認められなければ成立しない。スイスが中立を守れたのは、周辺国家の事情もあった。

スイスは、フランス、ドイツ、イタリア、オーストリアと国境を接している。列強のつばぜり合いの真ん中に位置する国だ。しかも、スイスの兵は強いと恐れられている。周辺国としてはスイスを敵に回したくない。誰かの味方になってしまうよりは、中立でいてくれたほうが、各国とも都合がよかったので中立が認められたのである。

そういう事情から、永世中立国であるスイ

スは、伝統的に強い軍隊を持つ国でもある。今でも人口の1割に当たる軍隊を持ち、核シェルターの普及率は95％。これは、永世中立国であるため、どこの国とも同盟関係を結んでいないので、もしも他国に攻められた場合には、自分たちの力だけで守らなければならないから。そのための備えなのだ。

本国の人口の20倍も移民がいる国は？

アイルランドは、イギリスの隣りに浮かぶ島国。「北アイルランド紛争」に代表される血なまぐさい歴史を経てきた国というイメージが強い。

北海道と同じくらいの大きさのこの国は、古くはケルト人の暮らす島だったが、12世紀にイングランドの支配下に入り、カトリック住民に対する厳しい弾圧が繰り返された。

「アイルランド自由国」が成立したのは1922年のこと。だが、イギリスはすぐには承認せず、北アイルランド6州はイギリスに残ることになった。

これが、のちに北アイルランド問題として表面化し、6州では少数派のカトリック系住民が独立を求め、その運動が過激化する事態に発展した。

また、この国は「移民の送り出し国」としても有名である。

アイルランドは、長くイギリスの植民地のような土地として、貧しい生活を強いられてきた。加えて、1840年代に未曾有の大飢饉に襲われ、100万人ともいわれる人々が死亡してしまう。その結果、人々は国外へ新天地を求めざるをえなくなった。

以後、今日にいたる170年の間に、480万人もの人々が国外に脱出した。現在、世界各地に住むアイルランド系移民の人数は、子孫を含めて7000万人。これは、本国の人口450万人の15倍近い数字である。

オランダとベルギー、二つのバルレ街が生まれたワケは？

世界でもっとも巨大な飛び地は、アメリカのアラスカ州。1867年、ロシアから購入して以来、カナダを挟む飛び地となっている。

これに対して、もっともユニークな飛び地とされるのが、オランダの最南部、バルレ・ナッソーという街にあるベルギーの飛び地。というのも、バルレ・ナッソーの街の中には、ベルギーの飛び地が、21カ所も点在しているのだ。しかも、その飛び地の中に、オランダ領の飛び地が8カ所も存在する。

こんな妙な街ができたそもそもの理由は、かつてオランダとベルギーがともにスペイン領だった時代にさかのぼる。まず、1198年、ブラバント公爵という領主が、のちにナッソー伯爵となる別の領主に、自分の領地のバルレ村を譲り渡した。

そのとき、公爵は村の土地のすべてを譲らず、自分の土地をこま切れに残しておいた。そこで、一つの村が、バルレ・ナッソー（ナッソーのバルレ）と、バルレ・ヘルトホ（公爵のバルレ）の二つに分かれることになった。

そして、のちにこの国がオランダとベルギーに分かれるとき、オランダ領のバルレ・ナッソーと、ベルギー領のバルレ・ヘルトホに分かれたのである。

今、バルレ街のエリアには国境表示はなく、家の番号標識があるだけ。役場や警察、学校などの公的機関は、すべて両国のものが存在している。

ベルギーには、これ以外にも面白い場所がある。

詳細な地図でドイツとベルギーの国境線を見ていくと、不思議なことに気づく。国境を示すラインが、２本に分かれているところが４カ所ほどあるのだ。

そして、その２本の国境の間には、ベルギーの鉄道が走っている。つまり、線路の敷地部分がベルギー領で、その両側がドイツ領ということを表している。

地図で見ると、線路分だけ細長く、ベルギー領がドイツ領に食い込んでいるように見えるのだ。

じつは、この鉄道は、貨物専用のベルギー国有鉄道。長い歴史の中で、国境線を何度も変更するうちに、ベルギーの鉄道がドイツ領内に取り残され、その線路用の土地だけがベルギー領のままとなっているのだ。

この地域のドイツ住民たちは、線路の踏み切りを渡るたびに、〝ベルギー領〟を横断していることになる。

標高173メートルの山が国内最高峰の国ってどこ？

日本列島は山地が67％を占める山国。ところが、ヨーロッパの国のなかには、国土の大半が平地や丘陵地からなり、山らしい山がない国もある。

まずは、ベルギーである。ベルギーの国土の最高点は、南東部のボトランジュ山の標高694メートル。ひじょうになだらかで平坦な地形をしている。

平坦さでいえば、デンマークはベルギー以上。北海に突き出たユトランド半島と、その東側にある大小500の島々から成るこの国は、国土の最高地点が、なんと標高173メートル。しばしば〝パンケーキのようになだらか〟と形容されるほど、完璧なまでに平べったい地形をしているのだ。

フランスのルーツになった民族は?

フランスの人口は、現在、約6300万人で日本の半分ほどだが、この国は、昔から多くの移民を受け入れてきた。今では全人口の4人に1人が、先祖に外国人を持つといわれている。

ただし、この国のルーツをたどっていくと、フランク族に行きつく。フランク族は、もともとゲルマン民族の中でも小さな一部族にすぎず、最初のうちは部族名もなかった。「フランカ」と呼ばれる投げ槍を主要な武器としていたので、そこから「フランク族」と呼ばれるようになった。

このフランク族が、3世紀ごろ、現在のドイツあたりから、ライン川を越えて西方に侵入する。そして、西ローマ帝国の崩壊後、先住民の西ゴート族をイベリア半島へと追いやり、フランク王国を起こしたのである。

そして、その中心地が「フランク族の土地」という意味で、「フランス」と呼ばれるようになった。

パリ市街地はなぜ丸い形をしているの？

東京の場合、どこからどこまでが「市街」で、どこから先が「郊外」なのかはっきりした境界線はない。ところが、パリの場合は、ここからここまでが「パリ市街地」、ここを出たら「郊外」という境界線がはっきりしている。かつては城壁によって、はっきり区切られていたからである。

その中心はセーヌ川に浮かぶ中州「シテ島」である。地図を広げてみればすぐにわかるが、パリという街は、東西に12キロ、南北に9キロ、わずかにゆがんだ楕円のようなカタチをしている。その中心が、シテ島なのだ。

どうして、そんな形になったかというと、話は紀元前3世紀にまでさかのぼる。このシテ島にケルト系のパリシィ人が住み着いたのが、パリの街の起源。パリシィ人たちは、外敵から身を守るために城壁を築いた。

その後、1世紀にはローマ人がやって来て街の基礎をつくり、508年には、フランク王クロヴィスがシテ島に王宮を造り、6～10世紀にはセーヌ河畔の沼地を開拓し、という具合に、シテ島を中心にじょじょに発展していった。

中世になっても〝城壁都市〟パリは発展し続け、それとともに城壁は、同心円状にひとまわりずつ大きく造り直されてきた。だから、パリの街はほぼ円形のまま大きくなってきた。

現在の境界線は、1841～45年に造られたチエール城壁がもとになっている。ただし、その城壁そのものは、1919年に取り壊されて残ってはいない。

よその国に税金を納めている国があるって本当？

税金は国民が国に納めるもので、国が支払うものではない……そんなこと常識だろうという人がいるだろうが、世界には税金を支払っている国もある。その国は、ヨーロッパの小国、アンドラ公国。支払い先は、隣国のフランスとスペインである。

アンドラ公国は、フランスとスペインの国境に位置し、面積はたった約470平方キロというから、種子島ぐらいのミニ国家である。人口は約8万人だ。

この国は、8世紀のイスラム教徒によるイベリア半島進出をきっかけに生まれた。まず、イスラム教徒によってイベリア半島北部に追われたキリスト教徒が、イスラム勢力の侵入をピレネー山脈で食い止めるため、この地にウルヘル大聖堂を建設。キリスト教徒の町となった。

その後、13世紀になると、この地を統治していたフォワ伯爵とウルヘル司教の間で対立が生じるなか、結局、両者が共同領主となることを条件に、住民の自治権が認められた。そして、住民は自治権を獲得する代わりに、奇数年にはフランスに、偶数年にはウルヘル司教に税金を納めることになり、それが1993年の独立後も続いているのである。

現在、このアンドラ公国には、年間1300万人の人が観光にやってくる。その目的は、スキーと買い物。アンドラ公国は、消費税が安く、関税がないので、20%前後の消費税を取られるスペインやフランスなどから買い物客が大勢やって来て、大量に買い込んでいくというわけだ。「ヨーロッパのスーパーマーケット」といわれるこのミニ国家ならではのビジネスが、大きな収入源となっている。

スペイン人は自分の国をどう呼んでいる？

日本では一般に「スペイン」と呼んでいるが、この「スペイン」は英語の国名。日本でいえば「ジャパン」に相当する。

では、「日本」に相当する国名は？　といえば「エスタド・エスパニョール」。スペイン人は、自分たちの国のことを「エスタド・エスパニョール」と呼ぶのである。

「エスパニョール」の語源は、ローマ時代の地名「ヒスパニア」だが、この「ヒスパニア」の由来については、二つの説がある。

一つは、カルタゴ人がイベリア半島の海岸沿いに植民地をつくり、「スパンの国」と呼んだのが始まりという説。「スパン」とはウサギのことで、実際、この地方には野ウサギが多かったようだ。紀元前後に使われた貨幣にも、ウサギの絵が描かれ、他の国からも「ウサギの国」と呼ばれるほどだったという。

もう一つは、バスク語で「岸」を意味する「エスパナ」に由来するという説。岸辺につくられた植民地だったので、ローマ人が現地の人々が単に「岸」というのを地名と誤解したという。

ただし、スペインは、もともと五つの国が統一された国。自分たちの国を「エスタド・

エスパニョール」と呼んでいても、互いに強く結びついているわけではない。

カスティーリャ、カタルーニャ、アンダルシア、バスク、ガリシアの五つの地方によって、言葉や習慣は違い、対抗意識も強く、それぞれの地方名を自分たちの〝国名〟のように思っている人が少なくない。

世界一古い国旗ってどこの国旗？

世界で、もっとも国旗を愛しているといわれるのが、デンマーク人。ほとんどの家庭に国旗立てがあり、祝祭日や王族の誕生日はもちろん、誕生日や結婚記念日など、個人的な記念日にも国旗を立てる習慣がある。サッカーの応援で、顔に国旗を初めてペイントしたのも、彼らだったとか。

それほど国民に愛されているデンマークの国旗は、赤地に白の十字架の入った「ダンネブロー」。「ダンネブロー」とは、本来は「色のついた布」という意味だ。

この国旗は、世界でもっとも古い国旗と言われている。ただし、あまりに古い話なのでたしかな証拠があるわけではないのだが、それが〝世界の常識〟となっている。

伝説によれば、1219年6月15日、当時の国王ヴァルデマー2世が、エストニアに遠征したとき、苦戦中のデンマーク軍の上に、どこからともなくダンネブローの旗が舞い降りてきた。これこそ、神の御加護とデンマーク軍は反撃に転じ、みごと勝利を収めたと伝えられる。

デンマークでは小学生でも知っている伝説

だが、一説には、頭上に舞い降りてきたのは、赤い血に染まった白い旗だったともいう。

　その後、このダンネブローが、デンマーク王の紋章として採り入れられたのは14世紀。それから、国王と海軍の旗となり、１８５４年から個人による使用も認められた。

オランダに「ダム」のつく地名が多いのはなぜ？

首都のアムステルダム、経済都市のロッテルダム、観光地として人気の高いフォーレンダム、クリスタルガラスの街レーンダムなど、オランダには「ダム」のつく地名が多い。

　それもそのはずで、「ダム」はオランダ語で「堤防」という意味。干拓によって国土を広げてきたオランダでは、川に堤防を築いて都市を建設してきた。それで、川の名前と堤防を結びつけた地名が多くなったのだ。

　たとえば、アムステルダムは、その昔、アムステル川河口の小さな漁村だった。13世紀、ここに築城したギスブレヒト2世が、低湿地に運河をめぐらせ、杭を打ち込んだ土台の上に家屋を建てて都市を建設した。そして、アムステル川に堤防を築いて街を守ったので、「アムステルダム」という地名が生まれたのである。

　また、「ロッテルダム」も、ロッテ川がマース川に流入する地点に築かれた都市。その際、ロッテ川に堤防を築いたから、「ロッテルダム」という地名になった。

　ちなみに、オランダ本国では、自国を「ネーデルラント」と称している。意味は、国土の４割が海抜ゼロメートル以下の国らしく、

「低湿地」である。

日本で使われている「オランダ」は、もともとポルトガル語の「オランダ」が江戸時代初期に伝わり、そのまま定着した呼び方。オランダの独立運動の中心地となり、現在も政治、経済の中心である「ホラント」地方に由来するものだ。

現在でも、日本だけでなく、ポルトガルをはじめ、イタリアやスペインでも、「オランダ」と呼んでいる。

パリ以外で「花の都」と呼ばれている街ってどこ？

イタリアの「フィレンツェ」は、ルネサンス発祥の地として知られている。金融業で財をなしたメディチ家がこの町に住み、レオナルド・ダ・ヴィンチやミケランジェロを援助して、ルネサンス文化の花を咲かせた。

現在も、街中にある芸術作品や、縦横に走る石畳が中世文化の残り香を漂わせている。

このイタリア中北部の都市には、紀元前200年ごろ、エトルリア人が住んでいた。そして、紀元前80年ごろ、ローマ帝国がこの都市を占領、退役軍人を入植させるための植民地とした。このとき、同時に「コロニア・フロレンチア」という地名をつけた。「フロレンチア」は、ラテン語で「花咲く」という意味なので、「コロニア・フロレンチア」は、「花咲く植民地」という意味になる。入植する退役軍人がホッとできるような地名ということで、こう名づけられたようだ。

やがて、「フロレンチア」が、イタリア語の「フィレンツェ」となり、今でもこの街は

「花の都」と呼ばれている。

もっとも、「フロレンチア」という地名は、いきなりローマ人がつけたのではないかという説もある。

紀元前２００年ごろに住んでいたエトルリア人の地名「フェゾーレ」が「フルエンシア」（「流れゆく」という意味）に改められ、それを基にローマ人が「フロレンチア」としたのではないかという。

その場合、「流れゆく」は、フィレンツェの街を流れるアルノ川に由来すると説明されるが、この説には、フィレンツェの人々の「ローマなんかが名づけ親でたまるか」という気持ちが込められているようでもある。

それほどに、イタリアの各都市は、サッカーのリーグ戦が、現代の〝都市間戦争〟にたとえられるよう、互いに競争意識が強い。

なぜ、ローマには地下鉄がほとんど走っていない？

東京へ遊びに来た外国人は、東京の地下鉄の路線図を見てビックリする。数多くの路線が、複雑に走り回っているからである。

世界でも、地下鉄路線がこれほど複雑な都市は珍しいが、逆に、大都市としては地下鉄の路線が少ないのが、イタリアのローマである。A線とB線の二路線しか走っていない。

地上の渋滞ぶりを考えれば、もっと地下鉄を走らせてもいいように思うが、ローマには地下鉄を通せない理由があるのだ。

２０００年をこえる歴史を持つローマの地下には、重要な遺跡がたくさん埋もれている。そのため、新しい地下鉄を通そうとすると、必ず遺跡にぶつかってしまうのである。

しかも、古代ローマ時代の遺跡は、地層のように積み重なっている。大火事になったり、病気が大流行して新たに街が造り直されたり、戦争で古い建物が壊れると、その土台を利用して新しく建設されたりしてきたからだ。

むろん、現代では、そのような古代遺跡は大切に保存されるので、地下鉄建設がなかなか認められないのである。

現在、三つめのC線が建設中で古代の遺跡を壊さないように、おもに地下25～30メートルという深いところで工事が進められている。

ベニスはどうして、水に沈むような土地につくられたのか?

「水の都」と呼ばれるイタリアのベニス（ベネツィア）は、150以上の島が、400以上の橋で結ばれている。いま、この世界的に有名なベニスの街は水没の危機にある。

もともとベニスは、日本で言えば有明海のように、潮の干満によって干潟が出現する泥湿地帯の上に建設された。そして、その泥湿地帯に築かれた土台は、木の杭なのである。

近年、その土台の浸食が激しく、ベニスは徐々に水没し始めている。

すでに、住居の1階部分は使用不能という家屋が増え、人々は続々と内陸部に移り住んでいる。このままでは、あと2000年もすると、4～5階建ての家屋までもが海に沈み、ベニスは地球上から消えてしまうと言われている。

そもそもベニスは、なぜ水に沈んでしまうような土地に開発されたのだろうか?

この地に、ベネト族が初めてやって来たのは、5世紀のことである。イタリア半島とバルカン半島のつけ根の部分に住んでいた彼らは、アジアから攻め込んできたフン族の脅威にさらされていた。

そこで、ベネト族はフン族から逃れるため、アドリア海の干潟に目をつけた。ベネト族は船を操ることが巧みだったので、干潟であれば、フン族から逃げられると考えたのだ。こうして、ベネト族の住む街ベネツィアが誕生した。

しかし、その場所は泥湿地帯。そこで、ベネト族とその後、移り住んできた人々は、干潟に木の杭を打ち込み、その上に石を敷き、さらに、その上にレンガで家を建て続け、ベネツィアという都市を築きあげた。

かつては、地盤が沈下すると、石を積み上げて補修していたのだが、20世紀以降、それでは間に合わなくなった。地下水の汲み上げと、ゴンドラに代わるモーターボートの立てる波によって、土台部分の浸食が急速に進み、地盤の沈下が早まったのだ。

ただし、絶えず補修されているので、私たちが生きている間は急激に沈むことはなく、いまのような状態が続くと考えられている。

ヨーロッパの国旗に三色旗が多いのはどうして？

世界の国旗の一覧表を見ると、三色旗がやたらと多いことに気づく。とくにヨーロッパ大陸は三色旗のオンパレードだ。

西欧では、フランス、イタリア、ドイツ、オランダ、アイルランド、ルクセンブルクなどが三色旗を国旗とし、東欧ではハンガリー、ブルガリア、ルーマニアなどの国旗が三色旗である。

どうして、ヨーロッパの国旗には三色旗が多いのか。

三色旗でもっとも有名なのは自由、平等、友愛を歌ったフランスの旗。だが、フランス革命の影響で三色旗が広まったわけではない。三色旗を広めたのは、じつはオランダだ。

16世紀当時、世界の先進国だったオランダが三色旗を国旗としたことから、他の国もそれに続いたというのが真相のようだ。

というと、オランダが三色旗の元祖のように聞こえるが、そうとも言えない。三色旗を世界に広めたのはオランダで間違いないにしても、オランダよりも先に三色旗を使っていた国もあるのだ。

それは、オーストリア。オランダが三色旗を国旗とする300年以上も前から三色旗を使っていたとみられている。

ちなみに、日本の町中でもっともよく見かける三色旗と言えば、イタリア料理店の店頭に掲げられるイタリア国旗だろう。緑・白・赤の3色だが、この3色は順に、美しい領土、アルプスの雪と正義と平和、愛国の熱血を表している。

バチカンの国旗に描かれた「鍵」はなんの鍵？

かつて日本では「バチカン市国」と呼ばれていたが、2003年からは「バチカン」が正式名になった。ご存じのように、イタリアのローマ市内にある世界一小さな国である。

この国には、元首がローマ法王であること、近衛兵として男性のスイス兵が駐留していること、公用語がラテン語であることなど、いくつかの特徴があるが、国旗に「鍵」が描かれているのも、大きな特徴の一つだろう。世界の国旗の中で、鍵が描かれているものは、バチカン国旗だけである。

１８０２年から使われているこの旗は、黄色と白の二色旗の白地部分に、法王の冠と、それを支える金と銀の鍵が描かれている。

その鍵は、「ペテロの鍵」と呼ばれ、イエスが使徒ペテロに言った言葉「あなたに天の国の鍵を授ける」に由来する。その意味するところは、霊界と俗界の支配権だ。

つまり、この鍵は、使徒ペテロがイエスの代理人であることの象徴なのである。

バチカンとペテロの関係は、紀元64年ごろ、皇帝ネロの迫害にあって命を落としたペテロが、バチカンの丘に葬られたことに始まる。それから約３００年後、ペテロの墓の上に、聖ピエトロ聖堂が建てられた。ペテロはバチカンの象徴的な存在なのである。

ヨーロッパの国旗に「星」が使われていないのはなぜ？

東京にあるＥＵ加盟国の大使館では、それ

ぞれ自国の国旗とともに、ＥＵ旗を掲げている。このＥＵ旗は、１９８６年にＥＵによって正式に決定されたもの。

紺地に、12個の黄色い星が円形に配置されているが、星のデザインが選ばれたのは、特定の加盟国を連想させないためである。実際、ボスニア・ヘルツェゴビナ、コソボをのぞいて、欧州の国旗に星が使われたものはない。

一方、ヨーロッパ以外では、アメリカ合衆国の星条旗をはじめ、イスラム圏やオセアニアの国々など、星を使った国旗が少なくない。

欧州の国旗に星が少ない理由は、いくつか指摘されている。まず、長い間対立関係にあったトルコやアラブ諸国など、イスラム教国の国旗に三日月と星が描かれていることが大きいという。また、キリスト教圏には十字架というシンボルがあり、それで充分だったという理由もある。さらに、星は、アメリカ合衆国やソ連という超大国の象徴でもあり、それを避けたという理由もあるようだ。

とくに、ロシア革命以降、ソ連の国旗に星が現れ、赤い星は社会主義の象徴となった。社会主義国時代のユーゴスラビア国旗にも、青、白、赤の横三色旗の中央に、黄色で縁取られた赤い星が輝いていた。

しかし、この国旗を受け継いだセルビア、モンテネグロの国旗からは、大きな星が削除されている。

ちなみに、同じく旧ユーゴスラビアのボスニア・ヘルツェゴビナの国旗には、星が描かれているが、これは１９９８年に制定された新しい国旗で、最初からＥＵ旗を意識してデザインされたことが影響している。

ＥＵ旗に似せたのは、平和への苦難の道の

りをＥＵ諸国の支援で乗り切れたことに感謝し、ＥＵ加盟への期待をアピールするためだった。

地中海の水は、東に行くほど塩辛くなるって本当?

日本海の海水をなめてみたら、九州の海水より東北の海水のほうが塩辛い、なんてことはない。

日本近海の海水の塩分濃度は、どこの地点でもほぼ同じである。海はつながっているのだから、それが普通のはずである。

ところが、世界には、場所によって塩分濃度が違うという変わった海がある。

ヨーロッパとアフリカに囲まれた海、地中海である。

地中海の塩分濃度は、西端のジブラルタル海峡では３・６％なのに、東に行くにつれて高くなり、キプロス島やトルコ近くになると、３・９％となる。なめ比べてみると、東の海水のほうが塩辛いことがわかるくらいだ。

こんな珍しい現象が起きるのは、地中海周辺が温暖で雨の少ない気候だからである。１年を通じて乾燥しているため、河川から地中海へ流入したり、雨となって降り注ぐ水量に比べ、蒸発する水量のほうが多くなる。

こうして地中海の水量が減ると、西端のジブラルタル海峡から大西洋の水が流入してくる。

そのため、ジブラルタル海峡近くでは、大西洋と同じ塩分濃度でも、大西洋から距離のある東地中海では、蒸発する水分を補えず、塩分濃度が高くなるのである。

「ギリシャ」という国名は日本でしか通じない？

自国の言語に絶対的な自信とプライドを持っているフランス人は、外国の国名も片っ端からフランス流に呼び変えてしまう。たとえば、ドイツはアルマーニュ、イギリスはアングルテール、日本はジャポンといった具合だ。

これに対して、日本は「現地呼称主義」を採り、国名や地名は、なるべく現地の人が呼ぶとおりに呼称している。とはいえ、それはあくまでも原則であり、例外もけっこうある。その代表が「ギリシャ」だ。

ギリシャ人は、自分の国を「ギリシャ」とは呼ばず、「エラス」あるいは「ヘラス」という。「ギリシャ」というのは日本独特の呼び方で、日本人どうしでしか通じない。

「ギリシャ」はポルトガル語の「グレースィア」からきている。これが、キリイキス、ギリーキ、ゲレシアなどと転じた末、明治初期になってギリシャに落ちついた。

「ベルギー」も、日本では呼び方が何度も変わってきた国名の一つ。ベルチュム、ビルヂム、ベルギッグなどと試行錯誤を繰り返し、現在の「ベルギー」に落ちついたのは明治時代の後半になってからのことだ。

最近、「東欧」ではなく「中欧」がよく使われるワケは？

ヨーロッパ旅行のパンフレットを開くと、近年は「中欧4カ国周遊」などとうたうツアーをよく目にする。その反対に、「東欧旅行」という呼び方は少なくなってきている。なぜだろうか？

かつて一般的に使われていた「東欧」という言葉は、「ヨーロッパの東部」という意味合いより、東西冷戦下でソ連圏に入っている「東側諸国」というニュアンスの強い言葉だった。つまり、地理的な側面よりも、政治的側面にポイントがおかれた言葉だったのだ。

ところが、１９８９年～91年にかけておきた一連の「東欧革命」（ベルリンの壁の崩壊、ルーマニアの政変など）で、東欧諸国が民主化され、冷戦が終結すると、この言葉はじょじょに意味を失っていく。

とくに、旧東欧諸国もEUに加盟した現在、「東欧」という呼び方は、すでに時代遅れだともいえる。

かわって登場したのが、「中欧」という呼び方だ。

中欧とは、ヨーロッパを地理的に、東・中央・西に分けた場合の「中央ヨーロッパ」であり、具体的にはドイツ、オーストリア、チェコ、スロバキア、スロベニア、クロアチア、ハンガリー、ポーランドを指す。

ただし、中欧が純粋に地理的な意味だけの言葉かというと、そうでもない。

中欧は、ドイツ語では「ミッテル・オイローパ」というが、これには、かつて神聖ローマ帝国やドイツ帝国の影響下にあった文化圏というニュアンスが含まれている（地理的に真ん中という意味なら「ツェントラル・オイローパ」）。

そのため、中欧の国々には、この言葉をあまり好まない国もある。

そもそもチェコとスロバキアはどうして分かれた?

中欧の国チェコとスロバキアは、今でこそ独立した二つの国だが、ソ連崩壊直後までは「チェコスロバキア」という一つの国家として存在していた。

両国が一つの国にまとまったのは、1918年のこと。当時、オーストリア帝国の支配下にあったチェコと、ハンガリーの支配下にあったスロバキアが、第一次世界大戦の終結を機に独立。〝民族自決〟の理念をかかげ、西スラブ系の民族どうしで連帯し、「チェコスロバキア共和国」を成立させた。

その後、第二次世界大戦期に、チェコはドイツの侵入を受けるが、戦後再び独立を回復。共産党政権が誕生した。

そして、ソ連崩壊後の1993年、結局チェコとスロバキアは分離・独立する。両国が分かれた最大の理由は、両国間に大きな経済格差があったことである。

歴史をふりかえると、チェコはドイツ、オーストリアとの関係が深く、工業や文化の面で進んでいた。対してスロバキアは、山がちな地形で農業が産業の基盤。チェコとは経済力に大きな差があった。

その結果、両国は互いに不満を抱き合う関係になってしまう。政府官僚のポストの多くがチェコ人で占められていたこともあって、スロバキア人のなかには、両国の統合を「チェコによる併合」ととらえる人もいた。

そうした感情が積もり積もって、「ビロード離婚」(1989年にチェコスロバキアでおきた、無血の民主革命「ビロード革命」にちなむ）と呼ばれる分裂劇となったのである。

ロシアの国土はなぜあんなに広いのか？

世界地図をながめると、ロシアという国の大きさをつくづく実感させられる。

西はバルト海、東は太平洋に接し、ベーリング海峡をはさんで、北米のアラスカすら目と鼻の先にある。日本の領土にもっとも近い外国も、じつはロシア。日本最北端（北方領土を除く）の宗谷《そうや》岬と、樺太南端の距離はわずか43キロしかない。

本質的にはヨーロッパの国であるロシアと、極東の島国日本が〝お隣りさん〟とは、奇妙な話だが、そんなことになるのもロシアの国土が広大すぎるから。その面積は、じつに世界の陸地面積の7分の1を占めるのだ。

では、ロシアがこれほどまでに領土を広げられたのはなぜなのか？

答えは簡単。ほかのどの国も、その土地を熱心に求めなかったからである。

ロシアが人跡まれな東方のシベリアに向けて、本格的に領土拡大を始めたのは、イヴァン4世（雷帝）治世下の16世紀後半のこと。その後、17世紀末のピョートル大帝の時代には、清《しん》とネルチンスク条約を結んで、黒竜江の北のスタノヴォイ山脈（外興安嶺）まで領土を拡大した。

もっとも、ロシアが手中に治めたのは、寒冷なツンドラ（凍土）地帯や山岳地帯など、経済的には不毛と考えられていた土地である。他国にとっては、あえて領土に組み入れる魅力がない土地だったのだ。

この広大な領土が、経済的に価値をもつようになったのは、近代以後に工業化が進んでからのこと。旧ソ連では、川をせき止めてダムを作り、森林を伐採し、地下資源を採掘するなどした結果、経済活動において重要な役割を担うようになったのだった。

バルト海の沿岸にロシアの飛び地があるのはなぜ?

ヨーロッパには、国土の一部が他国の領土によって分断されているケースが少なくない。

その代表格は、バルト海沿岸の「カリーニングラード州」。カリーニングラード州はリトアニアの南、ポーランドの北に位置するが、どちらの国のものでもなく、ロシア連邦の一部。つまり、ロシアの飛び地である。

カリーニングラード州の人口は約95万人。住民の多くはロシア人で、法律も通貨もロシア本国と同じだ。ただ、昔からロシア人の土地だったわけではなく、この地にロシア人が住むようになったのは、第二次世界大戦後のこと。それ以前は、ケーニヒスベルグというドイツ風の地名で呼ばれ、住民の多くもドイツ人だった。

ドイツ人がこの地にやって来たのは、13世紀半ばのこと。それから約700年、ケーニヒスベルグはほぼドイツの支配下にあったのだが、第一次世界大戦でドイツが敗れて、ドイツ本土と分断される。

ところが、その後、ヒトラーが登場してポーランドを併合したため、再びドイツ領に戻

ることになる。しかし、第二次世界大戦でドイツが敗れ、今度は戦勝国であるソ連の統治下に入った。

その後、ソ連は崩壊し、バルト海沿岸の諸国は独立を果たすが、カリーニングラードはロシア領のまま残ることになった。

という数奇な運命を経てきた同地域だが、とりわけドイツからソ連に統治者が変わったときには、それまでこの地に住んでいたドイツ人は悲惨な目にあった。

多くのドイツ人は強制退去させられたが、中にはシベリアへ強制移送されたり、殺害されて、ドイツに帰れなかった人も少なくなかったのだ。

なお、「カリーニングラード」という地名は、ソ連の元首にあたる役職もつとめたカリーニンという政治家の名にちなんだもの。

ロシアの三色旗が表す二つの意味とは？

1991年、ソビエト連邦が崩壊すると、代わってロシア連邦が誕生した。国旗も、ソビエト時代の社会主義の象徴とされた「赤い旗」が降ろされ、白・青・赤の三色旗が掲げられた。

この三色旗は、新しくデザインされたものではなく、帝政ロシア時代に使われていた旗が復活したものだ。デザインは横ストライプで、配色は上から白・青・赤。白は高貴と率直を、青は忠義と誠実を、赤は愛と勇気を、それぞれ表している。また、白は白ロシア人（ベラルーシ人）、青は小ロシア人（ウクライナ人）、赤は大ロシア人（ロシア人）という意味もこめられている。

そもそもは、ピョートル大帝がオランダを視察したさい、オランダの三色旗を見て真似たものと伝えられる。オランダ国旗は、上から赤・白・青。その順番を入れ替えたわけだ。

ところで、この白・青・赤の3色は、他の東欧の国でもよく使われている。

3色の横ストライプというパターンが多く、チェコは白と赤の2層に青の三角。スロバキア、クロアチア、スロベニアの国旗も、この3色のストライプにそれぞれの紋章を組み合わせてデザインされている。

スウェーデン語を公用語にするフィンランドの島とは？

公用語とは、ある国において、公の場で使

うことが正式に認められている言語のことを指す。

　日本では日本語のみを公用語にしているが、ヨーロッパには複数の言語を公用語にしている国も少なくない。

　なかでも風変わりなのは、フィンランド領オーランド諸島だ。

　オーランド諸島は、バルト海からボスニア湾への入口に位置する小島群で、大小6500の島々からなる。そして、この地域で唯一の公用語とされているのは、スウェーデン語なのだ。

　本国フィンランドでは、フィンランド語とスウェーデン語の2カ国語を公用語としているのに、このフィンランド領の島々がスウェーデン語だけを公用語としているのには、次のような歴史的背景がある。


　この地域は、まずスウェーデン人が移り住み、長くスウェーデン領だったが、1809年、フィンランドとともにロシアに割譲された。

　そして、1917年、フィンランドがロシアから独立したさい、スウェーデンとの間に領有権問題がもち上がったのである。

　このとき、島の住民はスウェーデンへの帰属を希望したがかなわず、1921年、自治領としてフィンランドに帰属した。そうした事情から、所属はフィンランドなのに、言語はスウェーデン語というねじれが生じたのだ。

　なお、この領有権問題が起きたとき、国際連盟事務局次長として、両国の調停案を作成したのが、『武士道』の著者としても知られる日本の新渡戸《にとべ》稲造《いなぞう》である。

北に行くほど暖かくなるノルウェーの謎とは？

「北に行けば寒い」——これは北半球の常識だ。少なくとも日本に住んでいるかぎり、北へ行くほど寒いというのは、誰でも常識的な感覚として身に染みついている。

しかし、ノルウェーでは、北半球にある国なのに北へ行くほど暖かくなるのだ。

ノルウェーへの旅の入口は、おおむね首都オスロになる。オスロは北緯60度、南北に細長いノルウェーでは南側に位置している。

オスロの冬の寒さは厳しい。12月の平均気温は氷点下5・8℃。1日の最高気温が0℃を超えない日もざらにある。寒さで足先の感覚が麻痺し、全身がしびれてくるような寒い日が続く。

オスロ市内を観光したら、中央駅から鉄道に乗って、もっと北のナルビクへ移動してみよう。ナルビクは、北緯68度を越える、ノルウェーでも北方に位置する都市で、すでに北極圏内の都市である。

しかし、不思議なことに、そのあたりでは1月にならないと雪は降らないし、海が凍ることもない。12月の気温は、だいたい氷点下1～2℃ぐらいだ。

どうして、南のオスロよりも北のナルビクのほうが気温が高いのだろうか。

それは、ナルビクが海岸沿いにある港町だから。ヨーロッパ大陸の西側には、メキシコ湾から流れてきた北大西洋海流という暖流が流れている。その暖流がナルビクのあたりまで北上しているため、海岸沿いは冬でも比較

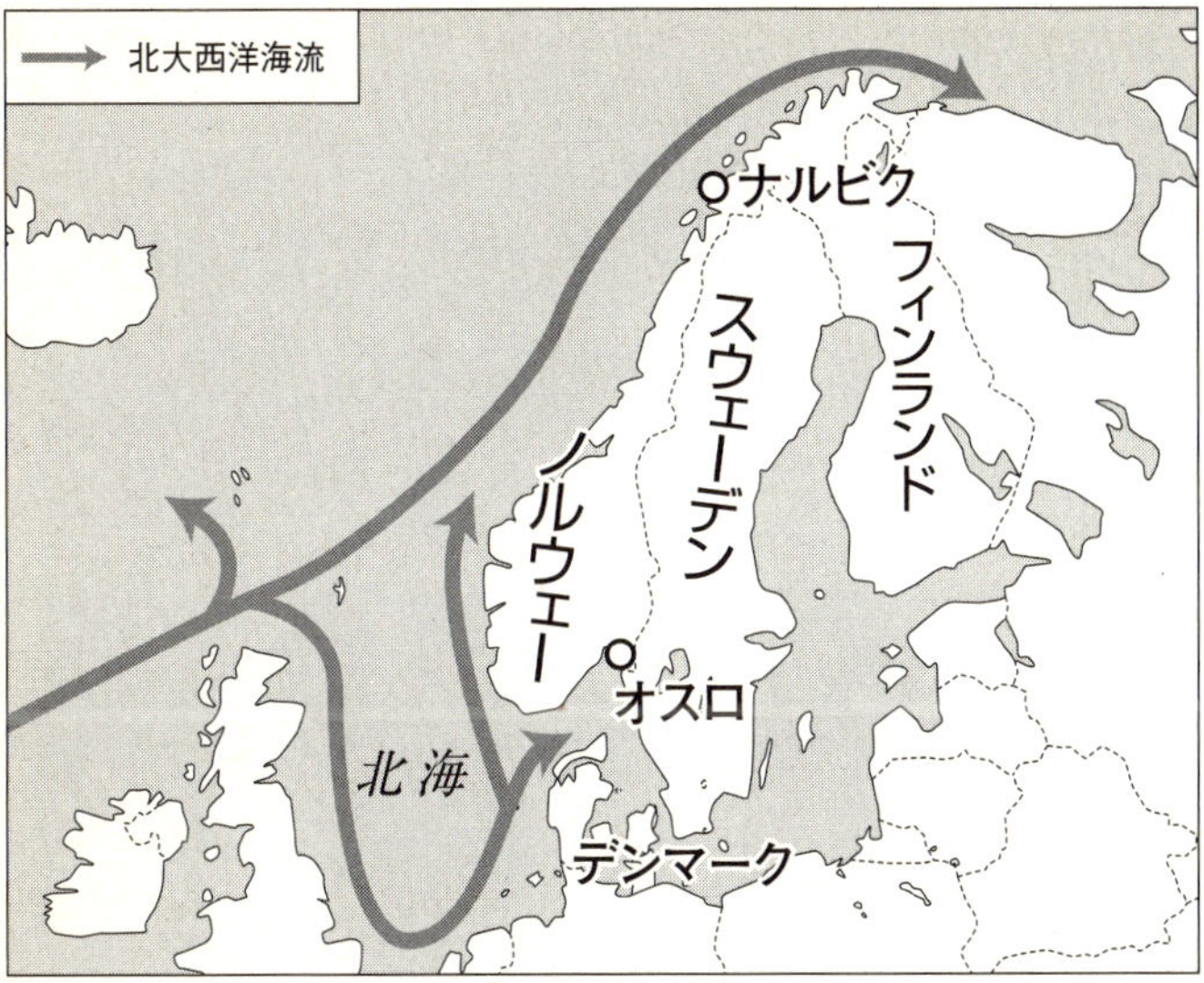

的暖かいのだ。

一方、オスロは緯度的には南にあっても、内陸型気候のため、冬の寒さは厳しくなる。

なお、ノルウェー観光のハイライトは、美しいフィヨルドめぐり。観光のベストシーズンは6月〜8月だ。むろん、〝暖かい〟はずのナルビクへ行くにしても、夏場訪れるにこしたことはない。

ノルウェーのギザギザの海岸線は、どうやってできた?

世界地図で北欧あたりの地形を見ると、ノルウェーの海岸線が何千キロにもわたってギザギザに入り組んでいることに気づく。

このギザギザ、地図で見るとミリ単位に過ぎないが、現実には内陸に向かって数十キロメートル以上も切れ込んでいる。ノルウェー西海岸最大のソグネ・フィヨルドなど、長さ200キロメートルを超え、その両岸は切り立った峡谷を形づくり、水深は1200メートルにも達する。さて、この巨大なフィヨルドは、いったいどのようにしてできたのだろうか？

氷河期、緯度の高い地域では無数の氷河が発達した。その積み重なった厚い氷の塊は岩石を削り、地表を浸食しながら、海岸線にまで達した。そうして削られた深い峡谷を「氷食谷」というが、氷河期が終わると、氷塊は溶けてこの氷食谷に海水が入り込んだ。それがフィヨルドだ。

同じような理由でできたフィヨルドは、ノルウェーだけでなく、アラスカやグリーンランド、チリやニュージーランドにもある。世界最長のフィヨルドは東グリーンランドのノルドベスト・フィヨルドで、全長313キロ。日本の利根川の全長とほぼ等しい。

ちなみに、日本にも「リアス式海岸」という似たような海岸線がある。三陸海岸や伊勢志摩が有名だが、このリアス式海岸は河川に浸食された渓谷が水没してできたもの。氷河と河川という原因の違いはあるものの、できあがるまでの基本原理は同じだ。

アイスランドの国土が毎年増えているワケは？

北極海に浮かぶアイスランド共和国はいまも着々と領土を広げている――といっても、他国を侵略しているわけではない。国土を広げているのは、火山活動の底知れないパワーである。

アイスランドは、その国名からしても「氷の国」という印象があるが、じつは火山の多い「火の国」でもある。火山活動は止むことがなく、国の中央部の割れ目から溶岩が吹き出し続けている。それが、大地を東西に押し広げているのだ。

もっとも、広げているといっても1年に1センチ程度。それでも、このペースで成長を続けると、現在、日本の約3分の1のアイスランドの面積は、数十万年後には日本より大きくなるという。

ところで、アポロ計画の宇宙飛行士は、かつてアイスランドで訓練を行った。それは、氷河と火山によって形成されたアイスランドの景観が、地球上ではもっとも月面に近いからだとか。

月面に似た景観のほかにも、アイスランドでは、夏は白夜、冬はオーロラ、さらにバードウォッチングやホエールウォッチングを楽しむことができる。もちろん、火山の国だから、温泉もあちこちに湧いている。

名前と場所を聞くと寒そうな国だが、暖流のメキシコ湾流が国の周囲を流れているので、それほど寒くはない。首都レイキャビクの1月の平均気温は1℃というから、北海道よりも暖かい。

❺ アフリカ・オセアニア

アフリカの民族紛争を生んだ罪つくりな国境とは?

アフリカでは、一つの国の中でいくつもの言葉が話されていることがある。そのため、サッカーなどの代表チームでは、同じ国民なのに、選手どうしで言葉が通じないことがあるという。これは、一国にいくつもの民族・部族が共存するため。

そうなった一因は、アフリカの国境に直線が多いことといえる。

アフリカの大地は、19世紀から20世紀にかけてヨーロッパの国々によって分割された。フランス、イギリス、ベルギー、ドイツ、イタリア、スペイン、ポルトガルなどが植民地支配に乗り出し、アフリカを勝手に分割したのだ。

その境界線を決めるとき、一部については、古くからの王国や民族の勢力範囲が考慮された。そのケースでは、河川や山脈などが国境となっている。

　ところが、そうした線引きが面倒な部分は、列強が地図上に勝手に定規で線を引くことで妥協した。とくに、サハラ砂漠やカラハリ砂漠周辺は、ろくに調査もされないまま勝手に分割されたので、一直線の国境線となった。

　むろん、列強の国々は、国境線を決めるとき、そこに住んでいる民族のことなどまるで眼中になかった。その結果、同じ民族が二つの国に分かれたり、異民族なのに同じ国にまとめられたところが少なくないのである。

　現在まで続くアフリカでの民族紛争の多くは、この国境線の決め方が根本的な原因となっている。

カスバの街は、どうして迷路のようになった？

アルジェリアはアフリカ北部の国で、その首都アルジェは地中海に向かって開けた港町。現在、海岸沿いには近代的なビルが建ち並んでいるが、北の丘の斜面には今もカスバ地区が広がっている。

このカスバ地区の道は、とにかく複雑に入り組んでいる。狭い道がクネクネと続いたかと思うと、突然鋭角的に曲がったり、突き当たったりとまるで迷路のよう。初めての人は、地図を持っていても迷ってしまうため、ガイドが必要と言われるくらいだ。

このカスバの迷路は、じつはわざとそのような造りにしたのである。その目的は「暑さ対策」である。

アルジェは砂漠地帯にあり、直射日光を受けると、肌が焼けるように痛む。そのため、わざと日当たりがよくなるまっすぐな道を避けたのである。

実際、カスバの道の両脇には、石造りの家がすき間なく建っていることもあって、太陽光が差し込まない。

昼間でも薄暗く、日に灼けることはないにしても、初めての人にはかなり不気味な雰囲気が漂っている。

なぜモロッコの中にスペイン領があるのか？

現在も、地球上から植民地が消えたわけではない。たとえば、北アフリカのモロッコの北端、セウタとメリリャの2都市は、現在も植民地である。

この2都市の植民地としての歴史は長く、セウタがポルトガルの植民地になったのは1415年のこと。メリリャがスペインの植民地となったのは1497年のことだ。

現在はセウタもスペイン領となっているが、これは1580年に、ポルトガルがいったんスペインに併合された歴史があるためである。

その後、ポルトガルはスペインから独立したが、セウタはスペイン領として残され、今日に至っている。

一方、モロッコが独立国となったのは1956年のこと。それ以来、モロッコは再三にわたってセウタとメリリャの返還をスペインに求めているが、スペインは拒否し続けている。

ただ、スペインの植民地経営が、現在もうまくいっているのかというとそうでもなく、むしろセウタとメリリャは、現在では、スペインにとって頭痛の種になっている。密入国者があとを絶たないのである。

セウタとメリリャはスペインの一部、つまりEUの一部なので、いったんセウタやメリリャに入ってしまえば、EU内を自由に移動できる。

スペインにとって、セウタとメリリャはアフリカ大陸への入口だが、アフリカ人にとっては、ヨーロッパへの入口（裏口ではあるが）というわけである。

スペインは、密入国対策として警備兵を増員したり、町を鉄条網で囲んだりしているが、密入国者は増えるばかりである。モロッコ側の警備兵と衝突が起きて、緊張が高まることもある。

今のところ、スペインに2都市を返還する気配はないが、現在のような状況が続けば、今後どうなるかはわからない。

「カイロ」が「勝利の都」と呼ばれるワケは？

エジプトの首都と言えばカイロ。この都市名には、面白いエピソードがある。

旅行ガイドなどを見ると、「この地がエジプトの首都になったのは10世紀のこと。新首都を建設したのは、エジプトを征服したファーティマ朝の将軍ゴーハル・アッルーミーで、カイロは『勝利の都』という意味」などと書いてある。「勝利の都」と言っても、この地が古戦場だったわけではない。この名前は「火星」にちなんでつけられたのである。

この地で新都市建設を始めるための式典が行われたとき、地平線に火星（エジプトではアル・カーヒルと呼ぶ）が現れたという。すると式典は大混乱に陥った。

赤く輝くアル・カーヒルは戦争を示す星であり、式典中にこの星が上がったのは、この地に災いが起こることを意味すると、当時の人々は考えたのである。首都建設が神の怒りに触れたと思って人々は右往左往した。そこで、占星術師にこの都市の運命を尋ねたのだが、占星術師の見方は違ったという。

「アル・カーヒルはたしかに『戦争』を意味しますが、アル・カーヒルの女性形であるアル・カーヒラは『都市』を意味します。また、この言葉を形容詞として使うと、『勝利者の』

という意味になります。式典の最中にアル・カーヒルが上ったのは、この新首都が勝利者の都市になる、という意味でございます」

占星術師は、人々にそう説明したのだ。この話に人々が歓喜したことは言うまでもない。これは縁起がいいということで、この新しい都市は火星にちなんでアル・カーヒラと名づけられた。カイロはこのアル・カーヒラの英語表記である。

ソマリアの沖合が海賊出没地帯になった地形的理由は？

東アフリカの国ソマリア沖の沖合は現在、世界一の「海賊」多発地帯となっている。現代の海賊は、機関銃やロケットランチャーで武装した海上テロリスト。タンカーや貨物船に攻撃をしかけて船員を拘束、身代金を要求するケースが目立っている。

ソマリア沖に海賊が出没するようになった背景には、いくつかの深刻な事情がある。ソマリアでは内戦が長く続き、収入を得られない人々が軍事訓練を受け、身代金目当てに海賊行為を仕掛けるというのも、その一つである。

また、地理的に見ても、ソマリア沖は海賊にとって好都合な条件がそろっている。紅海の出入口に近いため、周辺の陸地の地形は複雑で、身をひそめる場所に困らない。また、大型船は地形的にスピードを出しにくいので、小回りのきく小型船を駆使すれば、楽に追いつき、攻撃することができる。

さらに、紅海は、ヨーロッパとアジアを結ぶスエズ運河の出入口であるため、標的となる船舶の運航量が多い。中東の産油地帯にも近いため、大型タンカーもひんぱんに通過する。タンカーは、積荷が積荷だけに、攻撃による爆発を避けるため、命令に従わざるをえない。そのため、海賊の標的になりやすいのである。

タンザニアとケニアの国境が妙な形に曲がっているのはなぜ？

四方を海で囲まれた日本に住んでいると、「国境」といわれても、もう一つピンとこないが、大陸にある国では事情が違う。「国境線」は国の存亡にかかわる大問題であり、今も国境をめぐる紛争が絶えない。

ただし、国境の変更には、つねに流血を伴うかというと、必ずしもそうでもない。なかには、穏便に国境線が変更されたケースもある。タンザニアとケニアの間に引かれた国境線はその好例だ。

両者の境界線がいったん確定したのは１８８５年。この年、ベルリンで開催された国際会議で、アフリカの分割が協議され、ケニアはイギリス領、タンザニアはドイツ領と決まり、インド洋のウンバ川河口とヴィクトリア湖を結ぶ直線が二つの地域を分ける境界線とされた。

現在の国境線はこれとは少し違い、両国を分ける境界線は途中でケニア側に折れ曲がっている。そのため、現在、キリマンジャロ山は「タンザニア領内」になっている。

境界線の変更を申し入れたのはドイツ側で、その理由は、ドイツ人登山家のメイヤーがキリマンジャロの初登頂に成功したこと。

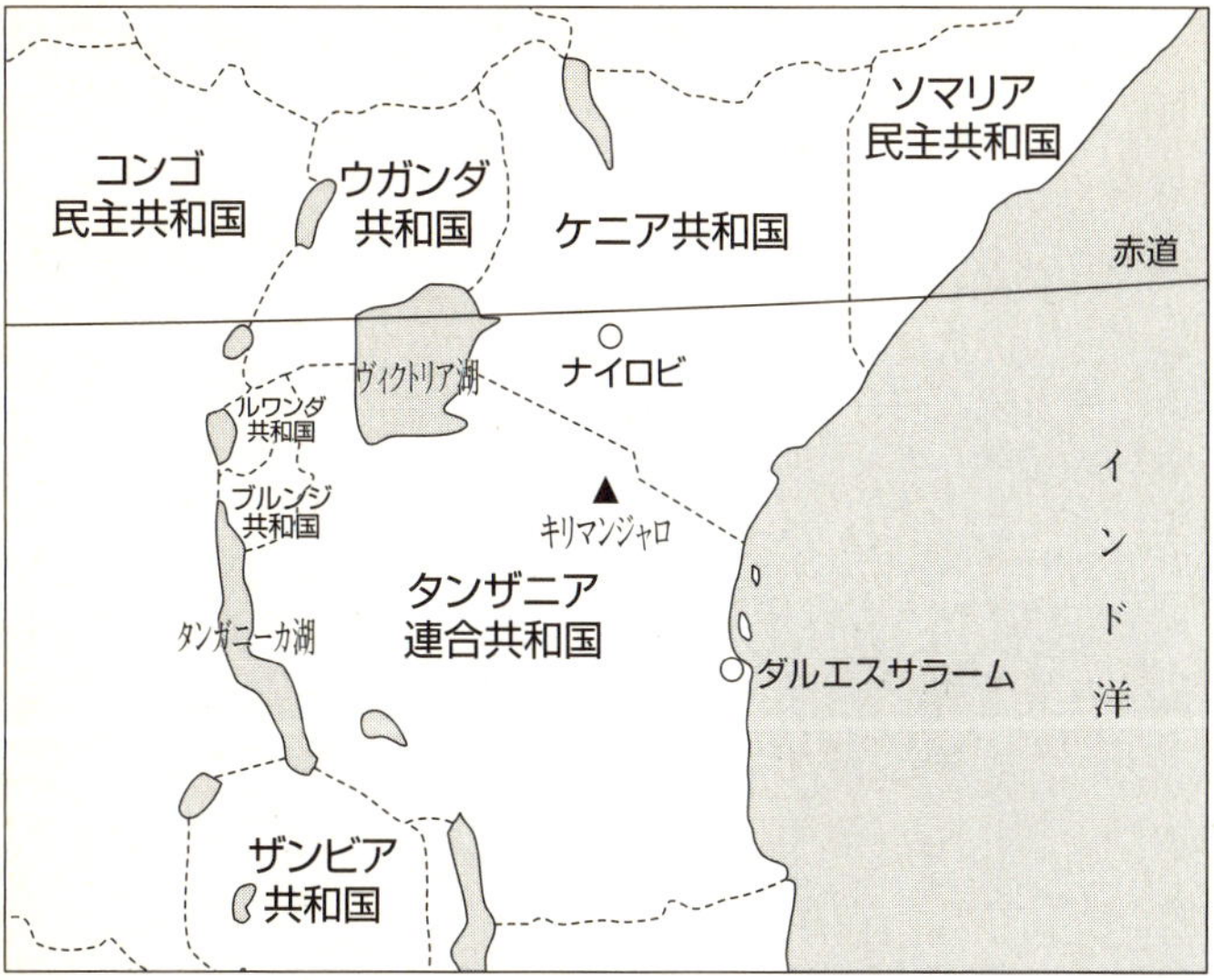

そこで、「初登頂記念にキリマンジャロを譲渡していただきたい」とイギリスに申し入れたのだ。

キリマンジャロといえば、アフリカの最高峰。イギリスも簡単には譲れないはずだが、この国境変更では穏やかに協議がすすんだ。その理由は、当時のドイツ皇帝ウィルヘルム2世がイギリスのヴィクトリア女王の孫だったこと。

最終的にイギリスが折れて平和裡にキリマンジャロをドイツに譲ることになった。

アフリカの湖が東部に集中しているのは？

アフリカ最大の湖は、ケニアとタンザニア、ウガンダの国境に接するヴィクトリア湖。世界でも、カスピ海、北米五大湖の一つスペリオル湖につぐ大きさの湖だ。

また、このヴィクトリア湖の近くには、トゥルカナ湖、タンガニーカ湖、マラウイ湖など、アフリカを代表する多くの湖が集まっている。

アフリカ大陸の他の場所と比べて、東部に湖が集中しているのは、そこが、地球の〝裂け目〟だったからである。

実際、タンガニーカ湖は、ロシアのバイカル湖についで、深さで世界第2位。標高が773メートルのところにありながら、深さが1470メートルもある。

その最深部は、海面下659メートルにも達しており、もともと地球の裂け目だったことも納得できる。

この「アフリカ大地溝帯」と呼ばれる地球

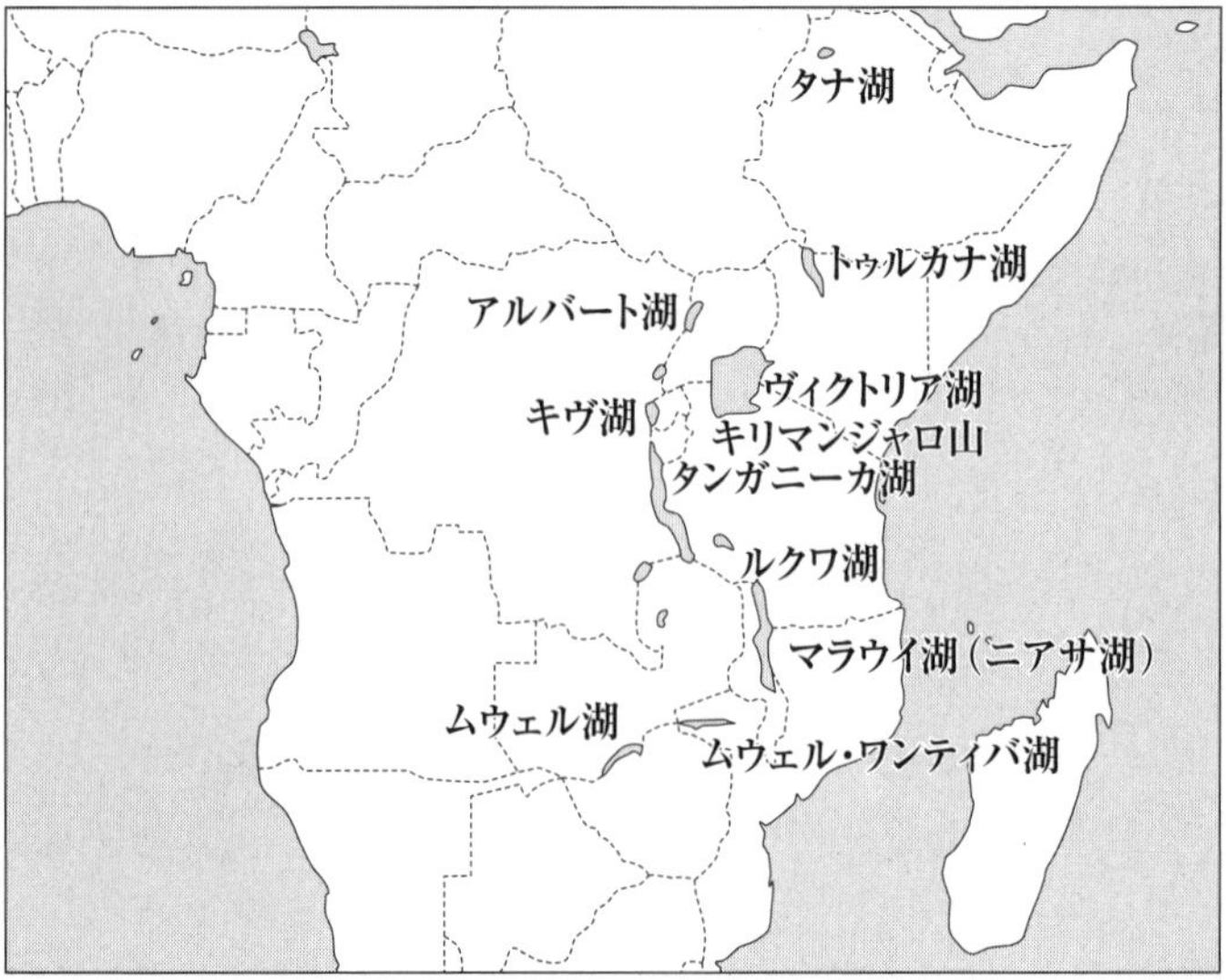

の裂け目は、幅が35～60キロメートル、南北には約６０００キロメートルにも及ぶ。

アフリカ大陸全体は、アフリカプレートと呼ばれる一つのプレートに乗っていて、地殻的に安定しているが、大地溝帯の周辺だけは火山活動や地震の多い地域となっている。

なぜ、チャド湖は〝動きまわる〟のか？

世界的に、とにかくよく〝動く湖〟として有名なのが、アフリカのチャド湖である。このチャド湖、１９６０年代には、チャド、ニジェール、ナイジェリア、カメルーンの４カ国の国境に位置していた。

ところが、現在では、チャド国内におさまっている。

といっても、この40年余りの間に、湖ごと移動したわけではない。

40年余り前には、日本の四国より一回り大きな2万１０００平方キロに、いっぱいの水がたたえられていたのに、その後の干ばつで大きさが約10分の１に縮小。現在、湖水が残っている部分が、チャド国内だけとなってしまったのである。

しかし、チャド湖が干上がったのは、今回が初めてではない。かつて干上がったときにできた砂丘の名残が、小島となってたくさん残っているし、湖岸線の跡から、数千年前にはカスピ海ほどの巨大な湖だったこともわかっている。

つまり、チャド湖は、縮小と拡大を繰り返し、湖の大きさを変化させることで動くタイプの「さまよえる湖」なのである。

なぜアフリカの滝に英国女王の名前が付いている？

アフリカ中南部にある内陸国ザンビアには、ナイアガラ滝やイグアス滝と並んで、世界三大瀑布に数えられる滝がある。ヴィクトリア滝である。

この滝は、ザンビアの国名の由来になったザンベジ川中流にあり、幅1700メートル、落差100メートル以上を誇る巨大な滝。日本人がイメージする滝とは、比べものにならないスケールだ。

ところで、アフリカの奥地にあるこの滝に、なぜイギリス女王の名がついているのかというと、この滝にヨーロッパ人として初めてたどり着いたのが、イギリス人探検家リビングストンだったから。

リビングストンは、宣教師としてアフリカを訪れ、苦難の探索の旅を経て、1855年11月、現地人から噂に聞いていた大瀑布、モシ・オ・トゥニャに達した。

モシ・オ・トゥニャは、現地語で「雷鳴の轟《とどろ》く水煙」という意味。リビングストンが目にした瀑布は、まさにその名にたがわぬ壮大なものだった。

「私がアフリカで見た光景のなかでもっとも美しい。こんなに美しい光景なら、空を舞う天使でさえも見とれただろう」という彼の残した言葉が、その迫力を物語っている。

リビングストンは、その滝に「ヴィクトリア・フォール（滝）」と名づけた。現地の名を尊重して、基本的に探索地に英語名をつけなかったリビングストンだが、この滝だけは例外だった。

あまりの感動に、母国のヴィクトリア女王の名をつけたのだ。

ただし、ザンビアがイギリスから独立した現在、この滝の正式名称は、かつての名称「モシ・オ・トゥニャ」に戻っている。

隣り合った国なのに、国境線のないところとは?

日本の国内地図にない記号とは何だろうか?　答は国境線。海に囲まれた日本には、国境線がない。ところが、世界には、陸続きで隣り合った国なのに国境線のないところがある。

それは、アフリカ南部のザンビア、ジンバブエ、ボツワナ、ナミビアの4カ国が接する地点。この4カ国は、お互いに国境線ではなく〝点〟で接しているのだ。

また、東南アジアのタイ、ラオス、ミャンマーの3カ国も、やはり〝国境点〟で接している。ただしこちらは、川が国境なので、〝国境点〟は国境となる川の中央部分となる。

ちなみに、世界で国境線がもっとも長いのは、アメリカとカナダの間で、6400キロもある。反対に、もっとも短いのは、ローマにある世界最小の国バチカンとイタリアの間の4キロである。

なぜ、コンゴの国名はころころ変わる?

「コンゴ民主共和国」は、かつてのザイール共和国。この国を「ザイール共和国」にしたのは、30年にわたって独裁政権を握っていたモブツ元大統領。モブツ政権の崩壊とともに、ザイールという国名も葬られたのである。

しかし、国名が変わったといっても、まったく新しい名前になったというわけではない。「ザイール共和国」になる前は、やはり「コンゴ民主共和国」だったので、元に戻ったと言ったほうが正しい。

ところで、「コンゴ民主共和国」の隣には、「コンゴ共和国」という国がある。こちらは旧社会主義国で、社会主義政権の崩壊する1991年までは「コンゴ人民共和国」と名乗っていた。「コンゴ民主共和国（旧ザイール）」のほうも、独立後の数年間は「コンゴ共和国」を名乗っていた時期がある。

「コンゴ」が二つあるのはまぎらわしいといっても、これはコンゴのせいとはいえない。もともと「コンゴ王国」という一つの国だったのだが、19世紀、アフリカ大陸に入ってきたヨーロッパ列強が勝手に二つに分けたのである。「コンゴ民主共和国」のほうは旧ベルギー領、「コンゴ共和国」のほうは旧フランス領に分割されたのである。

ギニアとニューギニアはどんな関係?

世界地図を見ていると、なんとなく似たような地名が多いことに気づくものだ。

たとえば、ギニアとパプアニューギニア。ギニアはアフリカ大陸の大西洋岸に位置する国であり、パプアニューギニアは、オーストラリア大陸の北側に浮かぶ島国。

いったいどんな関係があるのだろうか。

「パプア」は、マレー・ポリネシア語で「縮れ毛」という意味。最初にこの地を訪れたポルトガル人たちが、現地の人の頭を見てそう呼んだらしい。

「ニューギニア」とは、現地の人の外見がギニア人に似ている、というところからきている。スペイン人の航海士デ・レーテスの命名による。

次に、オーストラリアとオーストリア。

オーストラリアは、ラテン語で「南」を意味するaustralisからきている。この大陸がヨーロッパ人によって発見されたのは17世紀のことだが、命名の由来は古代ギリシャ時代までさかのぼる。当時の人々は、赤道の南に知られざる大陸があることを予想して、テラ・アウストラリス・インコグニータ（知られざる南の大地）と呼んでいた。新大陸の名前は、その古いラテン語からとられたのだ。

一方、オーストリア。こちらはゲルマン語系で「東」を意味するostと「辺境地」を意味するmarkから転訛してエストライヒとなり、それが英語化してAustriaとなった。フランク王国の東の端に位置していたため、この名が生まれたのだ。

なぜ南アフリカ共和国の中に、二つの王国があるのか？

アフリカ大陸南端の国、南アフリカ共和国を地図で確認すると、その内部に、小島のようにみえる二つの国が存在することがわかる。

それらは、れっきとした国家。スワジランド王国とレソト王国だ。

スワジランド王国は、南アフリカの東部で

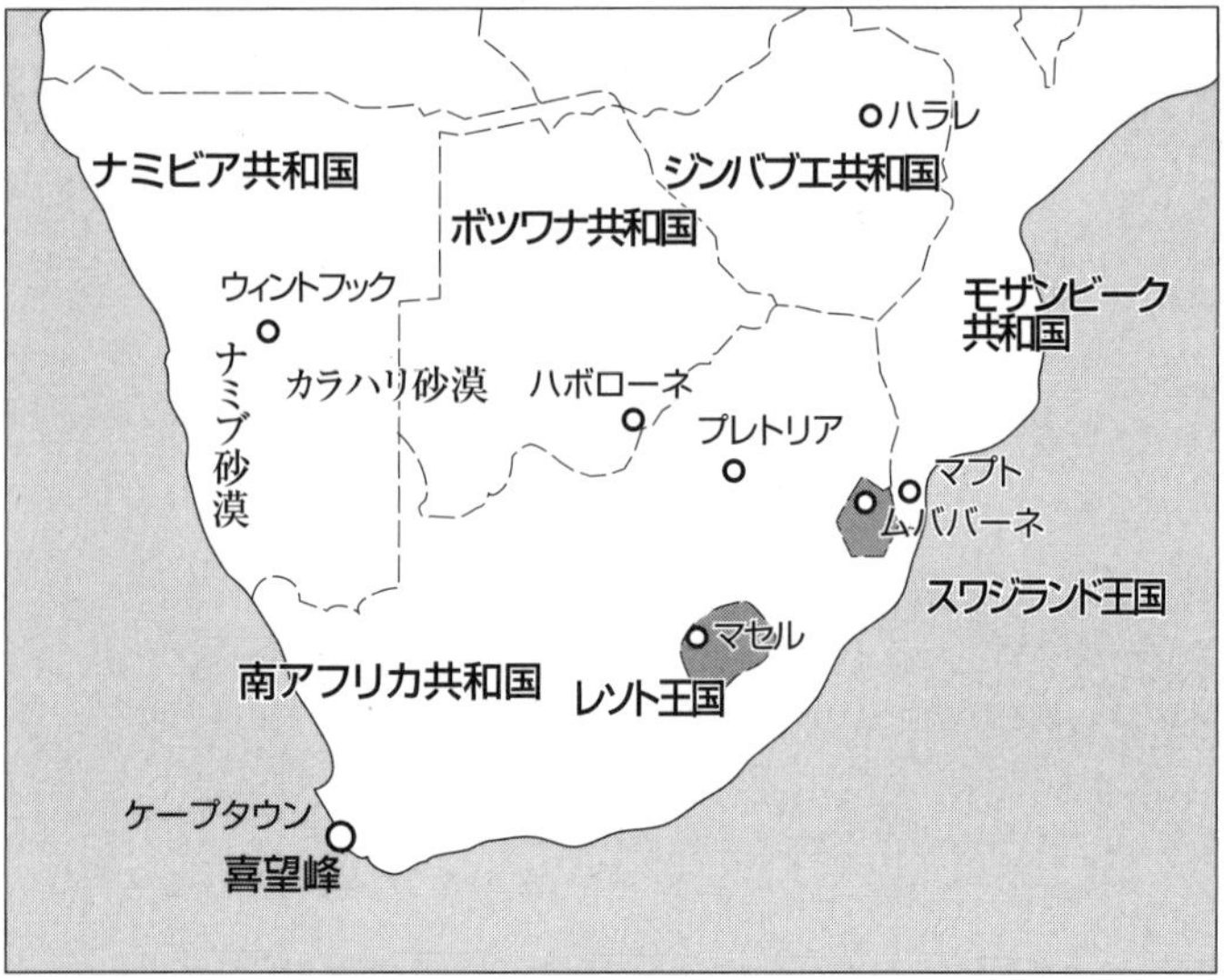

モザンビークとの国境に位置する国。首都はムババーネで、面積は日本の四国よりやや小さい程度。

この国の歴史は、19世紀のはじめ頃、スワジ族が王国を築いたことに始まる。だが、近隣のズールー王国との紛争や、ボーア人（オランダなどから移住した白人系の住民）の圧力に悩まされ、1902年に第二次ボーア戦争が終結したのち、イギリスの保護領となった。

そして、1910年に南アフリカが独立したあとも、イギリスの保護領のまま残された後、1968年に独立したのである。

もう一つのレソト王国も、やはりイギリスの保護領だった。レソト王国は、南アフリカに周囲をぐるり囲まれた国で、19世紀初頭に、ソト族が諸部族を統合してバスト王国を形成して誕生した。だが、スワジ族と同じく、ズールー族やボーア人の圧力に悩まされ、1868年に、イギリスの保護領「バストランド」になった。

立憲君主制の王国として独立したのは、1966年。国名のレソトは、住民の99%を占めるソト族の名にちなんだ「ソト族の国」という意味である。

アフリカ大陸最南端が「喜望峰」と名付けられたのは？

アフリカ大陸最南端の岬を「喜望峰」という。大航海時代から、ヨーロッパを出発してインド、中国、日本へと向かう航海は、大西洋を南下して、このアフリカ大陸の最南端にある「喜望峰」を回り、インド洋へ入るコースが取られてきた。

じつは、この岬に最初につけられたのは、「嵐の岬」という名だった。

15世紀後半、ポルトガルの探検家バーソロミュー・ディアスは、インドへの新たな航路をめざして、アフリカ西岸をひたすら南下していた。

やがて、偏西風のため、いつも荒れているので「吠える40度」と呼ばれる海域に入り、ついにアフリカ大陸を迂回したと確信する。そして、その大陸の最南端に、強風のため苦労した航海にちなみ、「嵐の岬」と名づけた。1488年のことである。

しかし、報告を受けたポルトガル国王は、すぐにその地名案を却下する。絶望的な気分にさせるとして、「喜望峰（ケープ・オブ・グッドホープ）」という名に変えたのだ。

当時、ポルトガル国王は、コショウなどの香辛料の産地であるインド方面への進出を考えていた。そのため、インドへ移民を送る計画もあった。

その航海途上にあるのが「嵐の岬」では、あまりにも印象が悪い。いかに航海の難所であっても、希望に満ちた新天地への入口というイメージを強調するため、「喜望峰」としたのである。

その10年後、喜望峰を回ってインドへ到達したヴァスコ・ダ・ガマの艦隊が、大量の香辛料を持ち帰る。これを売って、ポルトガル王室が手にした利益は、艦隊派遣費用の約60倍におよんだといわれる。

たしかに、喜望峰は、ポルトガル王室にとっては、莫大な富をもたらす新天地への希望の入口となった。

アフリカの国旗には、なぜ赤・黄・緑の組み合わせが多い？

百科事典などで、世界の国旗を地域ごとに並べたページを見たら、アフリカの欄を見てほしい。

北アフリカを除くほとんどの国が、似通った配色になっているはず。おもに使われている色は、赤・黄・緑の3色である。

たとえば、ギニアの国旗は、縦ストライプで左から赤・黄・緑。その逆がマリ。真ん中に黄色い星を入れれば、カメルーンの旗になる。ストライプを斜めにするとコンゴ。そのほか、ルワンダ、セネガル、ガーナ、エチオピアなどが、この3色を基調にしている。

逆に、この3色から1色も使われていない

旗は、ソマリアとボツワナの2カ国しかない。

この3色は、そもそもはアフリカ最古の独立国であるエチオピアにならったものと言われる。

赤は自由を求めて闘った人々の血、黄は天然資源や平和、緑は大地や農産物と解釈するのが一般的だ。

アフリカでダイヤモンドが大量に採れるのは？

ダイヤモンドの結晶は、地中深くでつくられる。

地表から200～300キロメートル、そこでようやくダイヤモンドの結晶化に必要な高温・高圧の環境が得られるのだ。

しかし、そんな深いところでできたダイヤモンドを、なぜ現在人間が採掘することができるのだろうか？

話は、1億5000万年前にさかのぼる。そのころ、アフリカは南アメリカやオーストラリアと地続きだった。ゴンドワナ大陸という大きな大陸が、長い時間をかけて分裂し、今のような配置になったのだ。その際の大規模な地殻変動で、地中に眠っていたダイヤモンドの原石（キンバーライト）が、地表近くまで噴き上げられた。

そういうわけで、この地殻変動の中心となったアフリカ大陸で、ダイヤモンドが多数産出するようになった。

国別に見ると、南アフリカ、コンゴ、ボツワナなどが、主な産出国。その他、オーストラリア、インドネシア、ロシアなどでも採掘されている。

昔、アフリカにはどんな国があった？

かつて、アフリカは〝暗黒大陸〟と呼ばれていた。しかし、それはあくまでもヨーロッパ諸国から見た一方的な見方であって、アフリカでは紀元前からすでに、クシュ王国やアクスム王国といった王国が栄えていた。知らぬはヨーロッパ人ばかりなり、ということだ。

紀元前９２０～紀元後３５０年ごろに栄えたクシュ王国は、ナイル川上流にあった最古の黒人王国で、一時はエジプトも支配したこともある。しかし、その後はアッシリア人のエジプト侵入で後退を余儀なくされた。

このクシュ王国を滅ぼしたのがアクスム王国で、もともとはアラビア半島から移住してきたアクスム人が、アビシニア高原に建てた国。これが、のちにエチオピアになる。

8世紀から16世紀にかけては、金で栄えた「黄金の国」ガーナ王国、このガーナ王国に代わって金産地を支配して栄えたマリ王国、そのマリ王国を滅ぼしたソンガイ王国、ソンガイ王国がモロッコに滅ぼされると、カムネ王国やボルヌ王国が代わって勃興するなど、とにかくアフリカの歴史は王国の玉突きゲームのような状態だったのだ。

その後、ヨーロッパが大航海時代に突入すると、多くのアフリカ諸国はヨーロッパの植民地となっていくが、そのさい多くの支配国は、王制を無理に廃止することなく、王を植民地の行政首長に位置づけた。

波風を立てずに間接支配するために、王国を利用したのだ。

「オセアニア」ってそもそもどの範囲？

「ハワイに行きます」「グアムに行きます」という人はよくいるが、「オセアニアに行きます」という人はまずいない。

「オセアニア」という言葉をあまり使わないのは、この言葉の示す範囲が漠然としているからだろう。広すぎるうえに、人によってオセアニアの示す範囲が違うのだ。

まず、オセアニアには、ミクロネシア、ポリネシア、メラネシアの三つの区域の総称という定義がある。

ミクロネシアは、太平洋の日付変更線より西、赤道より北にある島々の総称で、日本人におなじみのグアムやサイパンはこのミクロ

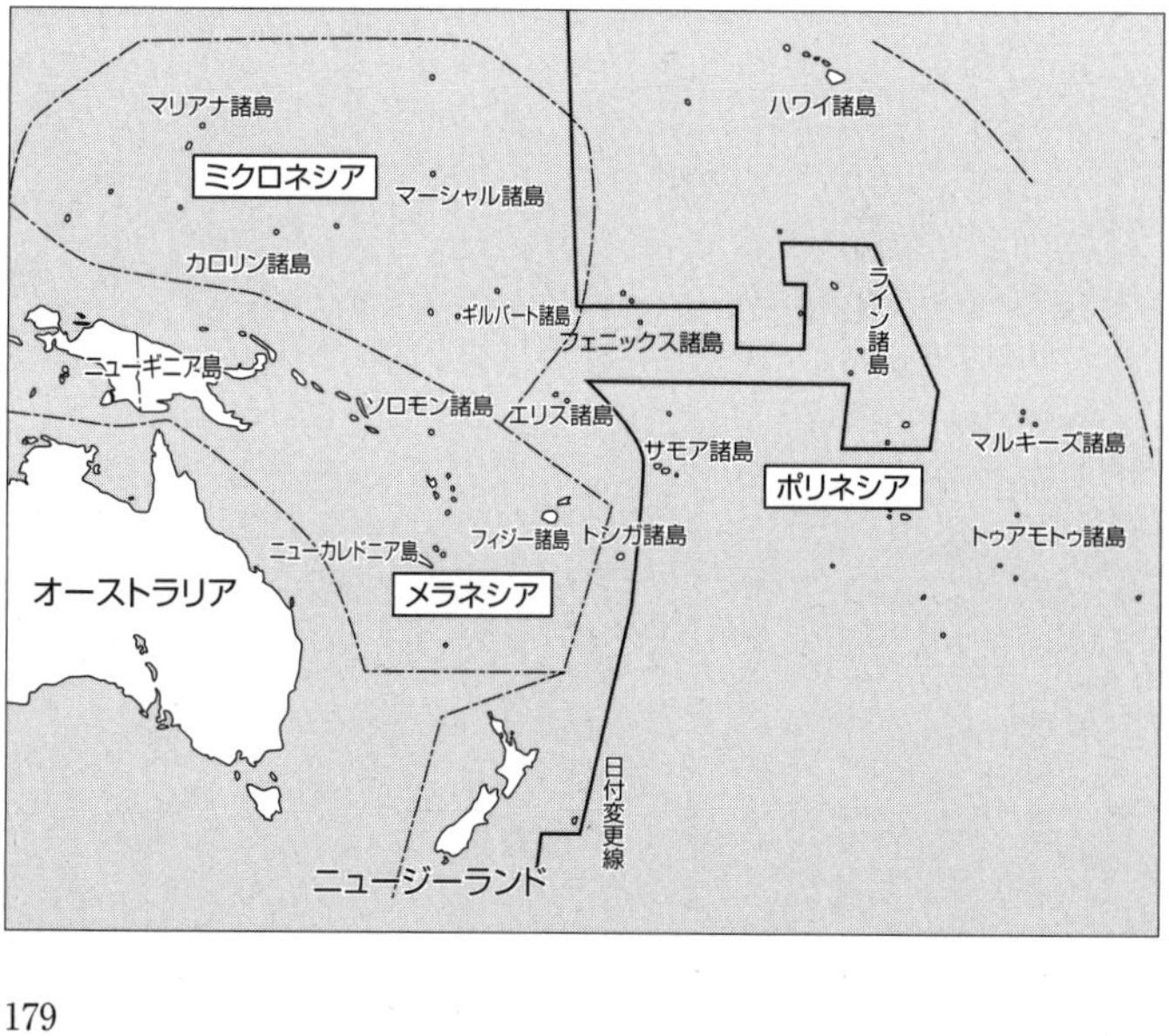

ネシアに含まれる。

ポリネシアは、日付変更線より東で、ハワイ、ニュージーランド、イースター島を結ぶ三角形の範囲とされている。ただし、現在、日付変更線は、キリバス共和国のところで東側に張り出す形になっているが、ポリネシアの概念としては、ほぼ東経180度を境としている。

メラネシアは、日付変更線より西、赤道より南の区域で、ニューギニア島、ソロモン諸島、フィジー諸島、ニューカレドニア島などが含まれる。

ただ、これはあくまでも一つの見解で、一般には、オーストラリアやニュージーランドもオセアニアに含める。世界をアジア州、アフリカ州、北アメリカ州、南アメリカ州、ヨーロッパ州、オセアニア州の6地域に分けて「六大州」というが、この場合のオセアニア州にはオーストラリアも含まれている。

また、オセアニアの島々とアフリカ近くの島々には文化的な連続性が見られることから、アフリカの東側のマダガスカル島やアフリカ大陸の南東部すら、オセアニアととらえる学者もいる。

フランスがニューカレドニアを手放さない事情とは？

ニューカレドニアは、オーストラリアの東1200キロ、南太平洋上に浮かぶ島。日本では、小説『天国にいちばん近い島』の舞台として有名になった。

だが、そんな楽園のイメージとは裏腹に、この島ではフランスからの独立運動が長く続

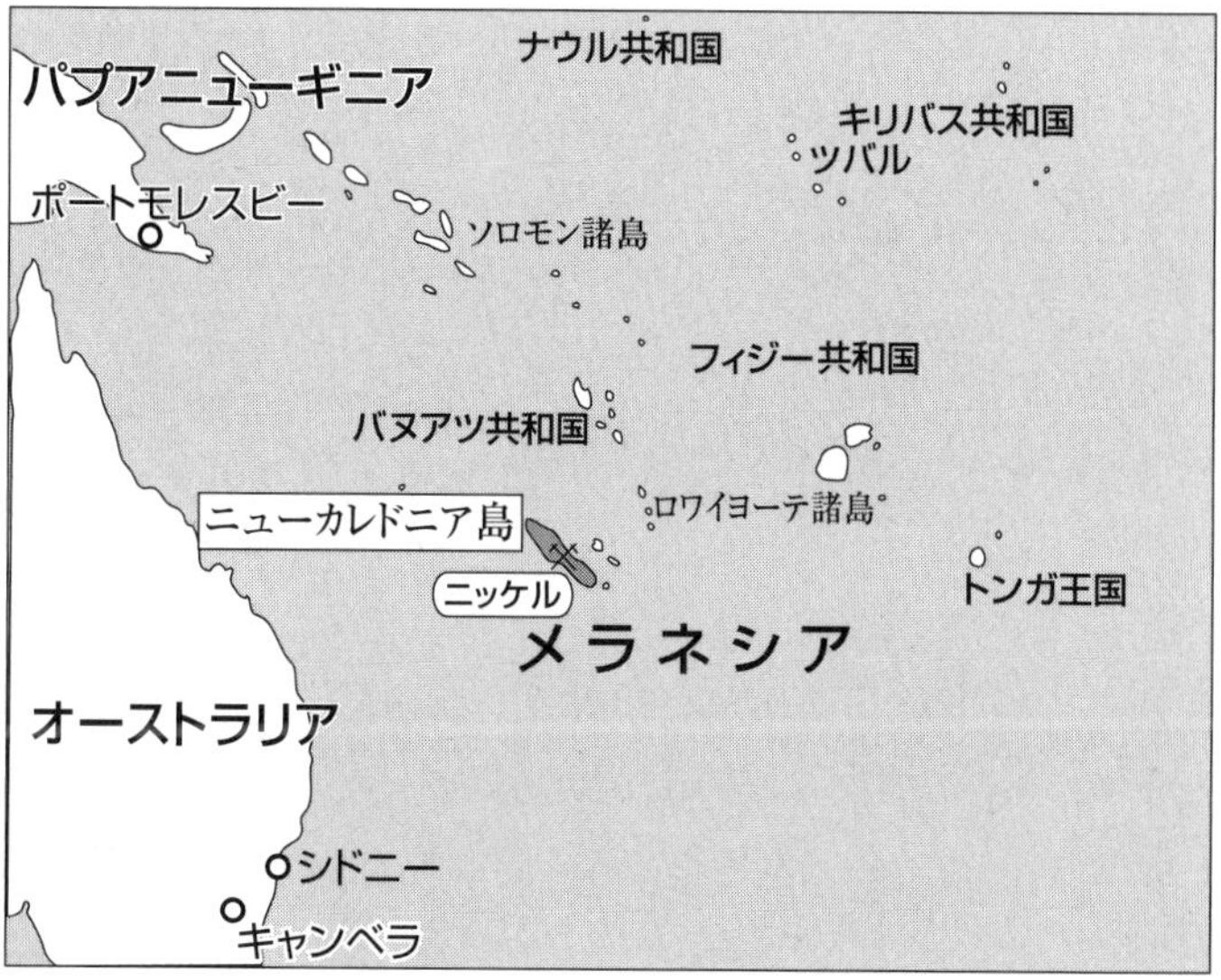

いてきた。ニューカレドニアは、１８５３年にフランスが領有を宣言して以来、ずっとフランス領となってきたが、１９７０年代から先住のカナク人らによる独立運動が高まり、80年代には武力衝突がひんぱんに起こるようになった。

そこで、フランス政府は、１９８８年、10年後の１９９８年に独立に関する住民投票を行うことを約束したが、この住民投票は再延期されて、２０１３年から18年の間に行われることになっている。要は、ほぼ白紙の状態に戻ってしまったということだ。

では、なぜフランス政府がそこまでニューカレドニアにこだわるのかというと、１８６０年代に発見されたニッケルの鉱脈があるからである。

ニューカレドニアは、ニッケルの埋蔵量と

生産量がともに世界第5位であり、コバルト、クロム、鉄、マンガンなどの鉱物にも恵まれている。

とくに日本は、ニッケル鉱の年間輸入量の半分がニューカレドニア産であるなど、経済的に重要な関係にある。

フランスも、この鉱物資源があるために、この島をそう簡単には手放せない。しかも、住民のなかには、このままフランスの援助を受けていたほうが、ニューカレドニアのためになると主張する人も少なくないなど、独立問題は複雑な状況にある。

ニュージーランドの二つの島の大きな違いとは?

ニュージーランドは、北のノースアイランドと南のサウスアイランドの、二つの主要な島からなる。二つの島はクック海峡をへだてて、わずか35キロしか離れていない。

ところが、両島にはさまざまな点で違いが見られる。

まず気候。南半球なので、北のほうが温暖で、首都ウェリントンのある北島の北部は亜熱帯性に属し、暖かくて雨が多く、湿度も高い。

一方、南島はやや冷涼。夏は涼しく過ごしやすいが、冬になると、内陸の山間部は気温がマイナス10℃くらいまで下がる。

地形も、南北で対照的だ。環太平洋造山帯に属するこの国は、山脈が南北を背骨のように貫き、北島には活火山や地熱活動の活発な火山台地が多い。

あちこちに温泉が点在しているのもそのた

めだ。

一方、南島に見られるのは、隆起によってできた険しいサザンアルプス。最高峰のクック山（３７５４メートル）を筆頭に、３０００メートル級の峰が連なり、氷河や氷食湖が点在する。氷河の水がせき止められてできたエメラルドグリーンの湖は、絵のように静かだ。

人口が多いのは、気候が温暖な北島で、約75％の人々が、北島に住んでいる。

ちなみに、３４０億円という空前のスケールの製作費が投じられた映画『ロード・オブ・ザ・リング』は、ニュージーランドの雄大な自然をバックに撮影された。

物語の最終目的地となるモルドールの火の山（滅びの山）のロケは北島で行われ、雪山のシーンは南島で撮影された。

南太平洋のフィジーに、なぜインド人が多いのか？

リゾート地として人気の高いフィジー。この島を訪れて驚くのは、南太平洋に浮かぶ島なのに、インド人がとても多いこと。これは見た目の印象だけではない。実際、フィジーの全人口の半数近くがインド系なのだ。

太平洋の島フィジーにインド人がたくさんいる理由を語るには、フィジーの悲しい歴史を語らなければならない。フィジーがイギリスの保護領となったのは、1874年のこと。悲劇はここから始まった。

イギリスの保護領となる前のフィジーの人口は15万人程度。それが年々減少し、20世紀のはじめには半数近くになってしまった。人口減少の原因は、伝染病と強制労働だ。

伝染病とは、西欧人が持ち込んだインフルエンザとはしか。これらの感染症に対して免疫を持たなかったフィジー人にとっては、致命的な病となったのだ。

さらに、プランテーションや鉱山での強制労働が追い打ちをかけた。ヨーロッパ人らは、労働者不足を補うために島の若者を片っ端から連れ去り、プランテーションや鉱山で働かせたのである。

弱いものは病気で倒れ、強いものは過労で倒れる。これでは人口が減って当たり前だ。しかし、保護領であるフィジーの人口が減る一方ではイギリスも困る。そこで、イギリスは、インドから大量の労働者を募った。

プランテーションや鉱山での労働は厳しく、死んだり逃亡する者もたくさんいたが、それでもフィジー定住を希望するインド人は後を断たなかった。

そして、インド人の出生率はフィジー人より高かった。それで、全人口に占めるインド系の割合は年々大きくなり、今日のフィジーの人口構成ができあがったのである。

不便なキャンベラが、オーストラリアの首都になったワケは？

オーストラリア最大の都市は、２０００年にオリンピックが開催されたシドニー。その人口は約４１０万人である。第二の都市は、１９５６年にオリンピックが開催され、人口約３２７万人のメルボルンである。

そして、首都のキャンベラ、人口わずか32万人程度。首都としては小さな都市である。

この小都市が首都となったのは、シドニーとメルボルンの妥協の産物と言える。

１９０１年、オーストラリアが連邦制となったとき、シドニーとメルボルンの間で、激しい首都争奪戦が起きた。なかなか決着がつかず、妥協案として採用されたのが、両都市の真ん中に新首都を建設するというアイデアだった。そこで、ところどころに牧場が点在するだけの荒野だったキャンベラに、首都が建設されることになったのである。

１９１１年、暫定的にメルボルンに置かれていた首都機能が移転。１９２９年には、初めてキャンベラで国会が開かれたが、国会議事堂が落成したのは、首都移転から77年も後の１９８８年のことだった。

新しい首都を設計したのは、アメリカ人のウォールター・バーリー・グリフィン。街は、市役所、デパート、大型商店などが集まっているシティ・ヒルと、連邦議事堂や大使館など、首都機能が集まっているキャピタル・ヒルの二つの拠点から、道路が放射状に伸びているのが、特徴となっている。

世界最大の一枚岩「ウルル」はどうやって生まれた？

近年は「ウルル」という名前で呼ばれることが多くなったかつての「エアーズロック」。この世界最大と言われる一枚岩は、もともと「ウルル（集会の場所）」と呼ばれるアボリジニの聖地だった。それを1872年、探検家のウィリアム・ゴスが〝発見〟。当時の南オーストラリア州書記長ヘンリー・エアーズ卿の名にちなんで、「エアーズ・ロック（Ayers Rock）」と名づけられた。

ところで、高さ350メートル、周囲約10キロという、この一枚岩はいったいどのようにしてできあがったのだろうか？

話は、6億年ほど前にさかのぼる。その時代、この地域には、山々から川によって運ばれた堆積物によって、礫岩層と粗砂岩層が形成されていた。その後、いったん地盤沈下して海底になり、砂や泥、石灰石などがもともとの層の上に沈殿した。3～4億年前になると、大きな造山運動が始まる。地表に突出した部分が風雨に浸食されて、固い部分だけが残ったものがウルルなのだ。

だから、この岩山は、外観から単純に想像するように、大きな岩の塊が地面にごろりところがっているというわけではない。岩山の下面は地中に深く埋まり、底面がどうなっているかは、いまだはっきりとわかっていない。

どうしてオーストラリアは、一大羊毛地帯になった？

オーストラリアでは6809万頭（2010年）もの羊が飼われている。日本で飼われているのは、1万2千頭だから、じつに5700倍に近い。

そもそも、日本の22倍もの面積をもつオーストラリア。国土の大半は、年間降水量500ミリ以下の乾燥地帯・半乾燥地帯で、人が住むには過酷すぎる環境。しかし、その気候が羊を飼うには最適となる。牧草地に適した降水量は、年間250〜750ミリで、オーストラリアの内陸部はそれにぴったりなのだ。

しかも、オーストラリアの大地には起伏がほとんどない。羊を放牧するのにふさわしい地形だ。

さらに、オーストラリア大陸にはもう一つの必要条件も備わっている。豊富な地下水に恵まれていることである。オーストラリアの内陸部は、平坦すぎて、河川や湖沼がほとんどない。雨水の多くは、地表を流れることなく、地中にしみ込んで地下水脈をつくる。その地下水が集まって蓄えられている地域が、「Great Artesian Basin」（大鑽井盆地《だいさんせいぼんち》）と呼ばれるエリアだ。

このオーストラリアの地下水は、塩分が濃すぎて、人間用の飲み水にはできない。しかし、羊や牛の飲料としては、問題なく使用することができる。

以上のような条件がそろって、オーストラリアは世界最大の牧羊国となったのだ。

読んで楽しい！　乗って楽しい！

■駅と駅の間が日本一長いのはどこ？

大都市の中心部から、電車に乗って郊外へ向かうと、途中で駅間距離がどんどん長くなっていくものだ。

とはいえ、大都市郊外の駅間距離は、新幹線の駅間距離と比べると、たかが知れている。なかでも、もっとも駅間距離が長いのは、東海道新幹線の京都～米原《まいばら》間の68キロ（実キロ）。「のぞみ」で通過するのに20分近くもかかる。

また、新幹線以外の在来線では、北海道にある石勝《せきしょう》線の新夕張～占冠《しむかっぷ》間の34・3キロが最長。といえば、読者のなかには、津軽海峡線の津軽今別～知内《しりうち》間（63キロ）のほうが長いではないかという人がいるかもしれない。

しかし、この駅間には、吉岡海底駅と竜飛《たっぴ》海底駅の2駅がある。両駅は非常時の避難駅であり、営業駅として機能しているわけではないが、「駅」と名乗っている以上無視するわけにはいかない。

仮に、この二つの駅が「吉岡避難所」とか、「竜飛避難所」とでも名づけられていれば、津軽今別～知内間が在来線ではもっとも長い駅間となっていたはずだ。

■ＪＲで駅間がもっとも短いのは？

では、駅間が日本でもっとも短いのはどこになるのだろうか？　私鉄や路面電車では、駅のホームから隣の駅が見えているようなケースも少なくないので、話をＪＲ線に限ってすすめてみよう。

つい最近まで、駅間距離がＪＲ最短として鉄道マニアに知られていたのは、富山港線の大広田～東岩瀬間だった。その距離は４５０メートル。歩いても5、6分で行ける距離だ。

この路線は、富山から岩瀬浜まで全長８キロの鉄道で、戦時中に私鉄から国鉄に統合された路線。その後ＪＲに引き継がれ、２００６年2月28日まではＪＲ西日本が運営していたのだが、同年3月から第三セクターの会社に移管されている。

そのため、現時点では、ＪＲの駅間距離は０・５キロ（営業キロ）というのが最短となっている。これにあてはまる区間は、東京の日暮里《にっぽり》～西日暮里間（山手線の一部であるが、正式路線名ではこの区間は東北本線となる）、神奈川県にある鶴見線の浅野～安善《あんぜん》間、鳥取県・境線の博労町《ばくろうまち》～富士見町間の三つである。

また、営業キロは０・６キロだが、駅構内の端から端までの距離が２００メートルと接近していることで知られるのが、山手線（東北本線）の上野〜御徒町《おかちまち》間である。

■地下鉄で一番深い駅、一番高いところにある駅は？

東京の地下鉄には、地面からかなり深いところにある駅が珍しくない。

たとえば、都営大江戸線の国立競技場前駅のホームもずいぶん深く、エスカレーターや階段を利用して、地上にたどりついたときには、すでに息切れしている人もいる。

そんな東京の地下鉄のなかでも、もっとも深い駅は都営大江戸線の六本木駅。ホームは地下5階（外回り）と地下7階（内回り）にあり、内回りの1番線は地下42メートルに位置する。

地下7階の1番線ホームから、地下2階の改札までだけでも、エスカレーターを3回も乗り換えなければならない。

この都営大江戸線の六本木駅が、2000年に開業するまでは、千代田線の国会議事堂前駅がもっとも深かった。こちらは地下6階に位置し、地上からレール面までが37・9メートルもある。

地下鉄の駅がこれほど深いところにつくられるのは、地上の土地所有者が地下の権利も有しているからである。私有地の地下を掘ることは難しいため、どうしても大きな道路の下を掘ることになる。

東京の場合、すでに数多くの地下鉄路線が走っているので、新路線はより深いところを掘ってレールを敷くしかない。それで、駅もどんどん地下深くにつくられることになるわけである。

反対に、地下鉄の駅でもっとも高いところにあるのは、日比谷線の北千住駅。地下鉄駅なのに、ホームは駅舎の3階にあり、地上からの高さは約14メートルもある。

2番めはおなじみの銀座線渋谷駅で、12・1メートルの高さ。1939年、この渋谷駅が開業したとき、ビルの3階に発着する地下鉄に、当時の人々は度肝を抜かれたという。

■地下鉄の路線名は、どうやって決まるのか?

都営大江戸線は、路線名を決めるとき、大いにもめた。公募したところ、3万1497通もの応募があり、それをもとに選考委員会が「東京環状線（愛称・ゆめもぐら）」と決めたのだが、当時の石原慎太郎都知事が、「実際は環状運転していないので、利用者に誤解を与える」と再検討を指示。その結果、公募では20位の「大江戸線」に決め直された。

都営地下鉄に、このような路線名をつけるようになったのは、1978年からのことである。

それまでは「1号線」とか「6号線」のように数字で呼んでいたが、新たに「10号線」建設のメドが立ったことをきっかけに、1号線を「浅草線」、6号線を「三田線」、そして10号線を「新宿線」と命名。いずれも公募でもっとも得票数の多い名称だった。

一方、東京メトロ（旧営団地下鉄）に路線名がついたのは、1953年から。その後、新しい路線を開業するたびに、「日比谷線」「東西線」「千代田線」などと名づけられたが、これらはすべて社内で決められていた。

公募されるようになったのは、1974年開通の「有楽町線」からで、このとき、得票数がトップだったのは「麹町線」という名前だった。ところが、漢字が難しすぎるという理由から、次点の「有楽町線」が採用されたのである。

1978年に開業した「半蔵門線」は、応募総数7633通のうち1852票を集め、公募で文句なく決められたが、1991年開業の「南北線」は、公募されることなく社内で決定された名前だ。

■「○○本線」と「○○線」は、どこがどう違う?

「東海道本線」と「東海道線」、「中央本線」と「中央線」。それぞれ、どちらもよく耳にする言葉である。

駅構内の放送では「東海道線」「中央線」と呼ばれていることが多いが、時刻表には「東海道本線」「中央本線」と書かれている。

「東海道本線」と「東海道線」、「中央本線」と「中央線」は、どう違うのだろうか？

じつは、国鉄時代には、「東海道本線」「中央本線」が正式な呼び名だった。国鉄は、全国の路線を「本線」とそれに付随する「線」にグループ分けして管理していたからである。

ところが、国鉄の分割民営化に伴なって、多くの本線が分割された。たとえば、「東海道本線」は、現在、東京～熱海間がＪＲ東日本、熱海～米原間がＪＲ東海、米原～神戸間がＪＲ西日本の管轄となっている。

さらに、民営化される時期、「本線」でも営業不振の路線もあれば、「線」でも営業成績のよい路線があった。すでにその時期、「本線」と「線」に分ける国鉄時代の分類は、あまり意味をもたなくなっていたのである。

そこで、ＪＲが発足するとき、正式名称から「本線」を取り除いて、当時の運輸省に事業免許を申請することになった。

そのため、現在の正式名は「東海道線」「中央線」のように、ただ「線」をつけただけの呼び名となっている。

ただ、長年使ってきた名前を急になくすと混乱を招くため、「○○本線」という呼び方も残っているというわけである。

■東京の地下鉄路線網がやけに複雑なのは？

大阪や名古屋の地下鉄は、ほぼ南北か東西に伸びていて、各路線が直角に交わっている。そのため路線網がわかりやすく、乗り換えルートを探すにもさほど苦労しない。

一方、東京の地下鉄網はじつに複雑だ。ほかの都市と比べて路線が多いことを考慮しても、目的地までの最短ルートを探すのは、かなり大変である。

そのうえ、事業者が「東京メトロ」と「都営地下鉄」の二つあるのも難点だ。下手に乗り換えると運賃がかさみ、最短ルートを選ぶさいの足かせになっている。

さらに、東京の地下鉄網を複雑にしているのは、皇居の存在である。

そもそも、皇居の広い敷地の下には、地下鉄が1本も通っていない。皇居の下には、原則としてトンネルを掘ることができないし、仮に地下鉄工事の申請をしても、認可が下りることはないだろうとみられる。

というわけで、周辺から都心に向かう各路線は、千代田区へ入ると皇居をぐるりと迂回して、反対側へ出ているのだ。

一方、大阪や名古屋の場合は、もともと道路が碁盤の目のようにまっすぐ走っている。地下鉄はその下を掘って建設すればいいわけだから、路線をまっすぐ敷くことができ、乗り換えるときもわかりやすいというわけである。

■廃止された都電のなかで、荒川線だけが残ったのは？

東京の下町・三ノ輪と早稲田大学のある早稲田間の12・2キロを結んでいる都電荒川線。最近では、この昔なつかしいチンチン電車に乗ろうと、遠方から訪れる人も少なくない。

現在の東京では、都電はレトロ感漂う乗り物になっているが、かつての東京には、たくさんの都電が走っていた。

1955年ごろには41もの路線があり、1日に175万人もの乗客を運んでいたのだ。

ところが、クルマが普及し始めると、都電は次々と廃止されていく。車と一緒に道路を走る路面電車は渋滞の元凶といわれ、邪魔者扱いされるようになったのだ。

また、1959年、自動車が都電の敷地に進入することを禁止していた規制が解除されると、今度は都電も渋滞に巻き込まれるようになる。日本橋から銀座のわずか1・5キロの距離を進むのに、1時間近くかかるようになってしまった。

これでは、乗客離れが進むのもムリはない。1960年には、2億円近い赤字を出し、以降、都電は次々と姿を消していくことになる。

そんななか、唯一生き残ったのが荒川線である。荒川線は、路線の90％が一般道路と切り離された専用軌道を走っていたため、道路状況に影響をおよぼさないこと、また代替バスを走らせるのが難しかったことが、廃線をまぬがれた主な理由だった。

また、地元の反対や、「都電を守る会」などのねばり強い運動もあって、路線廃止の計画がのびのびになっているうちに、時代が移り変わった。1973年のオイルショックを経て、路面電車の省エネ性が再評価されるようになり、荒川線だけは〝保存〟されることになったのだ。

■「新橋駅の下に幻の駅が眠っている」ってどういうこと？

多くのサラリーマンが利用する新橋駅は、日本鉄道史のなかでもっとも古い歴史を持つ駅の一つ。

1872年の9月12日に駅がオープンすると、およそ1カ月後の10月14日に、新橋～横浜間が開通。さらに1889年には、東海道本線新橋～神戸間が全線開通した。

最初に建てられた新橋駅は、木造石づくりの2階建て。当時としては、とびきりハイカラな西洋建築だったのだが、1914年、現在の東京駅が開業したのをきっかけに、メインステーションの座を東京に譲り、駅名も「汐留駅」と改称。その後は貨物駅として利用されていた。

ところが、1923年9月1日の関東大震災で、そのモダンな駅舎はすべて焼失してしまう。震災後には新しい駅舎が建てられたが、その工事というのがじつに簡単なもので、壊れた駅舎と線路の跡に土盛りをしただけ。

そのため、新しい駅の下に初代の駅が眠っているという、世にも珍しい駅になったのである。

その後、ずっと地下に眠ったままだった〝初代新橋駅〟の発掘は、再開発に伴って1991年に着手された。埋もれた土のなかからは、駅舎の基礎や、珍しい双頭レール、「官製」の焼き印のある赤レンガや、旅行者が使ったと思われる土瓶など、ユニークな〝出土品〟もあったという。

ただし、これらの遺構は一般公開されることはなく、埋め戻されてしまった。なお、初代新橋駅のホーム跡あたりは現在、新交通ゆりかもめの新橋駅になっている。

■山手線は「やまてせん」か、「やまのてせん」か？

東京生まれの東京育ちで、何十年と山手線に乗っている人であっても、その呼び方はまちまちだ。「やまのてせん」という人が多数派ではあるが、年輩の人には「やまてせん」と呼ぶ人もいる。

結論からいうと、現在の正式名は「やまのてせん」。〝現在の〟と断ったのは、かつては「やまてせん」が正式名だった時代もあったためである。

山手線が開通した当初の正式な呼称は、「やまのてせん」だった。

ところが、第二次世界大戦後、ちょっとしたミスから「やまてせん」に変わってしまったのである。

アメリカの進駐軍に、「鉄道の路線名をアルファベットで表記するように」と指示されたとき、国鉄内部で使われていた略称の「やまて」を、そのままアルファベットで「Yamate=Loop=Line」と書いてしまった。そのため、「やまてせん」が正式名称になってしまったのだ。

この呼び方は1971年まで続いたが、それ以降は「やまのてせん」に戻されている。

そのきっかけとなったのは、当時赤字続きだった国鉄が、国内旅行推進のために行った「ディスカバー・ジャパン」と銘打ったキャンペーン。日本の良さを再発見するため国鉄に乗って国内旅行をしよう、とアピールして収益アップを狙ったのである。

そのキャンペーンのなか、駅名や路線名も親しみやすく、わかりやすいものにしようということになり、それまで使われていた「やまてせん」に「の」を入れて、「やまのてせん」と呼ぶことになり、以降は「やまのてせん」が公式表記になっている。

■東京メトロと都営、二つの地下鉄が東京にあるワケは？

東京の地下鉄には、東京メトロ（旧営団地下鉄）と都営地下鉄の二社がある。なぜ、一つの都市で二つの会社に分かれているのだろうか？

そのいきさつは、まだ東京が「東京市」だった時代にさかのぼる。

１９２７年、浅草〜上野間に、日本初の地下鉄を開通させたのは、民営の東京地下鉄道（営団地下鉄の前身）だった。

しかし、このとき東京市でも、同じように地下鉄を建設したいと考えていた。民間に遅れは取ったものの、免許は取得していた計画路線があったのである。

ところが、１９４１年に「帝都高速度交通営団法」が制定され、帝都高速度交通営団（営団地下鉄）が発足。その余波で、東京市による地下鉄計画は保留になってしまった。

その東京市がふたたび地下鉄建設のチャンスを手にしたのは、戦後になってからのこと。敗戦後、東京の人口は爆発的に増え、東京の交通網を増強する必要が生じた。

敗戦直後の見通しでは、東京の将来人口は５００万人程度と予測されていたが、終戦から４年後の１９４９年には、すでに人口は５９５万人にふくれ上がっていたのだ。

そこで、東京の巨大都市化を想定した建設計画が必要となり、１９５０年に「首都建設法」

が公布・施行される。

翌年には、首都建設委員会という組織が発足し、同委員会は、営団地下鉄が当面、建設に着手しない路線は、東京都やほかの企業が請け負ってはどうかと、当時の建設大臣、運輸大臣、東京都知事に勧告したのである。

この勧告で、都営地下鉄の建設を望む声が高まり、1957年、押上〜馬込間の建設が決まった。

それ以来、都営と営団が分担して地下鉄を建設することになったというわけだ。

■学校の名前のついた駅に学校がないのはなぜ?

駅名に学校の名前を用いているケースは、全国各地で見られる。

たとえば、東京では、京王線の「明大前」、小田急線の「成城学園前」、関西では、JR片町線（学研都市線）の「同志社前」、阪急千里線の「関大前」などがある。

学校名を冠した駅名が多いのは、そうすると、その地域全体が「文教地区」であるかのようなイメージが生じるからだろう。それが、全国的な有名校ならなおさらのこと。

東京大学の場合、駒場と本郷の二つのキャンパスが存在するが、京王井の頭線には「駒場東大前」、東京メトロ南北線には「東大前」と、それぞれ駅名に用いられている。

その一方、有名校の名前が駅名になっているのに、肝心の学校が駅付近に存在しないケースもある。

東急東横線の学芸大学駅は、大学は40年も前に小金井市に移転しているのに、駅名はそのまま。同じく東急東横線の都立大学駅にも、都立大学はない。こちらは1990年に多摩ニュータウンの南大沢に引っ越して、校名も首都大学に変わっている。

一方、最初から学校がないのに、学校にちなんだ駅名がついているところもある。

たとえば、千葉県佐倉市の新交通システム、ユーカリが丘線の「女子大駅」。この駅の付近には、昔も今も女子大はないのだが、かつて和洋女子大学の移転計画が持ち上がり、それを当て込んで駅名をつけたのだ。その後、移転計画は頓挫したという。

同じような例に、西武池袋線の「大泉学園」がある。こちらも、一橋大学が移転してくる見込みがあったのだが、沙汰やみになって名前だけが残ったというわけだ。

■東西線がかなりの部分、地上を走っているのは？

地下鉄と名乗っていても、地上を走る路線は少なくない。

なかでも、地上を走る距離が長いことで有名なのが、東京メトロの東西線。中野から、高田馬場、飯田橋、大手町と都心を横断して江東区に入り、ディズニーランドのある浦安を通って千葉県の西船橋までを結んでいるのだが、全長30・8キロのうち、ほぼ半分の13・8キロが地上区間なのだ。

なぜ、東西線は、半分近くも地上を走ることになったのだろうか?

営団地下鉄（現・東京メトロ）が中野～東陽町の延伸路線として、東陽町～西船橋間の免許を取得したのは、1965年のことである。

当時、そのラインにはまだ鉄道が通っていなかった。荒川や江戸川などの河川が多いこともあって、地盤が軟らかく、開発が難しかったのだ。

その難題を抱えながらも計画に着手したのは、早く鉄道を通してほしいという地域住民の声にこたえるためだった。そこで、営団はあえて地下ではなく、地上を走らせるという方法をとった。

第一に、地下を掘り進むより、地上を走らせたほうが安上がりである。コストは地下を掘ったときに比べると約10分の1、むろん工期も短縮できる。それに、郊外なので、都心に比べて土地が確保しやすかったこともある。

また、高架にしたのは、いずれ総武線へ乗り入れることや、周辺地域の発展を見据えてのことだった。

そのような、いろいろな計算と配慮のうえ、地下鉄会社があえて長い地上区間をつくったのだ。

■都内で唯一企業名のついた駅ってどこの駅？

企業名が駅名になっているケースは、首都圏では、東京メトロ銀座線、半蔵門線の「三越前駅」一つしかない。企業名がそのまま駅名になれば、広告費ゼロで「三越前〜、三越前〜」と毎日アナウンスしてもらえるのだから、企業側にしてみれば、まことにありがたい話である。

しかし、三越だって、タダで駅名を名乗る権利を得たわけではない。ことの経緯を説明しよう。東京地下鉄道（現東京メトロ）が上野〜浅草間の開業を目指していた1926年のこと。工事を視察した三井銀行（現三井住友銀行）の池田成彬が、三越の負担で駅をつくってはどうかと提案したという。

このアドバイスにしたがって、三越側は、東京地下鉄道との〝タイアップ〟を提案。将来、路線が延びた場合、「三越」という企業名を駅名に使うことや、駅の入り口とデパートの入り口を結ぶこと、駅のショーウインドウは三越が使用するといった条件を盛り込んで、交渉を進めた。

経営状態のよくなかった東京地下鉄道にとっても、このタイアップ案は渡りに船というわけで、1931年、両者の交渉は成立。三越は、駅の建設費のほぼ全額、46万3000円（現在の9億円）を負担することになった。

めでたく駅が開業したのは、翌年の1932年のことだ。

■ロマンスカーが線路幅の違う箱根登山鉄道に乗り入れられるのは？

日本で「登山鉄道」と名乗っているのは、箱根登山鉄道だけである。その鉄道路線は、小田原から箱根湯本、強羅《ごうら》までを結び、車窓からは、春の新緑や約1万株のアジサイの花、秋には紅葉におおわれた渓谷を眺められる。

この箱根登山鉄道に、小田原から箱根湯本まで乗り入れているのが、小田急ロマンスカーである。小田急は1948年から乗り入れているが、その実現までにはかなりの工夫が必要だった。

登山鉄道のレール幅が1・435メートルなのに対し、小田急は1・067メートルと狭かったからだ。

そこで、さまざまな方法が考えられたが、最終的に採用されたのが「三線式軌条」という方法。箱根登山鉄道の2本のレールの間に、小田急の軌間に合わせて、もう1本のレールを敷いたのだ。

これによって、小田急ロマンスカーは、1本は箱根登山鉄道のレールを使い、もう1本は、後から敷いた3本めのレールを使って乗り入れることができるようになったというわけだ。

■中越・下越しか通っていないのに、どうして「上越新幹線」？

新潟県の旧国名は「越後」。その越後内では、京都に近い方から上越、中越、下越という三つの地区に分けられていた。だから、地図では上のほうに位置するのが下越、下のほうが上越となる。

現在でも、新潟県内では、この呼び方が使われているが、不思議なのは、上越新幹線がよりによって〝上越〟地区だけ走っていないことである。

上越新幹線の駅のうち、長岡駅やスキー客の多い越後湯沢駅は中越地区にあり、終点の新潟駅は下越地区にある。上越地区を走っていないのに「上越新幹線」と呼ばれているのは、在来線の上越線に名前を合わせたからである。

ところが、「上越線」の「上越」は、そもそも新潟県内の地区名のことではなかった。上野国《こうづけ》（群馬県の旧国名）の「上」と、越後の「越」をくっつけたものなのだ。

在来線の上越線は、群馬県の高崎から、長岡の一駅手前の宮内まで走っている。上越新幹線も、開通当初は、埼玉県の大宮を起点に、高崎を経て、長岡までの運転だったので、上越線に合わせて名づけられたのだった。

もっとも、新潟県の上越地区の中心である上越市には、現在建設中の北陸新幹線の駅が設置されることになっている。

そうすると、上越市に行くつもりで上越新幹線に乗る人が出るといった混乱が予想されるので、今後、「上越新幹線」という名は変更されるのではないかという見方もある。

■大阪環状線の起点と終点はどこか？

ＪＲ大阪環状線は、その名のとおり、大阪市内をグルッと回る路線。オレンジ色の１０３系電車などが、市内24区のうち11区を走っている。

この「大阪環状線の起点と終点はどこか？」と問われたら、たいていの人は「大阪駅が起点であり、終点でもある」と答えるのではなかろうか。

ところが、国土交通省の監修する『鉄道要覧』では、起点は天王寺駅で、終点は新今宮駅。そして、新今宮駅〜天王寺駅間は関西本線とされている。

なぜ、天王寺駅が起点になるかというと、それは環状線の歴史に由来する。

そもそも、大阪環状線は、東半分にあたる天王寺〜京橋〜大阪を結んだ城東線と、西側の大阪〜西九条間にあたる西成線、そして、天王寺駅から浪速駅（貨物線）へ伸びる関西本線貨物支線の３路線が元になっている。

つまり、天王寺駅を起点としていた路線が軸になって環状線が形成されたため、現在も天王寺駅が起点とされているのである。

また、天王寺駅と今宮駅の間に、新今宮駅が開業されたのは、環状運転の開始より後のこと。これによって、新今宮駅は大阪環状線と、名古屋駅と難波駅を結ぶ関西本線の重複する区間内となった。

しかし、当時の法律では、二つの路線に重複して所属する区間が認められていなかったため、天王寺駅～新今宮駅間は関西本線とされた。その結果、大阪環状線の終点は新今宮駅となったのである。

■関西に、遊園地もないのに「園」のつく駅名が多いのは?

関東地方にも「後楽園（東京メトロ丸ノ内線、南北線）」、「豊島園（西武豊島線、大江戸線）」、「西武園（西武西武園線）」、「花月《かげつ》園前（京浜急行本線）」のように「園」のつく駅がある。

関東の「園」のつく駅には、近辺に有名な庭園や遊園地があるケースが多い。後楽園や豊島園はいうにおよばず、「花月園前」についても１９４６年に閉園されるまでは遊園地が営業していた。

一方、関西にも「甲子園（阪神本線）」、「甲陽園（阪急甲陽線）」、「甲東園（阪急今津線）」、

「香里園《こうりえん》（京阪本線）」などと、「園」のつく駅がある。

しかし、甲子園駅こそ、近くに遊園地があったが、あとの「甲陽園」、「甲東園」、「香里園」には、遊園地も公園もない、ふつうの住宅地である。

これは、関西では「園」が住宅地も表す言葉として使われてきたからである。これらの駅周辺は、大正時代から昭和初期にかけて、私鉄が住宅地として開発したところ。当時、関西では、そういう新興住宅地に「園」をつけることが流行していたのだ。

■大阪の地下鉄には長い駅名が多いのはなぜ？

大阪の地下鉄は長い駅名が目立つことで有名だ。「太子橋今市」（谷町線）、「千林大宮《せんばやしおおみや》」（谷町線）、「野江内代《のえうちだい》」（谷町線）、「駒川中野」（谷町線）、「喜連瓜破《きれうりわり》」（谷町線）、「今福鶴見」（長堀鶴見緑地線）、「西中島南方《にしなかじまみなみかた》」（御堂筋線）あたりが、その代表だ。これらの〝4文字以上駅名〟は、今や大阪名物といってもよい。

大阪に長い駅名が増えたのは、1997年、谷町線の「四天王寺前夕陽ヶ丘」駅の誕生がきっかけとなったといわれる。

そもそも、この駅が開業されたのは、それより29年も前の1968年なのだが、当初の予定では「夕陽ヶ丘」駅となるはずだった。ところが、開業の2カ月前に突然、正式名は「四天王寺前」と発表された。

それに猛反発したのが、駅周辺の住民たち。昔ながらの地名を無視し、駅からかなり離れた四天王寺を駅名に使うことに反対の声が大きくなったのだ。

そこで、大阪市交通局は、苦肉の策として、「四天王寺前（夕陽ヶ丘）」駅とした。「夕陽ヶ丘」を（　）の中に入れ、車内放送では「してんのうじまえ　ゆうひがおか」とアナウンスするようになったのである。

しかし、住民は、そんな安易な対策に納得できず、その後も、「夕陽ヶ丘を正式な駅名に」と要望し続けた。そして、1997年に、ようやく現在の「四天王寺前夕陽ヶ丘」と改められたのである。

このトラブルを教訓に、交通局では、正式決定前に住民の意見を聞くようになった。すると、周辺住民の意見を聞けば聞くほど、短い地名にはまとめられず、周辺の地名を〝足し算〟した〝4文字以上駅名〟が増えることになったのである。

■広島や長崎で路面電車が健闘しているのは？

かつて東京や大阪の街を走っていた路面電車は、道路渋滞の原因とされ、じょじょに姿を消すことになった。

ところが今でも、路面電車が大活躍している地域がある。代表的なのは、広島と長崎である。なぜ、東京や大阪ですたれてしまった路面電車が、この二つの街では健在なのだろうか？

その理由は簡単。広島や長崎の路面電車は、便利で早くて安くて、確実だからだ。

第一に、なんといっても使いやすい。路線が市街地にくまなく張りめぐらされているから、路面電車を降りれば、行きたいところへすぐに到着できる。

本数が多いのも魅力。次々に電車がやってくるし、軌道敷に自動車が入ってこないから渋滞することもない。

これらの両市では、仕事の打ち合わせに向かうにも、人と会う約束をしているときも、路面電車がいちばん安全・確実な交通手段なのである。

さらに、庶民にとってありがたいのが料金の安さ。たとえば、長崎の路面電車の料金はわずか１２０円。それでいて、サービスは充実し、安全地帯には屋根がつき、雨風をしのげるようになっている。

東京や大阪でも、そんな路面電車が走っていれば、すたれることはなかったかも。

第Ⅱ部

世界で一番おもしろい日本地図

1 日本地図

日本の正確な地図は誰が作ってる？

日本の地図は、誰がつくっている？　といえば、地図を発行している出版社を思い浮かべる人もいるだろう。たしかに、日本地図から都市別の区分地図、ロードマップなどを作成し、販売しているのは、出版社である。

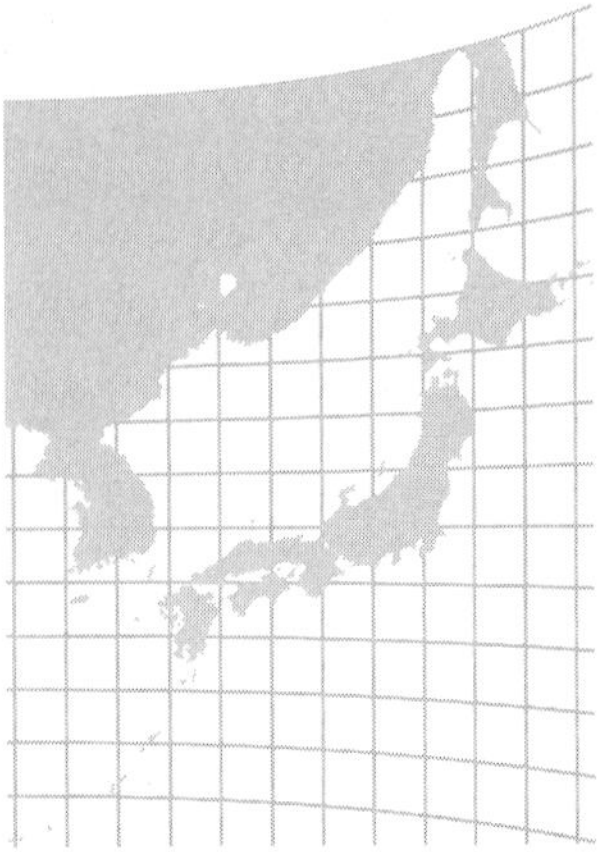

だが、市販されている地図の大半は、国の発行する地図を基に作成されている。その基となる地図を作成しているのが、国土交通省の国土地理院である。正確な地図を作成しようとすれば、その準備から作成までに、莫大な費用がかかる。また、さまざまな地図は、政府が国土を把握するために、どうしても欠かせないもの。そのため、どの国でも、地図づくりは国の事業なのである。

日本の場合、明治政府誕生の翌1869年、さっそく当時の民部省に、地理司戸籍地図掛が置かれた。そして、その19年後の1888年には、陸軍参謀本部に陸地測量本部が設けられた。これが、現在の国土地理院の前身である。当時は、欧米列強に対抗するため、富国強兵に励んでいた時代。地図づくりは、国防上の重要課題でもあった。

　第二次世界大戦終了後、地図の所管はようやく軍を離れ、内務省地理調査所へ移された。さらに、建設省地理調査所を経て、1960年、国土地理院となったのである。

2万5000分の1の地図何枚で日本列島になる?

国土地理院が発行する地図のうち、日本全土をカバーしているのは、5万分の1と2万5000分の1の地形図、そして20万分の1の地勢図である。

　これらの地図は、全国的に統一された基準によって、平面位置や高さが正確に表されている。むろん、日本の地形がもっとも詳細につかめるのは、2万5000分の1の地形図である。

　たとえば、5万分の1の地形図では、地形と主要道路、大きな建物がわかる程度だが、2万5000分の1の地形図なら、学校や神社、お寺、郵便局なども描かれている。

　しかし、日本がいくら小さな島国といっても、全国（陸地部分）をカバーしようと思えば、かなりの枚数が必要になる。

　じっさい、5万分の1の地形図で総計1291枚。2万5000分の1になると、じつに4344枚が発行されている。

おそらく、まだ誰もしたことはないだろうが、2万5000分の1の地図を北海道から沖縄県までしっかり並べれば、テニスコート半面ほどのスペースが必要になる。

地図の道路の縮尺はなんかヘンじゃない?

地図を見ていて、ふと疑問に思うことはないだろうか。たとえば、1万4000分の1の地図では、首都高は幅2ミリで描かれている。そこで、幅2ミリを1万4000倍してみると、なんと28メートルにもなる。実際の首都高は、それほど広くはない。つまり、地図の縮尺は道路に限っては、正確に描かれていないのである。


じつは、地図を作るときには、「対象の重要度と形態をよく考察し、重要度の高い事項を省略することのないようにする」というルールがある。

たとえば、山の頂上近くにある山小屋は、おおむね山麓の高台にある豪邸よりは小さいはずである。しかし、登山者をはじめ、地図の利用者にとって重要なのは、個人の豪邸よりも、万が一の場合、避難先ともなる山小屋である。

そんなとき、豪邸より、山小屋のほうが大きく描かれるのだが、道路も同様である。利用者がわかりやすいように、縮尺どおりではなくても、見やすく描くことになっているのだ。

たとえば、幅13メートルの道路を2万5000分の1の地図で縮尺どおりに書くと、0・

52ミリ幅となる。しかし、この場合は1ミリ幅の2本線で描くことになっている。

誰がどうやって県庁所在地を決めたのか？

全国に県が置かれたのは、1871年の廃藩置県である。だが、このときは、旧藩が3府302県に変えられただけなので、県の県庁所在地のほとんどは、旧藩の城下町が引き継がれたものだった。

その後、302県では多すぎるというので、1890年までに、現在とほぼ同じ1道3府43県に絞られたのだが、その間、旧城下町どうしなどで、激しい県庁所在地争いが繰り広げられた。

たとえば、長野県の場合、江戸時代には、松本、松代《まつしろ》、上田、諏訪、飯田などの小藩が乱立していた。そのため、新しい県庁所在地どころか、県の領域を決めるのでさえ大もめにもめた。

結果的に、各城下町は相打ち状態となり、善光寺の門前町だった長野市が選ばれ、漁夫の利を得たのである。この長野市のように、漁夫の利で県庁となったケースには、千葉市、大分市、宮崎市などがある。

また、神奈川県の横浜市も、もとは城下町ではなかった。黒船来航までは単なる寒村にすぎず、都市の格からいけば、小田原や鎌倉のほうが有力だった。ところが、諸外国との交易のために開かれた開港地だったことから、一躍、県庁所在地に抜擢されたのである。

この横浜市のように、開港地から県庁所在地に指定された都市に、神戸、長崎、新潟がある。

また、青森市は、北海道との連絡路として、札幌市は、開拓のための中心地として県庁所在地に選ばれた。

さらに、有力な候補地を押しのけて、県庁所在地になった例としては、福島市がある。この地方は、もともと23万石の会津《あいづ》藩が最大の藩であり、その城下町、会津若松が県内最大の都市だった。しかし、会津藩は、戊辰《ぼしん》戦争で新政府に徹底抗戦した朝敵。それゆえに、県庁所在地からははずされ、わずか3万石の城下町だった福島市に決められた。

会津若松市と同様に、朝敵、あるいは幕末まで佐幕派だったという理由で県庁所在地になれなかった市には、山形の米沢市、岐阜の大垣市、滋賀の彦根市がある。

また、有力候補の二都市が、がっぷり四つに組んで争ったケースもあった。前橋市と高崎市の一騎討ちとなった群馬県である。最初に県庁に選ばれたのは、高崎市だったが、高崎市には県庁舎にふさわしい建物がなかった。高崎城跡は、陸軍の駐屯地となっていて使えず、お寺を仮庁舎としたものの手狭で評判が悪かった。

そのため、新しい建物ができるまでの間という約束で、前橋城跡に県庁が移された。このスキに、前橋市はすさまじい誘致運動を展開。一転、前橋市が県庁に決定したのである。あわてた高崎市は奪回運動を繰り広げたが、高崎市に県庁が戻ってくることはなかった。

もっとも、現在の県庁所在地は、有力候補がそのまま昇格したケースが一番多い。茨城県の水戸市、宮城県の仙台市など、多くがそうである。

地図と実際の道路でカーブの数が違うのは？

急カーブの続く山道の運転は、ベテランドライバーでもひやひやするもの。事前にロードマップなどで、急カーブの有無を調べておきたいところだが、地図と実際では大違いということもある。現場に行ってみると、思った以上に急カーブの連続で驚かされることがあるのだ。たとえば日光のいろは坂は、地図に描かれているよりも、はるかにカーブの数が多い。

もちろん、それは間違ってそうしているのではなく、それも、地図をわかりやすくするための工夫なのである。

専門的には「総合描示」（略して総描と呼ぶ）という。

これは、縮尺どおりに縮小してしまうと、細かくなりすぎてかえってわかりづらくなるため、その特徴をそこなわないようにしながら、全体の感じを総合的に描く描法のことである。

道路の急カーブや山の等高線を、実際のとおりに描くと、かえってわかりづらくなってしまう。だから、急カーブなら、あえてカーブの数を減らして、そこに「急カーブがある」ことをわかりやすく伝えようとしているのである。

ロードマップで、急カーブがいくつか描かれていたら、「急カーブがもっと連続している可能性もあるな」と思ったほうがよい。なかには「急カーブ多し」と、わざわざ書き入れている地図もあるけれども。

国土地理院の地図は、どんな〝紙〟でできている？

国土地理院作成の地図は、全国の日本地図センターなどで購入できるが、その地図には、それを証明する三角点の透かしが入っていることをご存じだろうか。

地形図の上端と下端に、２カ所ずつ、紙幣のように透かしが入れられているのだ。その三角点の透かしは、一辺15ミリメートル、線幅０・５ミリメートルの正三角形の中心に、直径１・５ミリメートルの点を入れたもの。１９５５年から採用され、国土地理院の地図には特別な用紙が使われているという証になっている。

地図上で正確な位置や距離を測定するため、もともと地図用紙には、伸縮が少ないという性質が求められる。

明治時代初期は、紙幣を印刷していた大蔵省印刷局抄紙部で作られ、原料は紙幣と同じく、ミツマタ１００パーセントの手漉《てす》きの和紙だった。現在は、紙を劣化させる原因物質を取りのぞき、繊維だけを取り出した化学パルプから作られている。

国土地理院製の地図は、そういう伸縮しにくい特殊用紙でできているということを示すためもあって、三角点の透かしを入れ、一般の地図と区別しているというわけである。

地図にジェットコースターの記号も載っている？

遊園地は、子どもも大人も夢中になれる場

所だけに、どんな地図にも載っている。なかには、遊園地内のジェットコースターや鉄道まで記載されている地図もある。

たとえば、国土地理院発行の2万5000分の1地形図には、富士急ハイランド、エキスポランドの大型ジェットコースターや、東京ディズニーランド内の鉄道のレール位置が記載されている。

その場合、レールの存在を示すために「特殊鉄道」の記号が用いられている。「特殊鉄道」は、貨物輸送などのための専用鉄道のことで、おもに砕石場や伐採場に通じる産業用鉄道や登山専用鉄道などを表している。

つまり、地図上では、ジェットコースターは「特定地区内の鉄道」と見なされていることになる。

もっとも、同じジェットコースターでも、小規模のものは載っていない。小規模のものまで記載すると、ごちゃごちゃとして、かえって地図が見にくくなってしまうからである。

わかりやすさを最優先するという地図作成の原則にのっとって、小規模のジェットコースターは省略されているというわけだ。

伊能忠敬以前にはどんな地図を使っていたか？

昔の日本地図といえば、伊能忠敬《いのうただたか》の『大日本沿海輿地《よち》全図』を思い起こす人が多いだろう。日本全国の沿岸を歩いて測量し、江戸時代としては驚異的な正確さを誇る地図だ。

それだけに、この地図を日本最初の地図と思っている人もいるかもしれないが、それ以前、日本にまったく地図がなかったというわけではない。

たとえば、奈良時代の昔から、各地の荘園で開田図がつくられていた。見取り図のような絵地図で、必ずしも正確なものではないが、現在、正倉院にある751年作成のものが、現存するなかでは、もっとも古い地図とされている。

また、1582年に日本を出発した遣欧《けんおう》少年使節団は、ポルトガル語に翻訳した日本地図をヨーロッパに残してきている。その地図こそ、当時の日本で広く使われていた「行《ぎょう》基図《きず》」である。

行基図は、もとは平安時代に作られた日本地図で、以降、江戸時代まで何枚も書き直されている。

現存しているもので、もっとも古いとされているのは、鎌倉時代後期の1305年に作成されたもの。京都の仁和寺に保存されている。

行基図の名は、奈良時代の高僧、行基に由来するが、彼が日本地図を作成したという記録はない。そのため、行基が全国をまわって、地域の開発に尽くしたという伝説から、日本地図のことをそう呼ぶようになったと考えられている。

また、この行基図には、九州、四国、本州しか描かれていない。当時の沖縄は琉球《りゅうきゅう》という独立国であり、北海道は中央政権の力の及ばない土地だった。だから、これらの土地は、当時の日本地図に含まれていないのである。

さらに、実地測量をしていないから、形はひどくいいかげんである。

楕円形で描いた各地方をいくつもつなぎ合わせたようなもので、正確さではかなり適当な地図だった。

しかし、それでも、それぞれの国の位置関係はわかるので、戦国時代の武将らにとっては、貴重な地図だった。

地図記号は世界共通か？

地図記号は、学校が「文」、寺が「卍」と、子どもにも覚えやすい。

ところが、小学校で習った地図記号をしっかり覚えていても、残念ながら外国の地図には応用できない。

そもそも、学校の「文」や寺の「卍」という記号は、日本独自のもの。地図記号に世界共通のものはなく、各国でそれぞれ異なった記号が用いられているのだ。たとえば、仏教国タイの寺の記号は、タイの僧院の形を模したものが使われている。

日本の郵便局は「〒」で表されるが、これは、逓信《ていしん》省の「テ」を図案化したもの。アメリカの郵便局は、シンボルマークとして使われているワシのマークで表されるし、ヨーロッパには封筒を図案化したマークを使っているところもある。やはり、国によって違うのだ。

また、オランダには水車や風車の地図記号があるし、ドイツにはビールの原料となるホップ畑の記号もある。

というように、地図記号は、その国の実情に応じて、実物が連想しやすいように、工夫してつくられているのである。

消防署の地図記号がどうして「Y」なの?

江戸時代までの地図は、城やお寺、神社などがみんな絵で描かれていた。それが、明治時代になって、いまのような記号で描かれるようになった。その地図記号は、小学生でもわかるような、使いやすいものでなければならない。そのため、建物の形や、使われている道具を図案化して、記号がつくられた。

たとえば、使われている道具を図案化したものには、警察署や消防署がある。警察署の「⊗」は、お巡りさんが持っている警棒を重ねた図である。また、消防署の「Y」は、消火活動に使う「さすまた」という道具をそのまま図案化したものである。

日本の地図記号はなぜお役所中心?

イギリスの地図記号には、「駐車場」や「見晴らしのいい場所」、「公衆電話」、「公衆便所」などもある。その代わり、お役所関係の記号はほとんどない。市庁舎ぐらいはあっても、税務署など他のお役所は、ことごとく無視されている。

反対に、日本の地図記号はお役所が中心となっている。

市役所にはじまって、検察庁、裁判所、警察署、消防署、保健所、さらに、営林署、測候所など、一般の人が一生に一度も行きそうにないお役所まで、記号化されている。

そのうえ、特定の記号のないお役所用に、

「官公署」という記号まで用意している。

一方、民間の施設で地図記号があるのは工場くらい。電報電話局や専売公社は、民営企業になったとたんに地図記号が廃止されてしまったほどである。

国土地理院がつくる地形図が、一方で「官庁案内図」とか、「お役所のお役所によるお役所のための地形図」と陰口を叩かれるのは、そのせいである。

日本で一番山の少ない都道府県名は？

日本で一番山の少ない県は？　これがナゾナゾなら「山梨県！」という答えでＯＫだろう。だが、山が山ほどある日本にも、高い山がまったくない県がある。しかも、県境にも山は一つもなく、すべて川が県境になっているという県があるのだ。

答えは、千葉県である。

千葉県は、関東平野の南東部にあって、平野となだらかな丘陵からなる房総半島を県域としている。高い山はまったくなく、もっとも高い山でも、標高わずか４０８メートルの愛宕山《あたごやま》。３００メートル以上の山でさえ数えるほどしかなく、全国広しといえども、５００メートル以上の山がないのは千葉県だけである。

また、千葉県は、茨城県との県境には利根川が流れ、東京都、埼玉県との県境には江戸川が流れている。県境には高い山がそびえていることが多いのだが、北海道と沖縄県を除けば、唯一、千葉県だけが県境に山がない。

千葉県に次いで高い山がないのは沖縄県。

県内でもっとも高い山は、石垣島にある於茂《おも》登岳《とだけ》の526メートル。沖縄本島にかぎれば、503メートルの与那覇岳《よなはだけ》である。

また、京都府でもっとも高い山は、972メートルの皆子山。大阪府でもっとも高い山は、959メートルの葛城山《かつらぎさん》で、千葉県、沖縄県、京都府、大阪府の四府県には、1000メートルを超える山がない。

日本国内で海からもっとも遠い場所はどこ?

「日本国内で、海からもっとも遠い場所はどこか?」——この問題、日本地図を思い浮かべてみると、案外答えに迷うのではないだろうか。

まず、北海道は広いので、その中心ともなれば、海からはかなりの距離があるように思える。その一方、海に面していない県というのも捨て難い。海に面していない県は、全部で8県あるが、なかでも長野県、群馬県あたりが本命に思えるかもしれない。

さて、正解だが、北海道は広くても星のような形をしているため、海からの距離は内陸部でも意外に近い。では、長野県と群馬県では、どちらが海から遠いかというと、群馬県境寄りの長野県である。

そこに、佐久市臼田《うすだ》という町がある。そこが、日本国内で海からもっとも離れた地点なのだ。

そこからもっとも近い海岸は、太平洋だと神奈川県小田原の相模《さがみ》湾で、日本海だと新潟県上越市。それぞれ直線距離にして、約115キロある。

群馬県側に行くと、相模湾か、日本海までの距離がほんのわずか近くなる。

日本で一番水量の多い湖はどこ?

世界で一番広い湖が、カスピ海であることは、ご存じの人が多いだろう。このカスピ海の面積、なんと日本の面積と同じぐらいなのである。世界のスケールのすごさを感じさせるではないか。ちなみに、日本一広い琵琶湖も、このカスピ海には５５８個も入ってしまう。

それでも、６７０平方キロメートルの琵琶湖は、日本の湖のなかでは群を抜いて大きい。第２位の霞ヶ浦の約４倍もある。

水量についても琵琶湖が日本一だが、２位以下は大きく順位が変わる。水量は、広さと深さを掛け算しなければならないが、広さ第2位の霞ヶ浦の最大水深は12メートルでそれほど深くない。

琵琶湖についで水量第2位の湖は、北海道の支笏《しこつ》湖である。広さでは第8位だが、最大水深が360メートルで第2位。東京タワーも沈む深さを誇っているのである。

水深がもっとも深い湖は、秋田県の田沢湖で、最大水深は423メートル。だが、田沢湖は広さが19位で、水量では支笏湖に及ばない。

日本に「雪国」はどれくらいある?

「国境の長いトンネルを抜けると、雪国だった」といえば、川端康成の名作『雪国』の冒頭の一文である。

この小説を読んだことのある人なら、その雪国が越後湯沢を指していることをご存じだろう。

一方、『雪国』を読んだことのない人には、さまざまな雪国の光景が思い浮かぶはずである。では日本国内で雪国と言えるところは、どれぐらいあるのだろうか。

国土交通省の指定によれば、「雪国」とは、2月の最大積雪深の年平均が50センチを越えるところとなっている。

これに従えば、北海道のほぼ全域から、本州の日本海側のほとんどが含まれ、じつに全国の53%が雪国となる。つまり、北海道はもちろんのこと、東北地方から北陸地方、長野県や岐阜県の北部、さらに、山陰の日本海側も、雪国なのである。

日本百名山に選ばれた山がいちばん多い県は？

「日本百名山」が選ばれたのは、東京オリンピックの開かれた1964年のこと。といっても、観光客目当ての宣伝を目的としたものではなかった。登山家の深田久弥が、自ら登った山の中から、名山と呼ぶにふさわしい山を選び、『日本百名山』という本で紹介したのである。

現在でも、登山愛好家には、深田の紹介した〝百名山〟の制覇を目標にしている人が少なくない。

では、その「百名山」に選ばれた山が、もっとも多い県はどこかおわかりだろうか。答えは、長野県。30もの山が、県内か県境に位置している。

これは、選者がとりわけ〝長野ビイキ〟だったからではない。深田は、選んだ基準について、次の三点をあげている。

一つは山の品格。「近寄りがたい厳しさがあり、強さと美しさを兼ね備えた人の心を打つものがある山」。

二つめは山の歴史。「古くから開かれ、仰ぎ見られ敬われるような存在の山」。

三つ目が山の個性。「その姿や自然の景観、伝統から個性豊かな山」。

これらの基準を満たした山が、日本アルプスを擁する長野県内には多数そびえているのだ。

そして、深田の選定に納得する人が多いからこそ、半世紀近くたった今でも、「日本百名山」として親しまれているのだろう。

富士山の「表」と「裏」はどうやって決めた？

日本一の山である富士山には、「表」と「裏」がある。静岡県側から見る富士を「表富士」、山梨県側から見る富士を「裏富士」と呼ぶのだ。

富士山に登るには、富士宮口、御殿場口、河口湖口などいくつかのルートがある。表富士側の富士宮と、裏富士側の富士五湖周辺を比べると、華やかでにぎわいがあるのは富士五湖側のほう。富士五湖は富士山周辺最大の観光名所であり、河口湖口や吉田口からの富士登山道は、もっともポピュラーなルートでもある。富士への表玄関という意味で考えれば、こちらを表富士と呼んでもよさそうだ。

ところがそうはならないのは、こういう場合の裏と表は、北か南かで決まるから。

かつて、日本列島の太平洋側を「表日本」、日本海側を「裏日本」と分けて呼ぶことがあったが、その場合も裏日本は、山陰から北陸、新潟あたりまでの北側を指し、表日本は関東から近畿にかけての南側部分を意味した。

同様に、富士山も、北側となる富士五湖一帯が裏富士となり、南側となる箱根や御殿場が表富士となる。

フォッサ・マグナの「フォッサ」って、どういう意味？

日本列島は、本州の中央付近で東西に〝分断〟されている。といえば、「フォッサ・マグナのことだな」とピンとくる人も多いだろう。では、その「フォッサ・マグナ」とは、

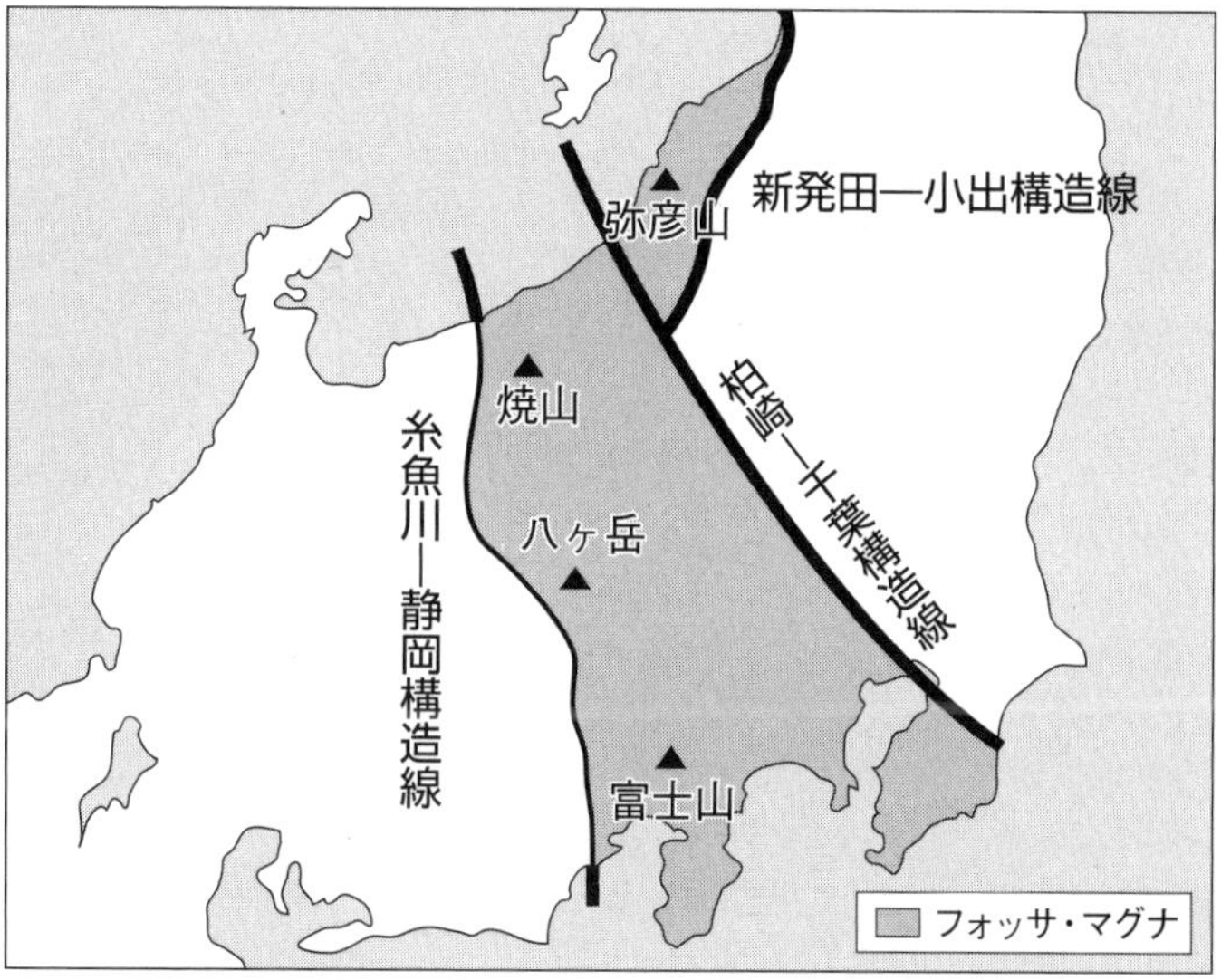

どういう意味かご存じだろうか。

日本語では「大地溝帯」と訳されるこの言葉、本来はラテン語で、フォッサは「割れ目」、マグナは「大きな」という意味である。

明治の初めに日本を訪れたドイツの地質学者、エドムント・ナウマンが最初にこの地溝帯を発見し、「フォッサ・マグナ」と命名した。

日本列島は、5億年前までは海底にあった。その後、地殻変動によって隆起し、さらに断層運動が繰り返された結果、本州の中央部に巨大な割れ目が生じた。その割れ目によって生まれたのが、3000メートル級の山々の連なる日本アルプスである。陥没の反動で、その西側が大きく隆起したのである。

ちなみに、フォッサ・マグナといえば、糸魚川から松本、諏訪、静岡を結ぶ「糸魚川―静岡構造線」と混同している人が少なくない。

だが、厳密にいうと、両者は別物である。フォッサ・マグナは線ではなく「面」を表すもので、その西端が「糸魚川―静岡構造線」となる。

日本三景は、どうやって決まった?

日本三景とは、よく知られるように、宮城県の松島、京都府の天橋立、広島県の宮島をいう。では、この日本三景は、どのように選ばれたのだろうか。

これは、江戸初期、儒学者として有名な林羅山の息子の林春斎という人物によって選ばれたもの。春斎は、心の休まる場所を求めて、全国の名所旧跡を歩き回った人物。彼は1643年、『日本国事跡考』という書を著し、「三処の奇観」として紹介し、「日本の中で最も勝れたる景色」と誉めあげた。そこから、この三景は観光名所として知られるようになり、江戸時代後半、旅行者が増えるとともに人気スポットとなっていった。

日本三景といえば、役所が制定したか、よほどの著名人が絶賛した名勝地かと思う人もいるだろうが、意外にも、現代ではあまり知られていない学者が一人で選んだ名勝地なのだ。

どうして日本の国土面積は年々増えてる?

都道府県の中で、もっとも面積が狭いのはどこだろうか? そう問われて「大阪府」と答える人は、中年以上の人に違いない。たしかに、1960年代までは、大阪府の面積が最小だった。

ところが、70年代以降、大阪府の面積は61平方キロメートルも広くなり、１８７６平方キロメートルの香川県を23平方キロメートル上回って、最下位を脱出。そのため、現在、もっとも小さい県は、香川県なのである。

もっとも、全国で面積が増えたのは、大阪府だけではない。千葉県、愛知県、東京都、福岡県、兵庫県、神奈川県と、大都市を抱える都府県で面積が増えている。

むろん、それらの都府県で、新たな陸地が隆起したわけではない。いずれも、海を埋め立てた結果、面積が広くなったのだ。その多くは、都市から排出されるゴミで埋め立てられたゴミの島である。

１９６０年代と比べ、もっとも面積が増加しているのは千葉県。ゴミの埋め立て地を中心に、１２０平方キロメートル以上も広がっている。これは、東京都練馬区の２・５倍以上に相当する面積だ。

日本の国土は、世界的に見て広い？ 狭い？

総面積約37・8万平方キロメートルの島国日本は、世界地図ではずいぶん小さく見える。私たち日本人にも、「日本は狭くて小さな国」と思い込んでいる人が多いようだ。

しかし、数字で面積を比較してみると、じつは、日本より小さな国の数は、日本より大きな国の数よりもはるかに多いのである。

たとえば、１９３の国連加盟国のうち、日本より小さい国は１３２カ国におよぶ。世界全体で見ると、日本の面積は、１９３カ国中堂々の61位。決して小さな国ではない。

旧ソ連を除いたヨーロッパの国々を見ても、日本より大きな国は、スウェーデンとフランス、スペインの3カ国だけである。

さらに、オランダやスイスになると、北海道の半分ほどの大きさしかないし、ルクセンブルクは愛知県の半分しかない。

また、アジアでも、日本より大きな国は、中国、インドのほか、アフガニスタン、イラク、イラン、タイ、トルコなど38カ国中13カ国。フィリピンやベトナム、マレーシアなどは日本よりも小さく、日本はアジアの中でも、決して小さな国ではないのである。

千島海流は、どうして「親潮」と呼ばれるのか?

日本列島の太平洋側を北から南へ流れる寒流は、「千島海流」と名づけられている。千島列島方面から北海道東部沖、東日本沖へと流れてくるため、そうネーミングされたのだが、一般には「親潮」の方がなじみ深い。「親潮」という名は、もともと漁師の間から生まれ、とりわけ北海道の人々の間で親しまれてきた呼び名である。

親潮は、酸素や栄養分が豊富で、プランクトンや海藻がよく育つ。魚もよく育つし、種類も多くなって、漁師にとっては絶好の漁場となる。そこで、たくさんの魚を育ててくれる潮の流れということから、「親潮」と呼ばれるようになった。

一方、太平洋岸を北上する暖流の「日本海流」は、通称「黒潮」と呼ばれている。これは、動物プランクトンが多く、この海流が流れているところは、海水が黒っぽく見えると

ころから、そう呼ばれるようになった。これに対して、植物プランクトンの多い親潮は、海水が緑がかって見える。

山の形はどうやって決まるのか?

山の形が異なるのは、隆起した量や浸食された量の違い、また、山地を構成する岩石の違いなどが原因になる。

たとえば、甲府盆地をへだてて向かい合う南アルプスと奥秩父の山並みは、地質構造的にはよく似ている。

ところが、奥秩父は約800〜500万年前に隆起している。約100万年前から隆起した南アルプスより、400万年以上も長い間、雨や水の流れによって浸食されてきた。

そのため、地質構造的には似ていても、奥秩父は、南アルプスに比べて、ずっと低くなだらかな形になっている。

また、北アルプスの常念山脈の場合は、燕岳から常念岳までの地質は花崗岩であり、その分、2857メートルの常念岳は、三角錐の鋭い形をしている。ところが、常念岳と蝶ガ岳の鞍部2460メートルからは、泥岩や砂岩がおもになる。すると、山容は一変し、なだらかな形の山となる。

どうして東日本に大きな川が集中している？

山がちな地形の日本には、数多くの川が流れている。その多くの川のうち、日本でもっとも長い川をご存じだろうか。

河川の長さでは、1位が信濃川（367キロメートル）、2位が利根川（322キロメートル）、3位が石狩川（268キロメートル）の順である。

では、流域面積の順ではどうなるかというと、順位が入れ替わり、1位が利根川（1万6840平方キロメートル）、2位が石狩川（1万4330平方キロメートル）、3位が信濃川（1万1900平方キロメートル）となる。

流域面積が広いということは、それだけ多くの支流があり、周囲の地域におよぼす影響が大きい川といえる。なお、4位以下は、北上川、木曽川、十勝川、淀川、阿賀野川、最上川、天塩《てしお》川と続く。

というように、上位の川は、ほとんど東日本を流れる川で占められている。

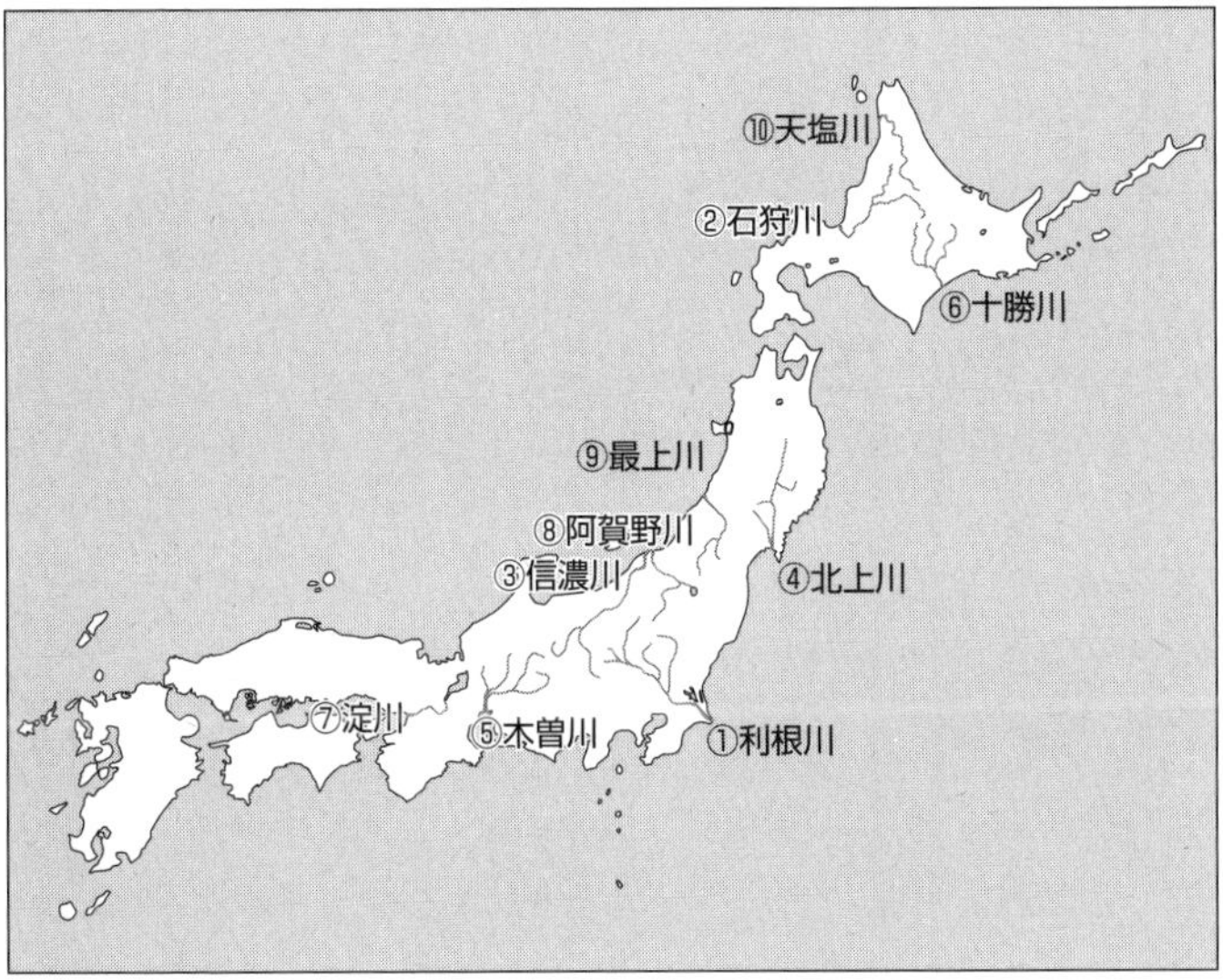

これは、東日本のほうが山が高く、陸地の幅が広いため。その分、東日本の川は本流にそそぐ支川の数が多くなり、流域面積も広くなるというわけ。

西日本では、大阪湾へそそぐ淀川が、長さでは50位以内にも入っていないが、流域面積では7位にランクされているのが目立つぐらいである。

「雨」のつく山の名前が多いのはどうして？

「雨山」という名の山は、神奈川県や和歌山県、大阪府など、全国に5カ所ある。

「雨乞山」になると、福島県、静岡県、岐阜県、和歌山県、岡山県、愛媛県など、全国に20カ所。

「雨降山」も、福島県や群馬県、長野県、島根県など全国に5カ所。

さらに、「雨塚山」（宮城県）、「雨森山」（愛媛県）、「雨吹山」（熊本県）など、雨のつく名の山が全国各地に点在する。

これは、雨水が、大昔から人々が生きていくために欠かせない自然の恵みであったことの証拠といえる。

じっさい、古代の人々は、神々は山に宿ると信じ、日照りが続くと、山に向かってひたすら祈り、雨乞いをしたのである。

現在のようにダムをつくる技術はなく、灌漑すら知らなかった時代、人々は大地を潤す雨を降らせてもらうため、ひたすら「山の神」にすがるしかなかったのだ。

そうした人々の切実な願いが、「雨乞山」や「雨降山」という山名に表され、今に残っているのだ。

日本に南十字星が見える場所はある？

南半球にある、オーストラリアやニュージーランド、ブラジル、パプアニューギニア、サモアといった国々の国旗は、南十字星をあしらったデザインとなっている。

南十字星は、全部で88ある星座のうち、もっとも小さい星座だが、古代から航海の目印とされてきた重要な星座である。南半球へ旅した日本人は、たいてい夜空に南十字星を探すものである。

ところが、南半球まで行かなくとも、日本でも南十字星が見られるということをご存じだろうか？

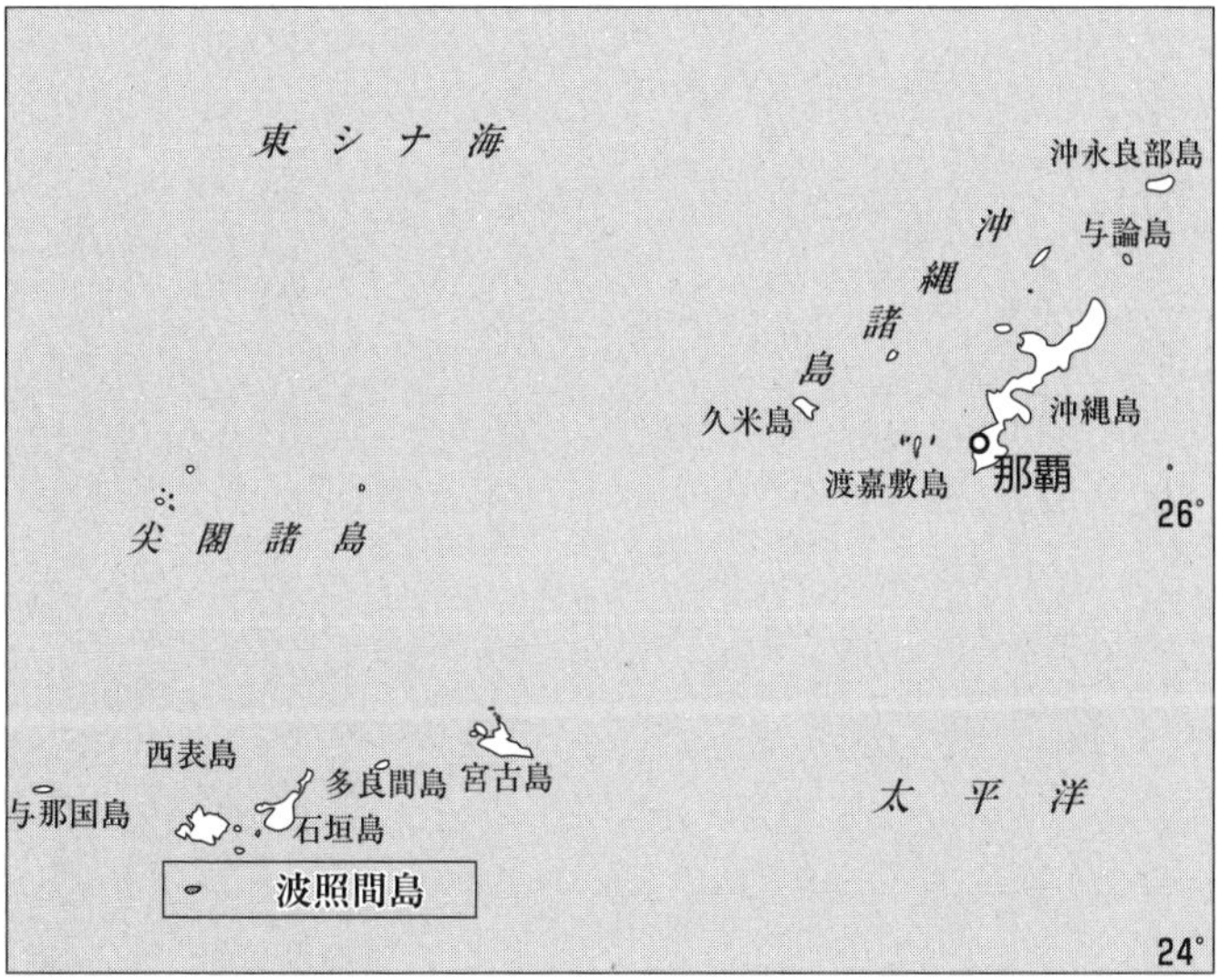

有人の島としては日本最南端の波照間島《はてるまじま》で見ることができるのだ。

波照間島は、石垣島から飛行機で25分、高速艇で60分のところにある。

北緯24度2分にあるこの島は、ジェット気流の影響を受けにくいため大気が安定し、街灯などの人工的な明かりも少ないことから、観測が可能なのだ。

石垣島からは、波照間島へ南十字星を見に行くツアーも出ている。

ただし、見られる期間は、初夏の一時期だけである。

しかも、水平線のすぐ近くに現れるので、雲のない晴れ渡った日でないと見ることはできない。

ちなみに、この波照間島では、全天88星座のうち84星座を見ることができる。

❷ 北海道・東北

北海道のオホーツク海沿岸に湖が並んでいるのは？

北海道の地図で、北東部のオホーツク海沿岸を見ると、北から、コムケ湖、サロマ湖、能取《のとろ》湖、網走《あばしり》湖、藻琴《もこと》湖、濤沸《とうふつ》湖と、いくつもの湖沼が並んでいるのがわかる。

もちろん、これらの湖沼地帯は、長い年月をかけてできあがったもの。少なくとも、1万年前にはさかのぼるとみられる。

いまから1万年前というと、氷河期の終わりにあたる。世界中で氷河が溶けて、オホーツク海の海面も、今より上昇していた。そのため、海水が陸地へ侵入し、沿岸に多数の入り江ができた。やがて、川の流れや海の波によって入り江に堆積物が運ばれて、州ができ、入り江の入口が閉じられていった。その結果、

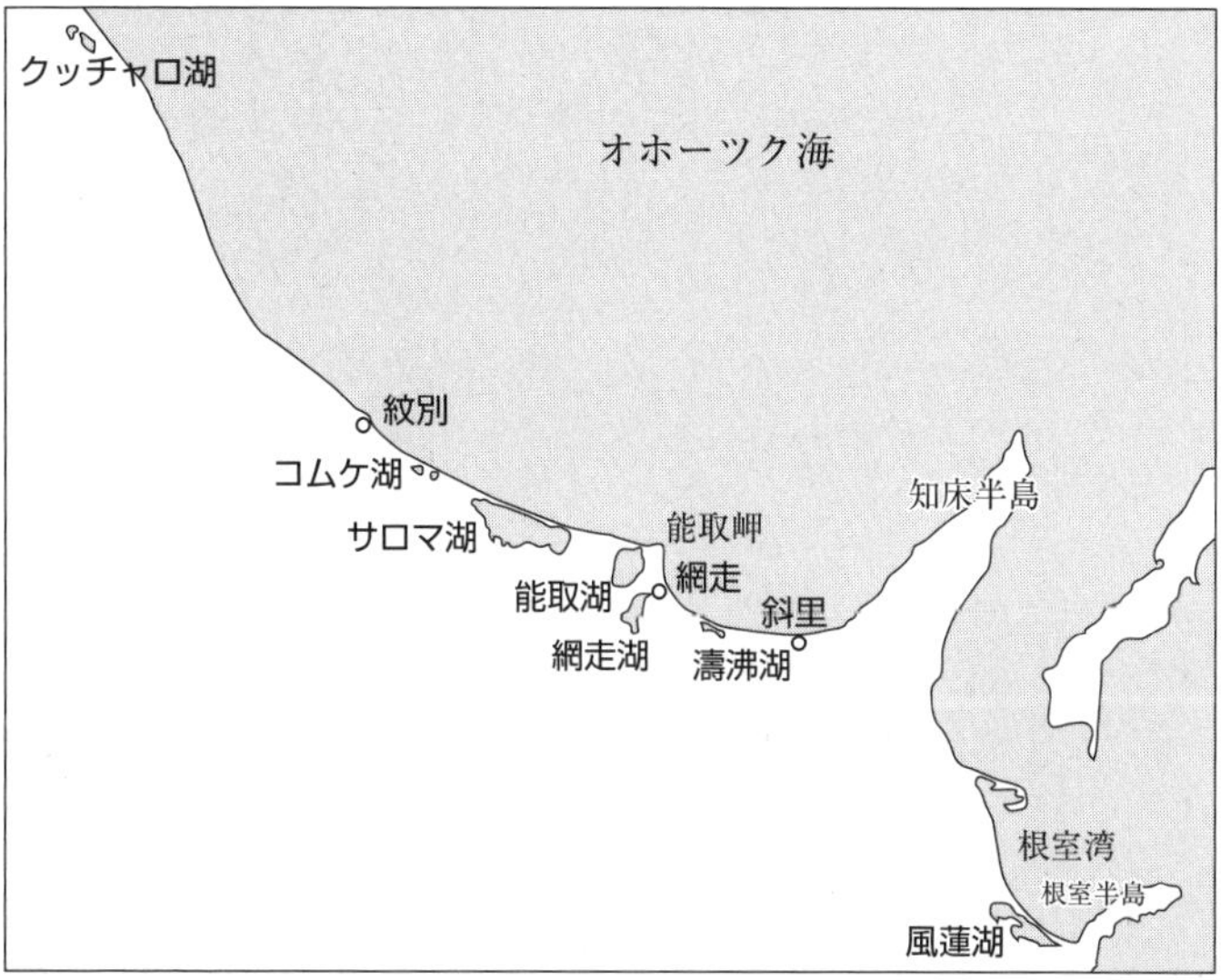

海に面してたくさんの湖沼が連なるような地形ができたというわけである。こういう湖を「海跡湖」という。

ちなみに、こうした地形変化によって、棲息する貝の種類が変わってきたことも、調査によって明らかになっている。たとえば、網走湖では、入り江だったころには、アサリが棲んでいたが、その入口が閉じられると、カキが増えていった。やがて、陸地の隆起によって、淡水と海水が混じり合うと、シジミの天下となり、完全に淡水化した現在では、ヌマガイが棲んでいる。

北海道で酪農が盛んになった理由とは？

北海道に牧場が多いのは、もちろん土地が

広く、気候、風土が合っていたからだが、じつはもう一つ、見逃せない理由がある。

それは、明治時代の北海道では、米食よりも、パン食が推奨されたことである。

明治の初め、政府は、気候の厳しい北海道では、米の栽培は難しいと考えた。そこで、1871年、アメリカから酪農技術者を呼びよせ、欧米式の畑作や酪農を教えてもらうことにした。

このとき、最高顧問として来日したのが、ホーレス・ケプロンという人物。彼は、北海道の気候や土壌、人々の暮らしを研究し、翌年、明治政府に対して、食生活を改善するための意見書を提出。そのなかで、「パン食を中心にして、牛乳や肉など栄養価の高い食物をとりなさい」という提案をした。これがきっかけで、北海道では、積極的に洋食が奨励されるようになる。こうして、洋食が広がり、米作りより欧米風の酪農に力が入れられるようになったのである。

オホーツクの流氷は、どこからやってくる?

オホーツク海に面した網走や紋別では、12月中旬になると、漁師たちが漁船を陸に揚げてしまう。

新年早々にもやってくる流氷で、傷つけられるのを防ぐためである。

流氷がやってくると、沖合い数キロまで氷の海となり、町全体が冷蔵庫にでも入っているかのように冷え冷えとしてくる。その一方で、流氷は観光客を引き寄せる観光の目玉にもなっている。

そもそも、流氷は、はるか遠方で海水が凍りついたもの。海水は、零下2℃まで冷えたときに凍り、それが氷の塊となって、季節風や海流に乗って南下してくる。

ただし、ロシアのアムール川河口付近では、もっと〝高温〟でも海水が凍りつく。川の水が海に流入し、海水の塩分の濃度が低くなっているためだ。塩分濃度が低くなるほど、凍る温度は0℃に近づくので、真水の混じる河口付近の海水ほど凍りやすくなる。このアムール川の河川付近の水が、風と海流に運ばれて流氷として北海道の沿岸まで南下してくるのである。

1月になると、はるかロシア領から流れてきた大小無数の氷の塊が漂い、接岸と離岸を繰り返す。

やがて、その氷の塊が合体しあって氷原となり、沖合数キロにもおよぶ氷の海となるのである。

十勝地方がワインの名産地になったのは？

本場のフランスを筆頭に、イタリア、ドイツ、アメリカ、オーストラリア、チリと、いまや外国産のワインは数多くの国から輸入されている。

しかし、こうした輸入ワインに対抗して、根強い人気を誇っているのが、北海道池田町の十勝ワインである。

1961年にブドウの栽培からはじめた〝新参者〟にもかかわらず、その後、ルーマニアやハンガリーなどで、数々の賞を受賞。70年代初めには、ヨーロッパ・ワインにも負けないほど、質の高いワインを完成させた。十勝の池田町が、これほど短期間にワインの名産地になったのは、丸谷金保《かねやす》という町長の存在が大きかった。

もともと、池田町は冷害がひどく、過疎化の道をたどっていた。1952年には十勝沖地震に見舞われ、しかもその後2年間にわたって凶作が続く。町の財政はいよいよ悪化し、住民には札幌などほかの都市へ出ていく家族が目立ちはじめた。

そこで、町をなんとか活性化させたいと、町民の先頭に立ってワイン作りに取り組んだのが丸谷町長だった。

町役場と町民が一体となって、海外視察や寒冷地でも育つブドウの品種開発などの試行錯誤を繰り返し、10年足らずで、世界に誇れるワイン作りに成功したのだった。

「北海道が本州の南にある」ってどういうこと?

「北海道が本州の南にある」

そういわれても、ピンとこない人が多いに違いない。日本人の常識では、北海道は、本州の北にある。だが、手元に地図があれば、もう一度、よく見てほしい。北海道の最南端は、本州の最北端よりも、わずかながら南に位置していることがわかるだろう。

北海道の最南端は、白神岬である。世界最長の海底トンネルとして知られる青函《せいかん》トンネルは、この白神岬の近くと青森の竜飛《たっぴ》崎を結んでいる。しかし、青森側の出入口である竜飛崎は、本州の最北端ではない。

本州の最北端は、竜飛崎のある津軽半島で

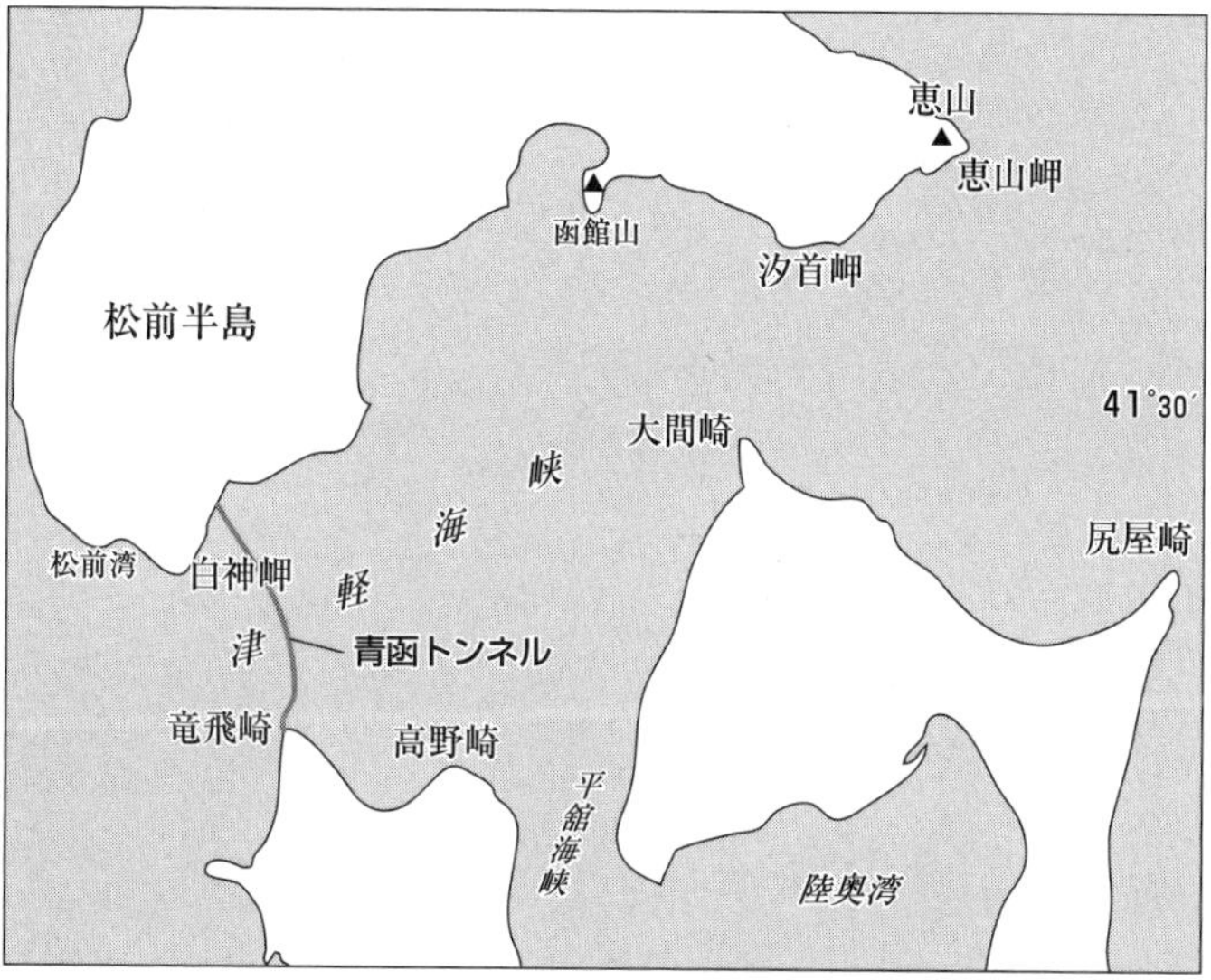

はなく、もう一方の下北半島にある。マグロの一本釣りで有名な大間《おおま》崎で、北海道最南端の白神岬より15キロも北に位置している。そのため、北海道はごく一部ながら、本州よりも南にあるといえるのである。

突然現れ、突然消える〝幻の湖〟のカラクリは？

「北海道の屋根」といわれる大雪山だが、じつは「大雪山」という名の山はない。北海道の中央部にそびえる火山の集まり全体を「大雪山」と呼んでいるのだ。その中に、〝幻の湖〟で有名な「白雲岳」がある。

毎年、5月になると、白雲岳の火口に湖が現れる。ところが、6月中旬には、その湖は忽然と姿を消してしまい、火口の底には、直径約300メートルの平らな地面が広がるだけになる。

わずか1カ月余りしか出現しないその湖は、昔から「幻の湖」といわれてきたが、その秘密のカギは「凍土」が握っていることがわかってきた。

大雪山周辺は、北海道でも、とくに寒さの厳しいところ。冬には雪に覆われて、地中深くまで凍ってしまう。ところが、春になると、雪解け水が火口の底にたまりはじめる。すると、火口の底が凍っているぶん、ほかよりも水がたまりやすく、突然、湖が出現することになるのである。

しかし、このたまった水は、地中の凍土をじょじょに溶かしていく。すると、たまっていた水は、火口の底に吸い込まれて、湖は突然姿を消すというわけである。

北海道に「別」「内」のつく地名が多いのはなぜ?

北海道の地名は独特である。北海道を初めて旅する人は、その地名の不思議な響きからも北の大地に来たことを実感するものである。

北海道でとくに目立つのは○○別、○○内という地名や駅名。根室《ねむろ》本線の帯広・釧路《くしろ》間には21の駅があるが、そのうちの九つが○○別または○○内という駅名である。

この「別」と「内」はともにアイヌ語に由来する。別は本来はpetと発音するのだが、これが日本語にはなじみのない音なので、「別」の字が当てられ、「ベツ」と読まれている。「内」はナイだがネーまたはネと訛り、「根」

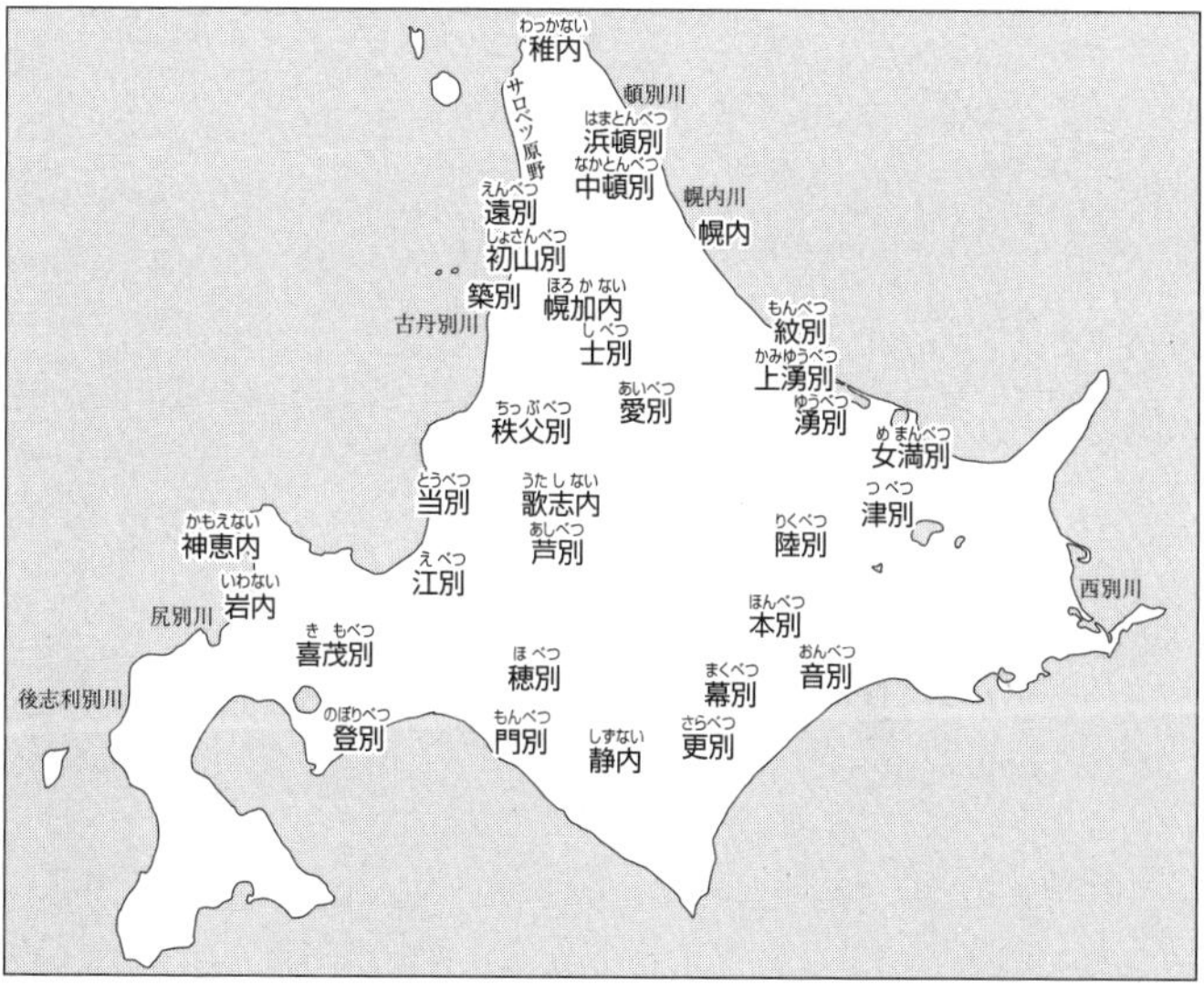

の字が当てられることもある。

　その意味は、「ベツ」は川、「ナイ」は川、谷、沢を指す。北海道に「別」と「内」のつく地名が多いのは、この地が水の豊かなところで、アイヌ民族がとりわけ水を大切にしていたことの表れと言える。

　北海道の地名が、とかく難解に感じられるのは、アイヌ語音に強引に漢字を当てたためだが、なかにはアイヌ語を和訳し、それに漢字を当てたものもある。

　たとえば、赤井川。この川はアイヌ語では「フレペッ」と呼ばれるのだが、その意味が「赤い川」なので、いまではこの名で呼ばれている。鹿追《しかおい》町もアイヌ語ではクテクウシというのだが、それが「鹿を追う」という意味なので、鹿追町とされた。

　また、なかには、アイヌ語と日本語の両方

を兼ね備えている地名もある。渡島《おしま》半島北部の町、今金町の「美利河」がそうだ。もともとはアイヌ語でピリカペッというのだが、それが「美しい川」という意味なので、こういう字が当てられ、「ピリカ」と読まれている。

ちなみに、アイヌ語系の地名は、東北地方にも数多くある。「内」のつくものだけでも、毛馬内、生保内、長内、和井内、似内、平内と、数え上げればきりがない。昔は、東北地方にも、アイヌ民族が勢力をもっていたことの証拠である。

「日本最北端」と「日本最北限」はどっちが北？

北方領土をのぞけば、「日本の最北端」は「稚内《わっかない》市の宗谷岬」というのが常識となっている。じっさい、宗谷岬には、日本の最北端を示すモニュメントも建っている。

ところが、礼文島《れぶんとう》には「日本最北限」を名乗る岬がある。その名をスコトン岬という。

礼文島は、稚内市の西の海上にあり、南北29キロメートル、東西8キロメートルの細長い島。稚内からフェリーに乗れば、約2時間で到着する。この島の最北端でもあるスコトン岬に、「最北限の地スコトン岬」と書かれた記念碑が建っているのだ。

「最北端」と「最北限」。どちらが、ホントに最北の地なのかは、緯度を調べれば、すぐにわかる。宗谷岬は、北緯45度31分14秒。それに対して、スコトン岬は、北緯45度30分00秒。わずかな差とはいえ、やはり宗谷岬が最北なのである。

では、なぜ、スコトン岬が「最北限」とい

う紛らわしい表示をしているのかといえば、以前から「日本最北端」を名乗っていた礼文島の意地とでもいうほかはない。

１９７４年、礼文島が国立公園に指定され、スコトン岬が注目されると、稚内市が「うちの宗谷岬のほうが北にある」とクレームをつけた。緯度を比べれば、どちらが北かは一目《いちもく》瞭然《りょうぜん》なので、礼文島としてはあっさり白旗を掲げるしかなかったはずだが、観光客にアピールする必要もあって、「日本最北限」というキャッチフレーズをひねり出したというわけである。

北方領土の面積はどのくらい？

日本は、「北方領土は日本固有の領土です」と主張している。日本の総面積37・8万平方キロメートルには、当然、北方領土の面積も含まれている。

歯舞《はぼまい》諸島、色丹《しこたん》島、国後《くなしり》島、択捉《えとろふ》島の北方領土は、地図で見ると小さく見えるが、その総面積は、４９９６平方キロメートル。和歌山県より広く、愛知県より少し狭いだけの面積がある。

戦前、日本の領土は、いまの約1・8倍も広かった。しかし、第二次世界大戦に敗れ、朝鮮、台湾、千島《ちしま》列島、南樺太《からふと》、南洋諸島などを失った。

そのうち、１９５３年に奄美《あまみ》諸島が返還され、１９６８年に小笠原諸島、１９７２年に沖縄諸島が復帰したが、北方領土はまだ戻っていない。これは、日本と連合軍の間で結ばれたサンフランシスコ平和条約中の日本の領土の処分をめぐる条項の解釈が日本とロシアでは違っていることが一因である。

ロシア側は、日本が放棄した千島列島には、北方領土が含まれると主張するのに対し、日本は、千島列島に北方領土は含まれず、北方領土は日本固有の領土だと主張している。

現在は、実質的にはロシアによって統治され、ロシア人が暮らしており、日本からは墓参りなどに行けるだけである。

北海道の太平洋側が濃霧でつつまれる理由は？

「霧の都」といえばロンドンのことだが、日本では、北海道の釧路や根室が「霧の町」として有名である。とくに夏の間は、町全体が霧ですっぽりと覆われる。6月～8月までの3カ月のうち、霧日数は釧路が平均して53日、根室は62日にもおよぶ。

だが、北海道でも霧に包まれるのは、釧路や根室の太平洋側だけである。海に面した町でも、函館、小樽や稚内《わっかない》などでは、それほど霧は発生しない。釧路や根室だけが、そんな気候になるのは海流の影響である。

もともと、北海道の太平洋側は、冷たい親潮と暖かい黒潮がぶつかる潮目となっている。6月～8月にかけての親潮の水温は8℃前後。これに対して、黒潮の水温は20℃前後もある。

しかも、夏になると吹く南風は、黒潮に温められた湿った空気。それが、親潮の上にさしかかると、下から冷やされて凝結し、海霧となる。この海霧が上陸して、釧路や根室の街全体を覆ってしまうのだ。この霧、ときにロマンチックな風景を演出するので観光客には人気だが、地元民には大きな迷惑となっている。

海霧は、交通の障害となるばかりでなく、日光がさえぎられるため気温は下がり、夏でもストーブが必要な日もある。さらに、農作物が育たず、ひどい冷害を招くこともある。

もっとも、釧路市では1985年から例年、7月下旬に「霧フェスティバル」が開かれ、霧が観光に利用されている。

東北地方に「狼」のつく地名が多いのは？

東北地方には「狼」という字がつく地名が数多くある。たとえば、青森県には弘前市の「狼森《おいのもり》」、上北郡の「狼ノ沢《おいのさわ》」。岩手県花巻市の「狼沢《おおかみざわ》」、宮城県加美町の「狼塚《おいのつか》」、秋田県仙北郡の「狼沢《おいのざわ》」などで、東北地方だけでも60カ所以上ある。

これらの地域には、かつて狼が棲息し、人々は信仰の対象にしてきた。地域によっては、いまも狼の神を祀る祠《ほこら》が残されている。狼は、田畑を荒らすイノシシやシカ、サルなどを駆逐してくれるところから、東北の農家では田畑を守ってくれる神として信仰の対象にしてきたのだ。そういう地域では、狼のことを「御犬」と呼んでいたため、地名の「狼」も「おいぬ」や「おい」と読むケースが多い。

もっとも、江戸時代に、牧場で馬や牛を飼うようになると、馬や牛を襲う狼は、一転、駆除の対象となる。大規模な狼狩りが行われるなど、敵対視されるようになり、明治時代になって狼は絶滅するが、地名としては現在まで生き残っているというわけである。

十和田湖上の県境問題が解決したのは?

十和田湖は、青森県十和田市と秋田県鹿角郡小坂町にまたがる湖。つまり、青森県と秋田県に接しているが、江戸時代、藩のあった時代から湖面上の境界線はあいまいだった。

1871年の廃藩置県のさいも、湖面上の県境はあいまいなままにされ、以後、「県境未画定」とされてきた。

ところが、2008年になって、「北海道・北東北知事サミット」が青森市で開催されたことをきっかけに関係者が協議を行い、廃藩置県から137年ぶりに県境を画定することで合意したのである。

合意内容は、青森県と秋田県の県境を6対4の割合で決めるというもの。その結果、湖面積61・1平方キロの十和田湖は、青森県十和田市に37平方キロ、秋田県小坂町に24平方キロが割り振られた。

今になって県境を定めた背景には、地方交付金問題があったといえる。

国から配分される地方交付金は、自治体の面積や人口に応じて決められるので、県境が決まって面積が増えた分、十和田市と小坂町はより多くの交付金を受けられるようになったのである。

城下町の弘前が県庁所在地になれなかったのはなぜ?

江戸時代、青森県の弘前は、津軽十万石の

城下町として栄えていた。

1871年の廃藩置県では、津軽藩に代わって「弘前県」が誕生し、県庁は弘前城に置かれた。

ところが、弘前県の誕生から、わずか19日後、県庁は青森に移され、県名も「青森県」へ変更される。

当時の青森は、小さな港町にすぎず、長らく津軽の中心だった弘前にとっては屈辱的な出来事だった。このような弘前にとっての大誤算が生じたのは、廃藩置県のさい、八戸、七戸、斗南《となみ》など、旧南部藩の領地と合併したことだった。

廃藩置県にさいして、現在の青森県内には、まず津軽地方の弘前、黒石の2県と、南部地方の七戸、八戸、下北半島の斗南の3県が誕生した。

が、南部・下北地方の3県はともに小規模だったため、弘前県との合併を請願。のちに北海道開拓使に移管される松前の館県も含めた6県で、「弘前県」として再出発することになった。

新たな県が誕生すると、すぐに県庁の位置が問題となった。

弘前市は、県内の西方に位置しているため、八甲田山系をへだてた南部地方からは離れすぎていた。

通信の発達していなかった当時は、連絡方法に乏しく、役所内はもちろん、民間からも不満の声があがったのである。

そこで、任命されたばかりの弘前県大参事が、県の中央に位置する青森に着目する。「弘前から青森に県庁を移したい」と明治政府へ伺い書を提出して、これが認められたのだった。

以来、かつて津軽随一の城下町であった弘前は、県庁所在地として発展していく青森を黙って眺めることになった。

どうしてリンゴは青森の名産になった?

果物のなかでも、ポピュラーなリンゴ。日本でも古くから栽培されてきたように思われるが、西洋リンゴが日本へ伝わってきたのは、江戸時代も末期になってからのこと。本格的に栽培され始めたのは、明治時代を迎えてからのことだ。

当時、青森でリンゴの栽培に成功し、のちにリンゴの名産地となる基礎を築いたのは、次の2人の人物だった。

1人は、旧津軽藩時代から山林や果樹の育成を担当していた菊池楯衛《たてえ》。アメリカ人技師から栽培法と接木《つぎき》法を学び、青森に接木伝習所を開いて、その技術を広めた。

また、菊池の教え子の1人で、リンゴ栽培に天才的な能力を発揮したのが、外崎嘉七《とのざきかしち》である。

自ら70ヘクタールのリンゴ園を開くと、現在まで受け継がれる「袋かけ法」を考案。さらに、作業を楽に行えるようにと、木を低くする「一段づくり剪定法」を成功させるなど、リンゴ園経営に一大革命をもたらした。彼の功績で、青森ではリンゴ栽培が定着、日本一の収穫量を誇るようになったのである。

この外崎は、のちに「リンゴの神様」と呼ばれ、彼の生地である弘前市には記念碑が建てられている。

「いたこ」の口寄せで知られる恐山ってどんな山？

白装束の老婆が絞り出すような声で、「生活は苦しいじゃろうけれど、皆で力を合わせ、乗り越えてくれ」と告げると、じっと聞いていた老人が、頭を垂れたまま涙を浮かべ、何度もうなずく。

そんな光景で知られる「いたこ」の口寄せが、青森県の恐山《おそれざん》で始まったのは、そう古いことではない。

戦争が終わってまもなくの昭和20年代からのことである。

ただ、恐山に死者の霊魂が集まるという信仰は、古くから下北半島一円にあった。その山の異形《いぎょう》の山容から、死後の世界と結びつけて語り伝えられてきたのである。

ただし、恐山といっても、単独でそう呼ばれる山があるわけではなく、下北半島北部の火山と外輪山の総称だ。中央に、直径約４キロのカルデラがあり、周りに外輪山としては最高峰の大尽山《おおづくしやま》（８２８メートル）をはじめ、屏風山《びょうぶさん》、北国山《きたくにやま》、障子山《しょうじやま》などの山々が連なっている。

カルデラの内側には、直径２キロで、ほぼ円形の恐山湖（宇曾利《うそり》山湖）がある。この湖の北岸には、多数の噴気孔や温泉があって、付近の岩石は黄白色に変色している。

植物はシャクナゲ以外ほとんど育たず、岩ばかりが転がるという一種異様な光景が広がっている。

その風景が、幼くして亡くなった子どもたちが石を積むという地獄絵の「賽《さい》の河原」を連想させ、死後の世界と結びつけて語られてきたのである。

なぜ、津軽海峡では海難事故が多いの？

津軽海峡は、昔から海難事故の多い海域として知られる。事故の原因には、強風、高波、吹雪、濃霧、潮流などがあるが、冬の津軽海峡では、この五つの難条件がそろって現れるのだ。

津軽海峡は、もっとも狭いところでは、幅が18キロしかないため、暖かい水と冷たい水が激しくぶつかり、混じり合う。すると、天気が変わりやすく、強風が吹き荒れる日が多くなるのだ。

そんな津軽海峡には、昔から「函館山《はこだて》が下着つければ、気いつけれ」という言い伝えがある。函館山が、まるで下着をつけたように、その下半分くらいに雲がかかると、まもなく雨になるという意味である。また、「岩木山が、西の山陰からはっきり現れると、ヤマセになる」という言い伝えもある。津軽海峡一帯では、昔から函館山、岩木山、駒ケ岳、恵山《えさん》などを見ながら、天気を予測してきたのだ。

これらの山々は、小型漁船の乗組員にとっても、大切な目印になっている。自船や漁場の位置を、山を基準にして確かめるのである。漁師たちは、海上から見える山の姿から、自船の位置を確認し、変わりやすい天気を予測しながら魚を追ってきた。

そのため、この海域では、天気が下り坂になったときは、山が見えるうちに帰港することが鉄則となっている。少しでも遅れると、漁船の位置がわからなくなることもあるし、強風や激しい潮流に翻弄《ほんろう》されることになるからだ。

東北に冷害をもたらす「ヤマセ」の真相は？

「ヤマセ」といっても、東北新幹線の愛称ではない。そちらは「ハヤテ」（疾風）だ。「ヤマセ」は「山勢」と書き、5月から9月にかけて、東北地方に冷害をもたらす〝貧乏神〟のことである。

そもそも、ヤマセの原因は、オホーツク海上に発達した高気圧にある。高気圧から吹き出す冷たい風が、親潮の上を通って、東北の太平洋岸に上陸。奥羽山脈に向かって吹き込んでいく。

しかも、この風は、奥羽山脈を一気に越えて、日本海側へ抜けていくわけではない。そのため、奥羽山脈の東側では、冷たく湿った空気が村や田畑をおおうことになるのだ。

この風が上陸すると、霧と雲で太陽が見えなくなり、日中でも薄暗くなる。風が冷たく、日照時間も減るため、気温が急低下して、稲や野菜に大打撃を与える。

「乳頭山」っていったいどんな形？

山の名前には、その山の形状をそのまま表現したものが多い。

たとえば、鋸《のこぎり》の歯のようにギザギザしている山は鋸山、俵のように丸みを帯びている山は俵山といったように。中央アルプスには、将棋の駒を並べたように見えることから将《しょう》棊頭山《ぎがしらやま》と呼ばれる山もある。

秋田と岩手の県境にそびえる乳頭《にゅうとう》山も、その形から名づけられた山の一つ。秋田側から見ると、ふくよかな女性の乳房の形に見えることから、この名前がついたとみられる。ところが、反対側からは乳房の形には見えないようで、岩手ではこの山を烏帽子《えぼし》岳と呼んでいる。岩手側から見ると乳房ではなく、神主のかぶる烏帽子の形に見えるからだ。

女性の体に見立てて名づけられた山は、乳頭山以外にもいろいろある。青森県津軽地方の高乳穂山も、その一つ。やはり、豊かな女性の乳房を連想させるところから、この名がつけられたようだ。

ところで乳頭山だが、この山は行楽地として有名で、山頂から東南に広がる高層湿原帯の千沼ケ原は尾瀬にも匹敵する名所と言われる。また、ふもとの乳頭温泉も秘湯として人気が高い。

日本にはめずらしいヒツジが、岩手県に多い理由は？

日本最大級の農場として知られる「小岩井農場」は、岩手山の南麓に広がる民間牧場である。創設は、1891年。「小岩井」という牧場名は、創始者である小野義眞（日本鉄道会社副社長）、岩崎彌之助（三菱社社長）、井上勝（鉄道庁長官）の頭の文字をとって名づけられた。現在は、乳牛、緬羊《めんよう》、七面鳥などが飼育され、多くの乳製品が全国に出荷されている。

日本では珍しく、岩手県にヒツジが多いの

は、この小岩井農場が1901年にイギリスから緬羊を輸入。羊毛の生産に乗り出したことを発端とする。

また、岩手県の気候がヒツジの飼育に適していたことも、ヒツジ飼育が発展した理由である。ヒツジは、雨の多い季節になると、皮膚を守ろうとするために、羊毛を潤している脂肪やロウ状の物質が、毛の根元のほうへと下りていく。そのため、ヒツジの毛は油っ気がなくなり、先端がちぎれやすくなる。要するに、羊毛の品質が落ちてしまうのである。

ところが、岩手県では、羊毛を刈りとる春に雨が少ない。だから、羊毛1本1本が潤いを失わず、質のいい羊毛を生産することができるのだ。

また、岩手県では、初夏から秋に向けて、徐々に降水量が増えていく。この雨によってヒツジのエサとなる牧草がよく育つので、ヒツジもスクスクと育つことができるというわけだ。

八郎潟の「八郎」って誰のこと？

「八甲田山」を逆さに読んで、「山田甲八さんて誰？」と尋ねた学生がいたそうだ。八甲田山という山名は、人名とは関係ないが、秋田の「八郎潟《はちろうがた》」という湖をめぐっては、つぎのような伝説が語り継がれている。

秋田の山間の里に、八郎太郎という若者が住んでいた。ある日、兄貴分の2人と一緒に、カバ（木の皮）を集めるため、奥入瀬《おいらせ》に入った。兄貴分2人がカバを剥ぎ、八郎太郎は夕食の支度をすることになって、彼は3匹のイワナを捕まえた。ちょうど1匹ずつになると串刺しにして焼いたが、兄貴分の2人がなかなか帰ってこない。腹がペコペコだった八郎太郎は、焼けたイワナを3匹とも食べてしまった。

ハッと我に返ると、八郎太郎は、収穫はすべて頭数で等分するという村の掟を破ったことに気づく。すると、耐え難い喉の渇きに襲われ、川の水をゴクゴク飲むと、たちまち彼は大蛇に変身した。そして、イワナを捕まえた流れは、大きな湖となっていた。それが、現在の十和田湖《とわだ》だという。

大蛇になった八郎太郎は、十和田湖の海底を住みかにするようになった。ある日、湖に投げ込まれた杖が突き刺さり、驚いて湖面に姿を現すと、熊野で修行をつんだという修験者が立っていた。

すると、修験者は、熊野権現のお告げにより、自分が今日からこの湖の主になると宣言した。

そのとき、十和田湖の主としてすでに1000年を過ごしていた八郎太郎は、その修験者に立ち向かう。

ところが、修験者が一心不乱に唱える経文が鋭い剣となり、八郎太郎は、十和田湖を出ていかざるをえなくなった。

新しい住みかを求めて、さまよい歩いた八郎太郎の目に止まったのが、男鹿《おが》半島だった。そこで、米代《よねしろ》川と雄物《おもの》川の流れをつかい、湖をつくった。

その湖が、八郎太郎の名にちなみ、「八郎潟」と呼ばれるようになったという――枝葉は異なるが、秋田県ではよく知られている伝説である。

秋田杉はなぜ、最高級品に育つのか？

いまの秋田地方を旅していた弘法大師が、木陰に腰をおろして弁当を食べた。

そのとき大師が道端に捨てた木の箸から根が生え、葉が茂り、いつしか杉の大木に生長した。これが、全国に名高い秋田杉の始まりだという。

こんな伝説が語りつがれるほど、秋田杉の品質の良さは、全国的に知られている。しかも、秋田杉のすばらしさが全国に知られたのは、豊臣秀吉が伏見城の建材として使って以来というから、長い伝統もある。

秋田杉が最高級品とされるのは、まず秋田の気候に理由がある。秋田杉の特徴の一つは、木目が細かく、年輪の幅がほぼ均一なこと。これは、年平均気温が12℃、年間平均降水量が１８００ミリという気候のなか、ゆっくり生長するためだという。暖かい地方の杉は、生長が早いため、木目の幅が広く、不揃いになりやすい。

しかし、それ以上に、木目が細かくなる理由は、秋田杉の生長期間の長さにあるという。つまり、秋田杉は、老木になっても幼木のころと同じように生長するという〝才能〟に恵まれた。そのため、木目が細かくなり、かつ幅も均一に育つのである。

さらに木肌の色も明るく澄んだ肉色なら、香りも上品。そのうえ、含む水分の量が他県の杉と比べて少なく、年月を経てもくるいが少ないのも、秋田杉が最高級品と呼ばれる理由である。

山形県の天童が将棋の駒生産日本一になったのは?

山形市から、北へ車で20分ほどのところに天童《てんどう》という市がある。

羽州《うしゅう》街道沿いの温泉地として知られる街だが、現在は日本一の将棋の駒の産地としても知られる。全国生産量のじつに95％を天童が占めているのだ。

天童で駒作りが行われるようになったのは、江戸末期からのこと。天童は、もともとわずか二万石の小藩で、下級家臣には家禄《かろく》が満足に支給されていなかった。そこで、下級武士の貧しさを見かねた藩士の吉田大八と野呂武大夫が、米沢藩から将棋の駒づくり職人を招き、内職として広めた。

最初のうち、家臣たちは「内職など、武士の沽券《こけん》にかかわる」と乗り気でなかったが、「将棋は戦術を練るものだから、駒づくりは武士の面目を傷つけるものではない」と、吉田らが説得。その言葉を頼りに、しだいにこの内職が広まっていった。

やがて、武士たちは一家をあげ、周辺の山で材木を集め、のこぎりやなたを使って加工。書道の腕を生かして「王将」や「金将」の文字を書き、年々生産量をアップさせていく。

さらに、明治維新以降、士族が家禄をもらえなくなると、駒づくりに携わる元下級武士はさらに増え、明治後半には、天童産の駒は全国へ出荷されるほどになっていた。

当時は、将棋盤と駒が一家に一組はある時代。需要は多く、天童は日本一の生産量を誇るようになっていったのである。

なぜ、猪苗代湖には魚が棲めないのか？

磐梯山《ばんだい》を湖面に映す猪苗代湖《いなわしろこ》。その美しい光景は、福島県のシンボルとして全国に知られている。磐梯山を湖面に映す光景が絶賛されるのは、この湖の水が美しく澄んでいるからである。といえば、釣り好きでなくても、さぞかし、多くの魚が棲んでいるのだろうと思うだろうが、じつは反対である。

実際、猪苗代湖には、ウグイやフナくらいしかいない。かつて、コイやウナギの養殖も試みられたがうまくいかなかった。美しい水なのに魚がいないのは、エサとなるプランクトンも、ほとんどいないから。つまり、猪苗代湖は日本きっての「貧栄養湖」なのである。

猪苗代湖に流入する最大の川は長瀬川だが、その最上流に硫黄川がある。安達太良山《あだたらやま》の爆裂火口付近から流れ出た川で、その源流付近に中ノ沢、沼尻両温泉の源泉がある。この温泉はph 1・7と強酸性で、途中で薄められるものの、この強酸性の水が猪苗代湖へ注いでくるのである。その結果、湖水の平均phは4・9の微酸性になる。

そのため、酸性に弱いプランクトンは、この湖ではほとんど繁殖できない。エサがないから、魚も多くは棲めないというわけである。

どうすれば浮島が出来上がるのか？

湖や沼の真ん中にぽかりと浮かぶ浮島。どうやってできるのか、福島県の天然記念物に指定された「蓋沼《ふたぬま》の浮島」をケーススタディにしてみよう。この浮島は、いまから115０年ほど前に自然にできたもの。旧会津高田町（現会津美里町）にあり、周囲が２００メートル、面積２０００平方メートルという大きなもので、ちょうど沼にフタをするように浮いている。

蓋沼は、小さな沢の支流が上流の地滑りのため、入口付近がせき止められてできた沼。地滑りで、谷が埋められる前は谷底に繁茂していたキタヨシなどの根茎が枯れ死。根茎は軽いので水面に浮上し、それにミズゴケが生え、横へ横へと伸びていった。さらに、その上でほかの植物も生長して、浮島となったのではないかという。

さらに、蓋沼には水の出入りがないので、壊れることなく巨大な浮島に成長したようだ。

現在、浮島の表面には、サギソウ、トキソウ、マルハノモウセンゴケの他、ミツガシワ、ヤマドリゼンマイなどの化石植物と言われるものまで、約60種の植物が繁茂している。

なぜ喜多方市は「蔵の町」といわれるのか？

札幌、博多と並んで〝日本三大ラーメン〟といわれる喜多方《きたかた》ラーメン。コクのあるスープと太いちぢれ麺で全国的に有名だが、その福島県喜多方市は「蔵の町」としても知られている。

平成の大合併で、周辺町村と合併したことで、人口5万人の市となったが、そんな小都市にもかかわらず、蔵の数はじつに４０００

棟以上。山道をはさんで群立し、小川に沿っても建ち並んでいる。

城郭のような立派な蔵もあれば、物置のような小さな蔵もある。今では、それらの蔵を見学し、またラーメンを食べるため、全国から観光客が訪れる。

喜多方市が「蔵だらけの町」になったのは、昔から「40にして、蔵の一つも建てられないと男じゃない」といわれる風土があったからといえそうだ。

「白虎隊」で知られる会津若松が武士の街なら、その北に位置する喜多方は、江戸時代から町人の街。商品や農産物の集散地であり、また良質な水に恵まれて、酒、醤油《しょうゆ》、味噌、油などの醸造業が発達した。さらに漆器《しっき》生産も盛んで、それらを貯蔵、保管するために、さかんに蔵が建てられたのである。

また、明治時代になると、それまで藩による規制に欲求不満をつのらせていた商人や旦那衆が、金に糸目をつけずに豪華な蔵を建て始めた。よりすぐりの銘木を使った蔵座敷も設けられ、客間としても利用された。

１８８０年、喜多方の町は大火に見舞われ、１３０戸３００棟の家屋が焼けたが、蔵の多くは焼け残った。これによって土蔵の耐久性が実証されると、大工、左官、建具、塗師らは、さらに工夫をこらし、独特の蔵を建てていった。

戦後の高度成長期には、一時、ビルや駐車場にするため、取り壊される蔵が増えていった。しかし、それを惜しんだ町の写真館主が、蔵の写真展を開いたことをきっかけに、保存を求める声が高まり、現在まで４０００もの蔵が残ることになったのだ。

❸ 関東

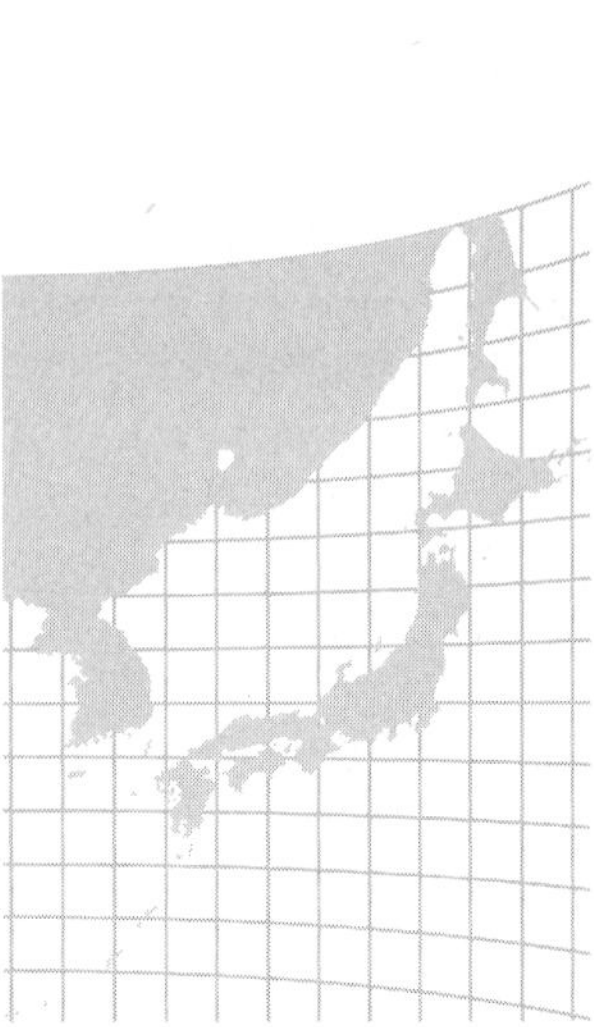

なぜ、西新宿の超高層ビルは道路の下から建っている？

東京・西新宿といえば、東京都庁や京王プラザホテルなどの超高層ビルが林立する副都心。この西新宿を歩くと、超高層ビルが道路よりも下の地面から建っていることに気づかされる。

これは、工事のときに、道路よりも低く地面をならしたからではない。もともと、この地域一体は他の土地よりも深く掘り下げられていたのだ。

なぜ、そうなっていたのだろうか？

それは、超高層ビルが立ち並ぶ以前の西新宿には、淀橋浄水場があったから。

江戸時代から明治中期にかけて、江戸・東京で暮らす人々は、玉川上水と神田上水を生

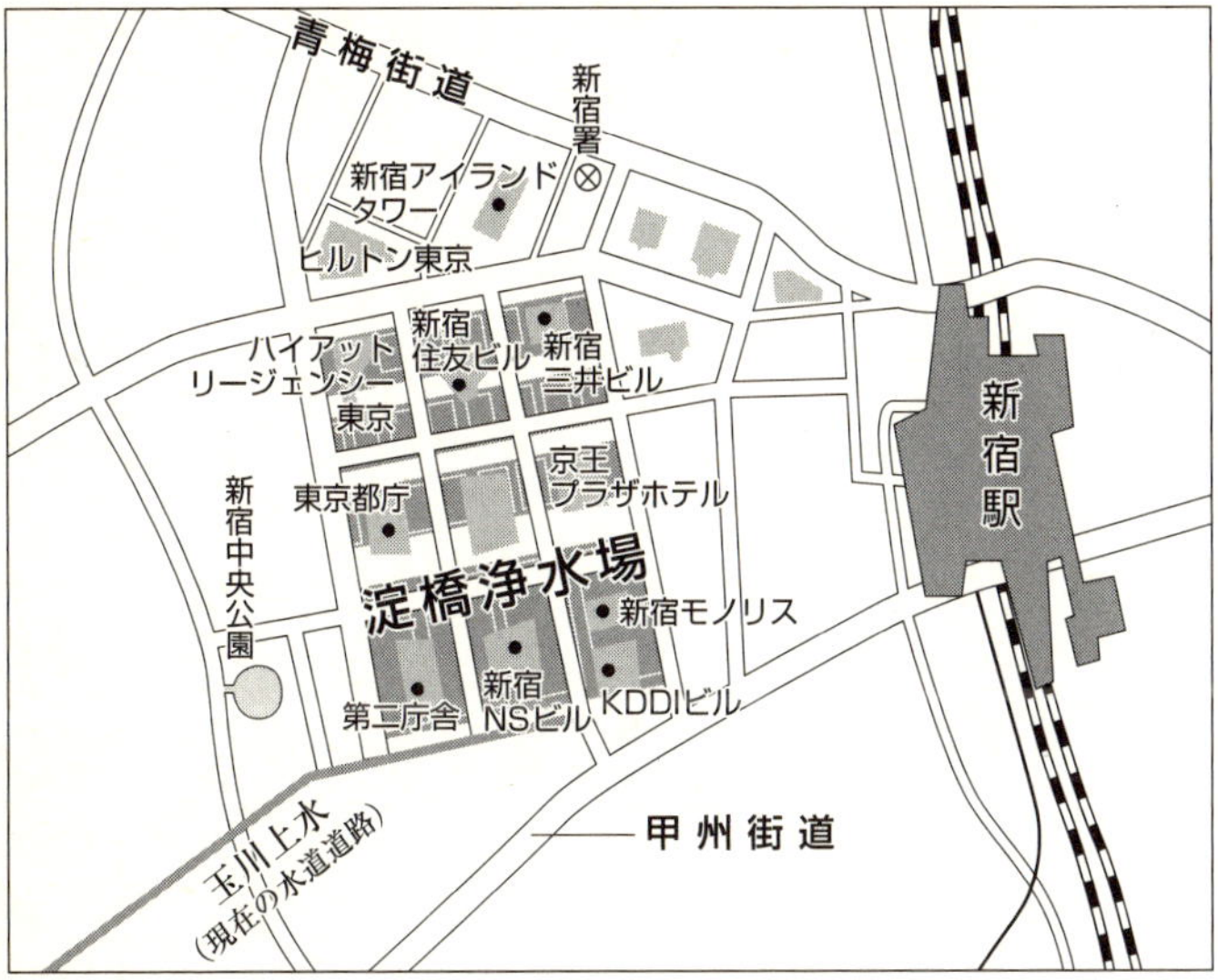

活用水にしていたが、衛生面での問題があった。

そこで1898年、7年がかりで行われた工事の末に淀橋浄水場が完成。衛生的な水が、東京の街に供給されるようになったのである。

同浄水場では、碁盤の目のように、いくつもの貯水池が掘られていた。水の中にあるチリなどを池の底に沈殿させて濾過するためで、当時の技術では、浄水場にはたくさんの池が必要だったのだ。

1965年、浄水場施設は東村山に移され、淀橋浄水場は閉鎖された。

やがて、浄水場跡地に超高層ビル群が建てられるわけだが、池の底を地面にしたため、道路より一段低くなったところからビルが建つことになったのだ。

「関東地方」と「首都圏」では、どこがどう違う？

関東地方も首都圏も、ともに東京を中心とする地域だが、どう違うのだろうか。

まず、関東地方といえば、東京、神奈川、千葉、埼玉、群馬、栃木、茨城の1都6県のこと。伊豆諸島も東京都なので、このなかに含まれる。

一方、首都圏という言葉には、「東京の会社に電車で通勤できるところ」というイメージがある。そのため、「東京プラス千葉、埼玉、神奈川の東京寄りの地域」と思っている人が多いだろう。

しかし、お役所的には、「関東地方全域プラス山梨県」を首都圏と呼んでいる。たとえば「首都圏整備計画」と言われるときには、山梨県も入るわけである。

したがって、広さで言えば、お役所用語では関東地方よりも首都圏のほうが広くなる。関東地方か首都圏かという問題は、山梨県の人にとっては、たいへん大きな意味を持つのである。なお、『広辞苑』は、山梨県のことを「中部地方南東部、内陸の県」と〝定義〟している。

東京の地下鉄に「○○三丁目」という駅が多いのは？

東京の地下鉄の駅名の特徴は、「○丁目」と丁まで記した名が多いことだ。なかでも多いのが「三丁目」だ。

丸の内線だけでも、「新宿三丁目」「四谷三丁目」「本郷三丁目」と、三つも〝三丁目駅〟がある。ほかにも、三田線に「志村三丁目」があり、三丁目の付く地下鉄駅は四つある。

一方、二丁目、四丁目の駅はないが、一丁目は銀座線の「青山一丁目」、有楽町線の「銀座一丁目」、南北線の「六本木一丁目」、五丁目は大江戸線の「西新宿五丁目」がある。

つまり、東京では、三丁目のつく地下鉄駅が一番多いのだ。しかも、駅の住所が三丁目ではない駅でさえ、「三丁目」を名乗っている。丸の内線の本郷三丁目駅は、実際は本郷二丁目にあり、大江戸線の本郷三丁目駅は本郷4丁目にある。

そうなったのは、駅周辺の事情に合わせているため。地下鉄駅名をつけるさいには、その駅の住所を基本にするにしても、駅周辺でもっとも人口の多い地域、面積の広い地域なども考慮に入れられる。

東京では、大阪や札幌と比べると、丁目の数が少ないこともあって、三丁目あたりがその地域の中心地、ひいては駅名になりやすいのである。

なぜ、東京には坂道が多いのか？

東京には、赤坂、乃木坂、三宅坂、神楽坂、道玄坂、紀尾井坂、九段坂のように、「坂」のつく地名がやたらと多い。東京23区内にかぎっても、800以上もある。

なかでも、文京区、港区、新宿区、千代田区に集中しているが、これほどまでに坂の多い大都市は、世界的にも珍しい。

では、なぜ、東京にはこれほど坂道が多い

のだろうか？

その理由は、もとをたどれば、富士山のせいだったといえる。

富士山の噴火は、約8万年前から始まったと考えられているが、以降、何度も噴火を繰り返し、大量の火山灰を降らせてきた。その火山灰が、偏西風に乗って東へ運ばれ、現在の東京都内に、墨田区や江東区といった下町を除いて、だいたい5～8メートルの高さまで降り積もった。

その火山灰の堆積によって、東京は凹凸の激しい地形となり、坂道がたくさんできたのである。

800以上ある坂の名前で、もっとも多いのは「富士見坂」。江戸時代には、現在のような高層ビルがなく、坂の上まで上れば富士山がよく見えたためである。

霞が関が官庁街になった歴史的理由とは？

鎌倉時代には、現在の日比谷公園あたりは浜辺だったという。現在の外務省と財務省の間の坂道が「潮見坂」というのは、その頃の名残りだ。

江戸時代になってから、周辺一帯が埋め立てられ、現在の霞が関の南東に、銀座や築地ができていった。そして、霞が関界隈には、たくさんの武家屋敷が建つようになった。

その霞が関は、明治時代になると、今度は官庁街へと変わっていく。武家屋敷から官庁街へと変貌したのは、明治政府が極度の財政難に陥っていたからである。

江戸時代まで、今でいう官庁は、すべて江

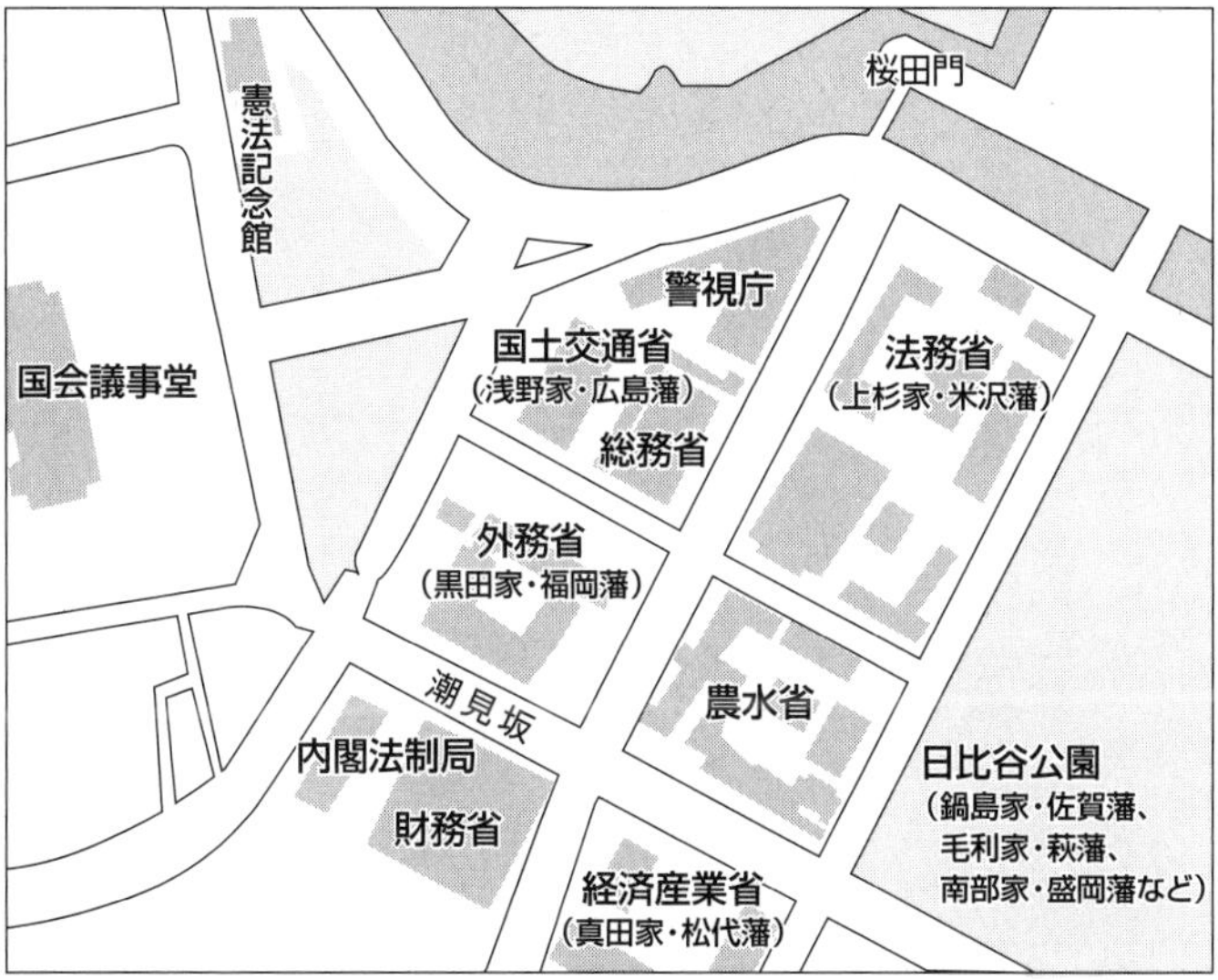

戸城内に置かれていた。明治時代になって、新政府の役人たちの働く官庁が必要となったが、明治政府には新たな官庁街を整備する資金がなかった。

新政府は、しかたなく旧大名の藩邸を官庁として利用し始める。１８７０年、最初に設置されたのが外務省で、筑前福岡藩黒田家上屋敷がそのまま使われた。武家屋敷は広く、部屋数も多かったので、役所への転用が可能だったのである。

その後、新政府は、官庁街の整備に乗り出し、１８８８年年頃、現在の官庁街の骨格が決まる。現在も残る赤レンガの司法省の建物が建てられたのは、その直後のことだ。

もっとも、武家屋敷の多くは、大正時代末期の関東大震災で焼失。再興のなか、霞が関では、各省庁のビルが新設され、周辺の風景は様変わりすることになった。

地下鉄の駅名は「市ヶ谷」、地名は「市谷」と書くのは？

ＪＲでも地下鉄でも、駅名は「市ヶ谷」となっている。ところが、地図で住所を見ると、「市谷」と記されている。市谷周辺の建物を見ると、「市ヶ谷○○」となっているものもあれば、「市谷△△」となっているものもある。市ヶ谷と市谷、いったいどちらが正しいのだろう？

「ヶ」を入れたほうが正しいか、入れないほうが正しいかについては、どちらともいえない。ただ、古くは「市ヶ谷」で、もともとは住所も「市ヶ谷」と表記されていた。それに合わせて、駅名も「市ヶ谷」とされた。

それが「ヶ」抜きの住所表示になったのは、住所表記の変更があったからだ。住所表記は「市ヶ谷」から「ヶ」抜きの「市谷」となったのだ。

ところが、そのとき、鉄道各社は変更をためらった。こうした住所表記の変更は珍しくないので、ふたたび名が変わることも考えられる。変更にいちいち合わせていると、コストはかさむし、利用客は混乱してしまう。そこで、駅名は「市ヶ谷」のままで残ることになったのだ。

東京23区のうち、もっとも新しい区は？

東京都には、ご存じのように23の区がある。その歴史を振り返ってみると、東京が市になった1889年には、15の区しかなかった。それも、京橋区や麹町区、赤坂区など、今はない区名が少なくない。

そのころの東京市は、今の千代田区、中央区、港区、文京区に下町を少し加えたくらいの大きさしかなかった。

やがて、周辺の郡部を併合して大きくなり、1932年に区の数は35になった。このとき、渋谷区や世田谷区、荒川区などの〝新しい区〟が誕生している。

戦後になると、1947年3月に区の合併が行なわれ、ここで一気に22区に減った。このとき、今ある区のほとんどが誕生し、その5カ月後、新たに1区が追加され、今の23区となったのだ。

最後に追加された区はどこかというと、練馬区である。

いまの練馬区はもともと板橋区の一部だったが、他の区に遅れること5カ月、1947年8月に分離、誕生したのだ。

本町や中町が、案外、町外れにあるのは？

東京には「本町」と「中町」という地名が数多くある。普通に考えれば、本町、中町という以上、それぞれの町の中心にありそうだが、意外に中心からは外れたところにあることが多いのだ。

その典型が、新宿区中町と渋谷区本町。新宿区中町というくらいだから、新宿の真ん中にあるかというと、JR新宿駅周辺にそんな地名は存在しない。新宿区中町があるのは新宿区の東の端だ。

日本地図
北海道・東北
関東
中部・北陸・近畿
中国・四国・九州・沖縄

そんな端っこの町に「中町」という名がついているのは、そこが昔の牛込区の中町だったから。

新宿区は、かつて淀橋区、四谷区、牛込区の三つに分かれていて、現在の新宿区中町は牛込区の中ほどにあり、「牛込区中町」と呼ばれていた。

その後、三区が合併して、牛込区が新宿区の一部になったとき、新宿区牛込中町とせず、新宿区中町としたので、新宿区の中心にあるような名前として残ったのだ。

渋谷区本町が、渋谷区の中ほどでなく、北のほうにあるのも、事情は同じ。こちらは、かつては「幡ヶ谷本町」という地名だったが、1960年の地番整理で本町と幡ヶ谷に分けられたため「渋谷区本町」になったというわけだ。

東京の区分地図はなぜ「五十音順」に並んでいないの？

東京23区の区分地図で、①といえば千代田区、②は中央区。では、③は何区かおわかりだろうか？

すかさず、「港区」と答えられた人は、ふだんから、東京の区分地図を見慣れている人だろう。そうでなければ、とっさには答えられない。

普通、23ものページに分かれる区分地図なら、掲載順をアイウエオ順にするのが一般的だろう。①が足立区、②が荒川区、③が江戸川区と続いていけば、誰でも簡単に目的の地図を見つけられるはずである。

しかし、現在、23区が掲載されている順番は、区名の読み方からは、法則性を見いだせない。そのため、東京初心者には、目当ての区を探しづらい地図となっている。

では、なんの順番になっているかというと、千代田区から、時計回りに郊外へとたどっていく順番である。そのもとになったのは、1967年に制定された自治省のコードナンバーの順番だという。つまり、お役所が、勝手につけたコードナンバーのせいで、東京の区分地図は、ずいぶんと見にくくなっているのである。

ちなみに、その順番は①千代田区、②中央区、③港区、④新宿区、⑤文京区、⑥台東区、⑦墨田区、⑧江東区、⑨品川区、⑩目黒区、⑪大田区、⑫世田谷区、⑬渋谷区、⑭中野区、⑮杉並区、⑯豊島区、⑰北区、⑱荒川区、⑲板橋区、⑳練馬区、㉑足立区、㉒葛飾区、㉓江戸川区である。

なぜ、江戸の地図は、西が上なのか？

江戸時代に作成された地図は、博物館などで見られるが、目にしたとき、一瞬、違和感を覚える人もいるかもしれない。というのは、われわれの常識では「地図は北が上」のはずなのに、江戸時代の地図はかならずしも北が上になっていないからだ。

たとえば、江戸の景観図や全体図のほとんどは、西が上になっている。

また、大坂図や伏見図、奈良図は東が上、横浜図は南が上。さらに、鎌倉図は北東が上で、家康の出身地、駿府図は北西が上。長崎図は、西北西が上になっている。

いったい、なぜ、西だ東だ、北東だ、西北西だと、向きがバラバラになってしまったのだろうか？

それは、江戸時代には、方角よりもっと大切なものが存在したから。領主が住むお城である。

たとえば、江戸の地図は、江戸城を上方の真ん中にし、日本橋などの下町をその下に配置した。

だから、江戸の東方にある日本橋が下にきて、西が上になった。

だいたい江戸時代の地図は、まず城を図の上のほうに配置し、それから町全体を描いた。また、町の地形によっては、城のおさまり具合のいいように描いた。

そのため、地図の上にくる方角がまちまちになったのである。

豊島が豊島区になく、北区にあるのは？

東京都の豊島区は繁華街の池袋を中心とする区だが、地図を見ても、この区内に「豊島」という地名は存在しない。一方、その北の北区には、「豊島」という地名がある。さらには、遊園地の豊島園は豊島区にはなく、その西の練馬区にある。

そんなことになっているのは、かつて存在した大きな「豊島郡」が、その後、いくつかの区に分割されてきたからだ。

豊島という地名は古くからあり、7世紀にはすでに文献で確認できる。

その昔、豊島という地名は、いまの豊島区や北区をはじめ、文京区、新宿区、台東区、荒川区、北区、板橋区、練馬区、さらには港区、渋谷区、千代田区あたりまでをも指していた。

東京湾にも面し、沿岸に多くの島があったことから、豊島という名がついたと見られている。

しかし、豊島という地名が指す地域はしだいに狭くなり、明治維新後、その一部が豊島郡になったものの、さらに分割されていく。1889年には、北豊島郡と南豊島郡に分けられ、1932年には北豊島郡は東京市に編入され、その後、今の豊島区、板橋区、練馬区、北区、荒川区に分かれた。

以降、豊島という地名は「豊島区」という区名に残るとともに、他の区の地名としても残ることになった。北区には豊島一丁目から八丁目までが残り、練馬区では遊園地の名として残ったのだ。

東京の下町に「島」のつく地名が多いのはなぜ？

東京の下町には「島」とつく地名が数多くある。

たとえば、「佃島《つくだじま》」「月島」「越中島」「霊《れい》岸島《がんじま》」など。なぜ、下町には「島」とつく地名が多いのだろうか。

答は簡単。本当に「島」だったからである。

まず「もんじゃ焼き」でおなじみの月島だが、ここは明治時代に隅田川河口の中洲を埋め立てた人工の島。月島とは「築きあげた島」の意味で、当初は「築島」と表記していた。

「佃煮」発祥の地である佃島は、隅田川の砂州が陸化してできた島。この土地の漁師が捕った魚は将軍家に納められていたのだが、とても将軍の口には合いそうにない「雑魚」しか採れないときもある。

しかし、「雑魚」とはいえ、そのまま捨てるのはもったいない。そこで、考え出されたのが佃煮だ。佃煮は、保存食として旅人や地元へ帰る武士たちに喜ばれ、たちまち全国に広まった。

越中島は、隅田川の中洲だったところだ。1875年、わが国最初の商船学校がこの地につくられたことから、越中島の名は全国に知られるようになる。

霊岸島も、日本橋川、亀島川、隅田川に囲まれた中洲である。もともとは「江戸の中島」と呼ばれていたところだが、霊巌寺という寺が建立されたころから、そう呼ばれるようになった。

荒川はいつから東京都内を流れるようになった?

荒川は、隅田川、多摩川とともに東京を代表する川。ただ、隅田川、多摩川とちがうのは、人の手によってつくられた人工河川という点である。

荒川の歴史には、少々ややこしいところがある。

荒川という名は、もとは現在の隅田川の上流を指していた。同じ川を上流では荒川と呼び、下流では隅田川(墨田川)と呼んでいたのである。

その荒川・隅田川の流れは、かつては文字どおりの「荒れ川」で、明治時代まで、しばしば氾濫し、周辺の低地地帯に水害をもたらしていたのだ。

そこで、隅田川から放水路をつくり、水流を分散させる計画が持ち上がった。

1911年、北区岩淵から東京湾に向けて、全長22キロ、上流の幅約500メートルの大放水路の開削工事が始まった。関東大震災を経て、1930年に大放水路は完成。それが、荒川放水路だ。

荒川の流れを隅田川と荒川放水路とに二分することで、以後、洪水による災害はなくなった。

さらに、完成当初は「荒川放水路」と呼ばれていたが、1965年に正式に「荒川」となった。その結果、荒川は埼玉県から東京都を抜けて東京湾に流れる川となり、隅田川は北区岩淵から東京湾に注ぐ川となったというわけだ。

銀座を作ったのはどこの誰？

江戸時代の初め、東京湾は江戸城の近くまで広がっていた。だから、現在の銀座、新橋、浜松町のあたりは海の底だった。

それを埋め立てて、土地造成をしたのは、徳川家康である。江戸幕府を開いた1603年から、付近の山を取り崩した土で東京湾を埋め立てた。

そして、二代目秀忠が、駿府（いまの静岡市）にあった「銀座」をこの埋め立て地に移転させた。

銀座とは、もともと徳川家康が京都の伏見につくったものである。銀貨の造幣所という意味で、「銀座」と呼ばれるようになったもので、いまでいう造幣局のことだったのである。

この銀座が、江戸時代になって、まず駿府に移転され、さらに秀忠によって、いまの銀座三丁目あたりへと移された。

ただし、移転当時の地名は、「銀座」ではなかった。

すぐ隣の日本橋に「金座」があり、本両替町と呼ばれていたので、銀座の正式名は「新両替町」だった。

しかし当時から、人々は俗称で「銀座町」と呼んでいた。その後の1801年、役人の汚職をきっかけに、役所としての銀座は日本橋蠣殻町へ移る。

それでも、銀座のあった場所は人々から「銀座町」と呼ばれ続け、地名が正式に銀座と変わったのは、1869年のことである。

「高田馬場」という地名の本当の由来は？

堀部安兵衛の仇討ちや早稲田大学の学生街として知られる東京・高田馬場。江戸時代には、地名が表すように、この地に本当に「馬場」があった。

この地が「高田」といわれるようになったのは、江戸時代初期、越後高田藩主・松平忠輝の母の高田君《たかだのきみ》の庭園があったから。なお、松平忠輝は徳川家康の六男である。

そして、徳川幕府がこの地に馬場をつくったのは、1636年のこと。当時の馬場は、幕府の旗本らが乗馬や流鏑馬《やぶさめ》の練習をする場所であり、高田の地に馬場ができたから、高田馬場と呼ばれるようになったというわけだ。

　ただ、この高田馬場という名が、正式の地名になるのは、ずいぶん後のことで、まず1910年、地名としてより先に鉄道の駅名として使われ始めた。

　正式の地名として登場するのは、意外にも戦後もかなりたってからのことだ。1975年に戸塚町や諏訪町、下落合の一部が合併して、高田馬場という地名が誕生した。

神楽坂が東京の「花街」になった経緯は？

　東京の花街として知られる神楽坂。かつては、田中角栄元首相をはじめ、政財界の大物たちも神楽坂の料亭をよく利用した。いまでも、その一角には花街らしい石畳の小路が残っている。

　この神楽坂、江戸時代から花街だったわけではない。もともとは、この坂にある毘沙門天の寺、善国寺の門前町だった。

　また、この坂の近くには、市谷八幡宮の分祭所があり、祭のときには神楽が催された。〝神楽のよく聞こえる坂〟ということから、神楽坂と呼ばれるようになったのだ。もともとは、芸者さんよりも神仏と縁の深い土地なのである。

　ここが一転、花街となるのは、明治以降のこと。善国寺周辺に茶屋や料亭が増え、日清・日露戦争前後の好景気も手伝い、市ヶ谷など軍隊の駐屯地と遠くないこともあって、花街として成長していった。商店や料亭のほか、遊廓や待合も並び、ひところは料亭の数150軒、芸妓の数700人といわれるほどの花街に成長した。

しかも、１９２３年9月1日の関東大震災のとき、東京の多くの花街が焼失したが、神楽坂は焼けなかった。その幸運も手伝って、神楽坂は東京を代表する花街になったのだ。

その後、第二次世界大戦では戦禍に遭うが、地元の人たちは古い街並みを再現しようと考えた。地元の人の街づくりの工夫もあり、神楽坂はいまなお花街らしい雰囲気を漂わせる街として残ったのだ。

なぜ、秋葉原は電気街になったのか?

「Akihabara」の名は、いまや世界に知られているといっていい。

ＡＫＢ48の本拠地であるとともに、外国人向けの旅行ガイドに、ニッポンの家電製品やパソコン関連商品が安く手に入ると紹介されているためである。

実際、アジアはもちろん、欧米や南米からの観光客まで、最先端の家電製品やオーディオ、コンピュータグッズを求めて、秋葉原へ足を運んでくる。

この秋葉原一帯は、戦前までは自転車の問屋街だった。それが、戦争で焼け野原になり、その後、電気街に変身したのは、１９５０年からのことである。

終戦直後、秋葉原近くの神田一帯に、食品や衣料品の露天商のヤミ市が軒をつらねた。そのなかに、中古の真空管を売る店があったが、近くに電機学校（現在の東京電機大学）がある関係で大繁盛した。

そこで、まずは、神田一帯に電気部品を扱

う露店が急増した。当時、全部で１２０軒の露店のうち、電気部品関係だけで50軒にもなったという。あたりは、自然に「神田ラジオ街」と呼ばれるようになった。

ところが、ＧＨＱは都市整備を進めるため、これらの露店に立ち退きを要求する。それに対して、露天商組合では、ＧＨＱに代替地の用意と移転費用の融資を頼み込んだ。その代替地が秋葉原だったのである。

こうして、神田ラジオ街の露店が、グループで秋葉原に引っ越してきたというわけだ。その後、高度経済成長期を迎え、秋葉原の電気店は、テレビ、冷蔵庫などの家電製品を扱うようになる。

やがて、日本が家電大国になるにつれ、秋葉原は１キロ四方に大小６００店もの家電店がひしめく一大電気街へと成長し、世界にも知られる「エレクトロニック・タウン」となったのである。

現在、秋葉原の主力商品は、家電製品からパソコンやソフト、そしてオタクグッズへと変わったが、週末に多くの買い物客であふれる光景は、いまも変わっていない。

そもそも神田が世界一の古書街になったワケは？

パリのセーヌ河畔のプキニスト、ロンドンのグレートラッセル街と聞いて、ピンとくる人は、なかなかのヨーロッパ通か、相当の本好きの人だろう。

どちらも、世界的に有名な古書街なのだが、東京にも、パリのプキニスト、ロンドンのグレートラッセル街に負けない古書街がある。

週末には、地方からも多くの本好きたちが集ってくる、神田（神保町）の古書街である。

100軒以上の古書店に、膨大な数の本が集められているが、神田が世界一の古書街になったのは、江戸時代に昌平坂学問所が設けられたことが遠因になっている。

寛政年間（1789～1800）、駿河台に官立の昌平坂学問所が建てられると、全国からすぐれた学者や学生が集まり、駿河台は学問と教育の中心地になった。

やがて、明治時代になると、その周辺に次々と学校がつくられる。

1881年に明治法律学校（現在の明治大学）、その4年後に、英吉利法律学校（現在の中央大学）、さらに、その4年後に日本法律学校（現在の日本大学）が生まれた。

いまでも、東京医科歯科大、順天堂大、東京歯科大、専修大、共立女子大、東京電機大などがあって、一大学生街となっている。

これらの大学の研究者や学生を対象に、古書店ができ、しだいに増えていったのである。

港区に大使館が集中しているのはどうして？

首都である東京に、各国の大使館が集中しているのは当然のこととしても、東京の中でも港区に集中しているのはなぜだろうか。

大使館を港区に集中させたのは、明治政府の方針だった。

大使館を集中させたほうが、警備がしやすかったというのが、その大きな理由の一つ。

また、麻布一ノ橋の交差点近くにある善福寺は、江戸末期、日米通商条約の締結によって、最初のアメリカ公使館となった場所である。同じころ、港区高輪の東禅寺には、イギリス公使館が置かれた。つまり、日本で最初に公使館が置かれたのが、麻布界隈だったという理由もあった。

さらに、麻布一帯は、江戸時代に大名・武家屋敷が多かったところで、明治維新以降、ちょうど土地が空いていたというのも、大きな理由だった。たとえば、アメリカ大使館は、山口筑前守の屋敷跡と、定火消役《じょうひけし》の石川又四郎の屋敷跡に建てられている。

ただし、低い土地にも、多くの大名屋敷があったのにもかかわらず、欧米人はそちらには見向きもしなかった。

江戸時代の日本人は、水の便がよい低地を好んだのに対し、欧米人は日当たりがよく、周囲を見下ろせる高台に大使館を建てたのである。それが、同じ港区の中でも、高台の一角に大使館が集中する理由になった。

東京の深川には、なぜお寺が多い？

東京では「門仲」と呼ばれる門前仲町。この門前仲町あたりは、その名前からもわかるとおりお寺が多い。清澄通りに沿った深川地区は、都内でも指折りの「寺町」となっている。

都心から隅田川を渡った下町の深川に、寺が数多く集まったのは、江戸の華の一つ、火事のためである。

東京の歴史をひもとくと、１６５７年、１月18、19日に大火があったと記録されている。「明暦の大火」「振り袖火事」と呼ばれる史上最大級の大火事で、午前2時すぎ、本郷丸山町の本妙寺から出火。折からの大風にあおられ、本郷、湯島、駿河台、霊岸島、八丁堀、京橋、新橋、芝、小石川を焼き尽くし、ついには江戸城の本丸、二の丸、三の丸まで焼け落ちてしまった。

この大火の焼死者は10万人とも言われ、さらに焼け出された人たちが、寒さと吹雪で凍死し、江戸の町は悲惨な状態となった。

ちなみに、この振り袖火事をめぐっては、次のような伝説が伝えられている。

ある娘が病死したので、本妙寺に葬った。その後、その娘が着ていた振り袖を別の娘2人に着せたところ、2人とも病死した。これは、何かのたたりに違いないと遺族が相談して、寺で振り袖を焼いたところ、火のついた振り袖が舞い上がって本堂に燃え移り、やがて江戸中を焼き尽くしたといわれている。

さて、この大火をきっかけに、霊岸島（現在の中央区新川）の霊巌寺が深川へ移転。13もの末寺を引き連れてきたものだから、深川には一気に寺が増えた。

また、浄心寺も、同じ年、将軍の家綱から1万坪の土地を与えられて移転。一緒に移転した塔頭八院が、のちに独立するという具合に、深川には寺が増えていったのである。

成城学園はなぜ高級住宅街になったのか?

東京の高級住宅街で知名度ナンバー1といえば、大田区の田園調布だろう。

それに次ぐのが、世田谷区の成城学園である。昔から、民俗学者の柳田国男、詩人の北原白秋《はくしゅう》、西条八十《やそ》、作曲家の山田耕筰、小説家の大岡昇平、水上勉、大江健三郎ら文化人も自宅を構えてきた、人気が高い高級住宅街だ。

　ところが、大正時代までの成城は、ヤブや雑木林にキツネやウサギが棲むような荒れ地だった。

　そんな未開の地が大変身するのは、当時、牛込区（現在の新宿区）にあった成城学園が、１９２５年に移転してきてからのことである。

　そのころ、小田急電鉄が、新宿を始発とする路線を計画中だった。そこで、成城学園では、小田急と交渉して、駅を設け、学園名を駅名にするなどの約束を取りつけた。

　小田急は、１９２７年に開通する。成城学園は、駅付近の土地約２万坪を購入。学園周辺の土地を宅地として売却し、学園建設の資金とする経営戦略をとったのだ。

　その後、道路には桜並木が植えられ、整然とした区画整理が行われた。また、柳田国男の指導で、自然環境を重視する街づくりが行われ、塀は生け垣に統一された。以降、成城は、高級住宅街としてしだいに注目を集めるようになっていくのである。

静岡のほうが近そうなのに、伊豆七島はなぜ東京？

　伊豆諸島の三宅島や八丈島のクルマのナンバーは、品川ナンバーである。潮風を受けながら、島の周回道路を走るバスも軽トラックも、ちゃんと品川ナンバーをつけている。これは、伊豆諸島が東京都に組み込まれているからである。

伊豆諸島が、当時の東京府に編入されたのは1878年のこと。そのまま現在も東京都なのである。

歴史をさかのぼると、江戸時代、伊豆諸島は幕府の直轄地で、伊豆の代官の支配下にあった。

18世紀末の寛政の改革のころからは、幕府は伊豆諸島の特産品をすべて江戸に送らせ、幕府による専売を行っていた。絹織物、椿油、黄楊《つげ》、魚類などが江戸に送られ、幕府によって販売されたのだ。その名目は、島の特産品を売ることで、島の困窮を救うことだったが、本当の狙いは、幕府の財政収入を増加させることだった。

明治時代になると、廃藩置県によって、伊豆諸島は足柄県に、さらに1876年には静岡県にいったん編入された。

しかし、島の人たちが商売をしようとすると、これまでどおり、大消費地の東京へ運ぶしかない。そのため、静岡県などに属していると、手続きなどで不便なことが多く、また、東京の商店とトラブルがあると、足柄県や静岡県の指導を受けなければならなかったが、それは足柄県や静岡県にとっても重荷だった。

そこで、政府は、1878年1月11日、伊豆諸島を東京府の管轄にしたのである。伊豆諸島の人々も大喜びだったという。

八つの島があるのにどうして伊豆「七」島?

伊豆諸島は、伊豆半島の東側、相模湾から

南の方角に向かって、ほぼ一直線上に点在する島々のことをいう。

海水浴客に人気の神津島や式根島をはじめ、伊豆七島には毎年、数多くの観光客が訪れている。

火山が噴火した三宅島も、伊豆七島の一つである。

ところで、伊豆七島のそれぞれの島の名前をあげると、本州から近い順に、大島、利《と》島《しま》、新島《にいじま》、式根島、神津《こうづ》島、三宅島、御蔵《みくら》島《じま》、八丈島となる。古くから「伊豆七島」と呼ばれてきたこれらの島々だが、数えてみると八つある。いったい、これはどういうことなのだろうか。

答えは簡単。もともとは七つだったが、その後、一つの島が二つに分かれ、八つになったのである。

その原因となったのは、1703年に江戸・関東諸国を襲った元禄地震。マグニチュード7・9から8・2と言われるこの大地震で、それまでは歩いて渡れる程度の深さでつながり、一つの島とみられていた新島と式根島が完全に二つに分断されたのだ。それ以来、伊豆七島というのに島は八つ、というヘンなことになっているのだ。

島が増えたのだから「伊豆八島」に改めればいいのではと思えるが、歴史ある呼び方を変えるのは簡単なことではない。

伊豆七島という呼び方がいつできたのかは定かではないが、伊豆諸島に人が住みはじめた歴史は古い。

先史時代にはすでに人が住んでいたとみられ、縄文式土器や弥生式土器も数多く出土している。

熊谷はなぜそんなに暑いのか?

埼玉県熊谷市では、2007年8月16日、岐阜県の多治見市と並んで、40・9℃という史上最高の暑さを記録した。なぜ、熊谷はそんなに暑くなるのだろうか?

それには、大きく分けて二つの原因がある。ひとつは、フェーン現象だ。熊谷市の平野部には、上空を吹く西風が秩父の山岳地帯を越え、吹き下りてくる。そのときに熱が生じるのである。

地上は、上空より気圧が高いため、吹き下ろされる空気は圧縮されて温度が上昇する。その温められた空気が流れこむことで、熊谷の平野部の気温があがるのだ。

もうひとつの原因は、都心部のヒートアイランド現象である。日中、東京や相模湾から吹いてくる南風は、本来はもっと涼しいはずだった。ところが、都心のヒートアイランド現象によって、風は大都市を通っているうちに温められてしまうのだ。

フェーン現象で温められた風と、ヒートアイランド現象で温められた風、ふたつの風が熊谷市付近に吹きこむ。それが、熊谷が日本一暑いといわれる理由というわけだ。暑さの一方の雄、岐阜県の多治見市にも、それらの条件が揃っている。

川越市が「土蔵の町」になった経緯は？

江戸時代には、川越藩の城下町として栄えた埼玉県内の川越市。今も、土蔵造りの商店が建ち並び気軽に行ける〝土蔵の町〟として多くの観光客を集めている。

川越が土蔵の町となったのは、江戸時代と明治時代の二度、大火を経験したからだった。

江戸初期までの川越には、かやぶきの商家が多かった。ところが、1638年に大火に見舞われ、多くの商家が焼失。その翌年、領主の松平伊豆守の方針によって、火災に強い蔵造りが始まった。

その後、川越は、川越街道などによって江戸とつながり、物資の集散地としてにぎわいを増していく。そして、商売に成功した商家によって、立派な土蔵が建てられていった。

現在も残る大沢家の土蔵は、1792年、呉服太物を商う豪商近江屋半右衛門の店舗として建てられたものである。

ところが、1893年、川越は再び大火に見舞われる。とくに目抜き通りは壊滅的な打撃を受けた。

そのときも、土蔵の多くが焼け残ったので、それを教訓にして、どの商家も再建するとき、土蔵造りとしたので、川越は〝土蔵の町〟となったのである。

つくばに研究学園都市がつくられた理由は？

茨城県つくば市といえば、東京からかなり遠いところと思い込んでいる人が少なくないだろう。

しかし、東京からつくば市までの距離は60キロメートル。東京駅からバスに乗れば、1時間ほどで着いてしまう。

そのつくば市に、東京都文京区にあった東京教育大学が移転することになって、筑波大学が開学してから約40年。そもそも、このつくばの地に、研究学園都市を建設しようと決まったのは、いまから半世紀近くも前のことである。

1961年の閣議で、東京への過度の人口集中を防ぐため、官庁の集団移転について検討することが決まった。そして、3年後、東京の中心から約60キロメートルの筑波山麓に新都市建設が決定。そこに、筑波大学も含めた国の43機関と民間2機関の各施設が移り、職住近接型の新しい都市の建設が進められることになった。

そのころのつくばは、アカマツを中心とした平地林や原野が広がっていて、ところどころに集落と畑があるといった程度の土地だった。

というのも、一帯が関東ローム層に覆われ、土地はやせ、水利条件にも恵まれなかったので、長く開発から取り残された地域だったのだ。

だが、その悪条件が幸いする。東京から車で1時間と近い場所に、広大な土地が残されていたのだ。

それだけ、用地の買収費用が安くあがるわけで、政府としては願ってもない場所だったのである。

上州名物「からっ風」ってどんな風？

冬の群馬県に天気予報は必要ないと言われる。というのも、ほとんど連日、晴れるからである。

そのため、冬は、日本でも指折りの乾燥地帯となり、天気予報では、連日、異常乾燥注意報が出され、火の始末への注意喚起が繰り返される。もし、火事を出せば、空気が乾燥しているうえに、上州名物のからっ風にあおられて、アッという間に燃え広がってしまうからである。

また、火事を出さなくても、からっ風に乾いた土があおられて、空高く舞い上がり、砂ぼこりとなる。

そのからっ風砂ぼこりから、家を守るため、群馬県の農村地帯では家屋の西側と北側に、林や竹やぶがつくられている。

それらは「屋敷森」や「屋敷林」と呼ばれ、学校の地理の時間に習うほどの上州名物となっている。

そもそも、群馬県にからっ風が吹くのは、遠くシベリアからやってくる寒気団の影響である。

シベリアから南下してくる寒気団は、日本海で湿った空気を含んでから、三国山脈にぶちあたる。

すると、山脈の北側の新潟県で大量の雪が降り、湿気を雪として吐き出した空気は、乾いた風となって三国山脈を越え、群馬県側に吹き下りてくる。

その2000メートル級の三国山脈から一気に駆け降りてくる風が、上州名物のからっ風なのである。

もっとも、群馬県は、からっ風さえ除けば、夏と冬の温度差は少なく、晴れの日が多い、過ごしやすい気候である。また、台風の被害も少なく、気象条件に恵まれた県である。

合戦があったわけでもないのに、どうして「戦場ヶ原」？

奥日光にある中禅寺湖の北には、「戦場ヶ原」と呼ばれる湿原がある。では、その戦場ヶ原では、どんな戦いが行われたかご存じだろうか？

どんな歴史好きの人でも、そこで行われた合戦を思い出すことはできないはずである。理由はいたって簡単。この地で戦いが行われたことはないからである。しかし、伝承に詳しい人なら、日光男体山《なんたいさん》の神と赤城山の神が、中禅寺湖を取り合って戦ったというエピソードをご存じかもしれない。

伝承によれば、男体山の神は大蛇に、赤城山の神はムカデに姿を変えて、激しく争っていた。すると、弓の名人である猿麻呂が、男体山の助っ人として現われ、ムカデの体を射抜いた。以後、中禅寺湖は、男体山の支配下におかれ、日光ではサルが神聖な動物とされるようになった——という。

しかし、この伝説も、本当のことをいえば、「戦場ヶ原」という地名とは、直接には関係ない。

真相は「千畳敷きもある広い原野」を表す「千畳が原」に由来し、先の伝説が残っていることから、のちに「戦場ヶ原」と表記するようになったのである。

ちなみに、戦場ヶ原の湿原は、男体山の噴火で、湯川がせき止められてできたもので、一帯は高山植物の宝庫。夏場は、植物観察や野鳥観察に訪れる人でにぎわうという、いたって平和で美しい風景が広がっている。

宇都宮市が「ギョウザの町」になった経緯は？

宇都宮市が「ギョウザの町」を宣言したのは、1990年のこと。今では、駅前にギョウザの形の石像が建てられ、ギョウザ目当ての観光客が多数訪れるようになっている。

同市が「ギョウザの町」を宣言したのは、じつは1人の市役所職員の〝発見〟がきっかけだった。彼が気づいたのは、ギョウザの消費量の多さである。

総務省では、毎年「家計調査年報」を発行している。県庁所在地ごとの食品支出額などをまとめた統計である。そのなかに、ギョウザにかける一家族あたりの金額も含まれており、宇都宮市民は、その額（外食）が堂々の第1位だったのだ。しかも、調査の始まった1987年以来、ずっと全国一の座をキープしていた。

その事実を発見した市職員が、ギョウザによる町おこしを企画する。もともと、宇都宮市内には、ギョウザ専門店が200軒以上あり、アンケート調査でも「ギョウザが大好き」と「好き」を合わせた人が93%にものぼっていた。正月が近づけば、「お正月用餃子のご予約はお早めに」という貼り紙がされる土地柄だけに賛同者が増え、ついに「ギョウザの町」を宣言することになったのである。

では、なぜ、宇都宮市民がギョウザ好きになったかというと、戦争中、宇都宮にあった陸軍第14師団から。約1万人が中国北部に出兵したことがきっかけになったとみられている。兵士たちが、中国で食べた餃子の味が忘れられず、帰還後、家庭や商売として作り始めたのだ。

また、栃木県が全国一のニラの産地だったことも、餃子人気に拍車をかけることになったようだ。

鎌倉が文士の街になった経緯とは？

神奈川県の鎌倉には、川端康成記念館や鎌倉文学館など数多くの文学館がある。これは、いまでこそイメージが薄らいではいるが、鎌倉はもともと「文士の街」だからである。

のちにノーベル文学賞を受賞した川端康成が鎌倉に移ったのは、1935年、36歳のときのこと。作家の林房雄の誘いで浄明寺に引っ越した。そして、鎌倉を舞台とした『千羽鶴』や『山の音』の連載を始めるのは、１９４９年のことだ。

ただし、鎌倉が「文士の街」と呼ばれるようになるのは、川端康成が移り住むより、少し前からのことである。

明治の初めころ、鎌倉は、かつて鎌倉幕府があって栄えた都市としては、寂しい街に落ちぶれていた。鶴岡八幡宮へ参拝する人も、かなり少なくなっていたという。

その鎌倉が注目を集めたのは、１８８９年、東海道本線の大船駅と、軍港のある横須賀を結ぶ横須賀線が通じてからのことだった。さらに、１９３０年には、東京から東海道本線と横須賀線を直通する電車が運転され、東京発の電車で鎌倉まで行けるようになった。

その一方、１９２３年の関東大震災で東京の街が壊滅状態に。そのため、震災後に、東京から鎌倉に移り住んでくる文士が増えたのである。

もちろん、普通の人たちより、繊細な感覚をもつ文士たちに好まれたのは、気候が温暖で、景色もすばらしいこと。また、かつて幕府のあった街だけに、歴史上有名な文化財が多いことも、文士に気に入られた理由だった。

鎌倉に住んだ文士としては、大佛《おさらぎ》次郎、里見弴《とん》、久米正雄、小島政二郎、永井竜男、島木健作、高見順、吉屋信子、今日出海《こんひでみ》、永井路子、中村光夫、竹山道雄、立原正秋、小林秀雄らがいる。

東京湾上の「海ほたる」に住所はあるか？

神奈川県川崎市と千葉県木更津《きさらづ》市を結ぶ約

15キロの東京湾アクアライン。川崎側の海底トンネルと、木更津側の海上道路でつながっており、その継ぎ目にある「海ほたる」は、東京湾のほぼ中央にあるパーキングエリアとして知られる。

晴れた日には、見渡すかぎり真っ青な海に囲まれ、1997年のオープンから変わることなく人気デートスポットとなっているが、この海ほたる、海の真ん中にありながら、しっかり住所も決められている。

その住所は「千葉県木更津市中島地先海ほたる」。周囲に建物がないので、番地はないが、郵便物はこの住所で届く。東京湾のほぼ中央に位置しながら、なぜ千葉県かというと、東京湾にも県境が定められていて、海ほたるは千葉県寄りにあるからだ。

ちなみに、海ほたるは、パーキングエリアとはいえ、展望台やアミューズメントパークもあり、店舗数と充実ぶりはサービスエリア並み。しかし、サービスエリアは約50キロごとに置かれるので、往復でも30キロの東京湾アクアラインの海ほたるはパーキングエリア扱いとなり、ガソリンスタンドは設置されていない。

銚子市とお酒の「お銚子」の深いつながりとは?

千葉県銚子市は、沖合いで親潮と黒潮がぶつかる全国屈指の漁港。この銚子という地名は、港の形が酒を注ぐ器具の銚子に似ていることから、名づけられた。

といえば、どこが、酒を注ぐ銚子に似ているのかと、首をひねる人もいるだろう。両者

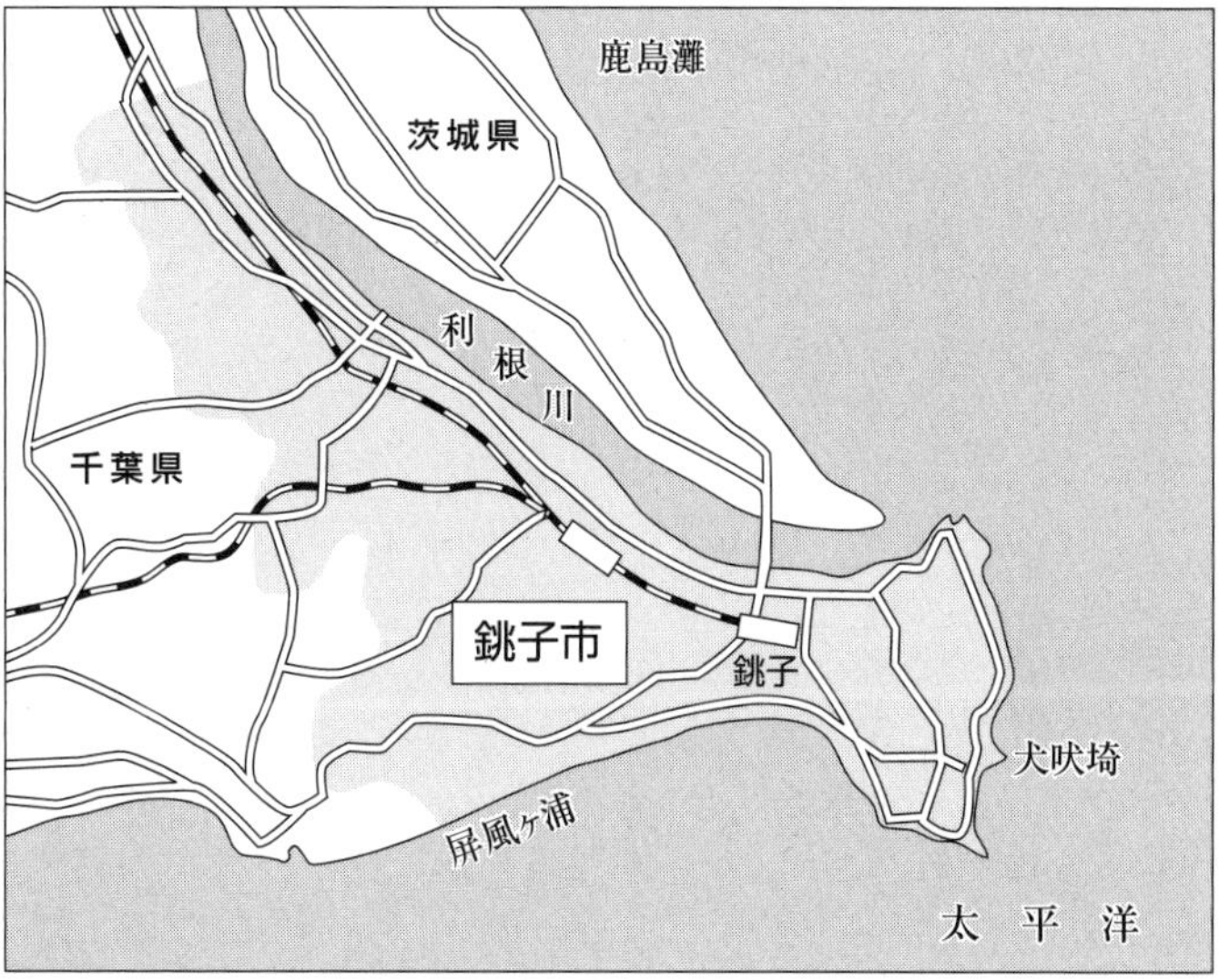

の関連については、もう少し説明が必要のようである。

今、銚子といえば、居酒屋で「すいません、お銚子、もう1本」と頼むように、徳利のことを思い浮かべる人が多いだろう。しかし、昔の銚子は、まったく形が違っていて、底が浅い円い鍋のような形をして、取っ手がついていた。注ぎ口は片口と両口のものがあり、先端にいくほど狭くなっていた。

一方、銚子付近の地形は、海に向ってだんだん細くなり、利根川が海に注がれているように見える。それが、昔の銚子の注ぎ口に似ていることから、利根川の河口が「銚子口」と呼ばれるようになった。

その名が広く知られたので、１８８９年、市町村制の施行にともない、正式に「銚子町」と名づけられたのである。

犬吠埼と犬はどんな関係？

千葉県銚子市の犬吠埼は、太平洋に突出した岬。近くの愛宕《あたご》山から眺めると、360度の視野のうち、330度ぐらいが海である。「地球が丸く見える丘」と呼ばれ、地球展望台という塔も建てられている。

この犬吠埼という地名には、源義経の愛犬に由来するという伝説が残っている。

その伝説によると、義経は、兄の頼朝に追われて奥州へ落ちる途上、銚子のあたりから舟で北へ向かった。そのとき、義経は愛犬を連れていたが、舟に犬を乗せる余裕はなく、海岸に置き去りにせざるをえなかった。

すると、残された犬は主人を慕い、七日七晩鳴き続けたのち、岩に姿を変えた。それが、ピンと耳を立てた犬のような形をした岩で、そこから犬の鳴き声の聞こえる岬という意味で、犬吠埼と名づけられたという。

もっとも、史実によると、義経は北陸道を通って、奥州に下っている。この愛犬の話も、全国各地に残る〝義経伝説〟の一つと考えられ、岬の沖に犬のような形をした岩があることから創作された伝承とみられる。

じっさいには、海岸に打ち寄せては砕ける波の音が、犬の吠える声のように激しいところから、犬吠埼と名づけられたようである。

千葉県の地名に数字が多いのは？

千葉県北部の地図を見ると、数字のつく地

名が多いことに気づく。

八街市をはじめ、新京成電鉄沿線には「五香」「三咲」という駅がある。船橋から柏、野田へ向かう東武野田線には「六実」「豊四季」という駅がある。

これらの数字地名には、じつはつながりがある。

千葉県北部は、江戸時代には幕府の放牧地があった土地。ところが、江戸幕府が滅ぶと、放牧地は不要になった。

一方、維新後、明治政府は、失業者問題に頭を痛めていた。そこで、失業者対策もあって、千葉県北部を新たな開拓地にしようと考えた。生活に困っている元下級武士や武家屋敷の奉公人を、入植者として千葉県北部に送り込んだのだ。

そのさい、明治政府は開墾地に名前をつけることになったが、開墾を手がけた順番が一目でわかり、かつ成功を祈願する美しい名にしようということになった。それが「五香」や「三咲」などの地名だ。

順番にいうと、鎌ヶ谷市の「初富」、船橋市の「二和」「三咲」、柏市の「豊四季」、松戸市の「五香」「六実」、富里市の「七栄」、八街市の「八街」、香取市の「九美上」、富里市の「十倉」となる。

さらに、白井市の「十余一」、柏市の「十余二」、成田市と多古町にまたがる「十余三」と続いた。

もっとも、この地域での開墾事業は、ほとんど失敗した。元武士たちにとって慣れない農作業であったし、土壌にも問題があった。多くは離農していき、地名だけが残ることになった。

ディズニーランドの最寄り駅が「舞浜」になった事情とは？

千葉県の東京ディズニーランドの玄関といえば、ＪＲの舞浜駅。

舞浜駅は東京ディズニーランドのためにつくられた駅であり、舞浜という地名もそのさいつくられたもの。昔からこの地に舞浜という地名があったわけではない。

もともと、いまの舞浜駅は、「東京ディズニーランド前駅」とわかりやすく名づけられるはずだった。

ところが、東京ディズニーランド側からＯＫがでなかった。もし、ディズニーランドの名のつく駅や駅周辺が、美観を損ねるものとなった場合、ディズニーランドの印象も悪くなる。そのため、ディズニーランドの名を使わないように求めたのである。

そこで、ＪＲでは、新駅名を考えることにした。そのさい、ヒントになったのが、アメリカのウォルト・ディズニー・ワールドのあるフロリダである。

フロリダには、世界的に有名なマイアミビーチがある。そのマイアミビーチの雰囲気にあやかろうと、「マイアミの浜辺」＝「舞浜」という言葉をつくり出したのだ。「マイハマ」という音なら、外国人にも覚えてもらいやすいという読みもあった。

そして、駅名を舞浜と名づけたからには、マイアミの雰囲気に近づける必要もあろうと、関係者は考えた。

舞浜周辺に、椰子の並木道があるのはそのためだ。

成田に空港ができたのはどんな理由？

　徐々に改善されているとはいえ、東京から成田空港へのアクセスの不便さは、依然不評である。このように大都市から遠く離れた成田に空港をつくってしまったのは、次のような事情があった。

　1963年当時、日本の表玄関は羽田空港だった。ところが、国内、国際の両路線が乗り入れており、発着数が増えるにつれてパンク状態になっていた。

　そこで、国際線専用の新空港をつくろうという話になったのだが、そのとき重視されたのが、羽田空港の空路の邪魔にならないことと、気象条件だった。

　というのも、海に面した羽田空港は、風の影響で着陸できないことが少なくなかった。風を避けるため上空で旋回して着陸が遅れたり、他の空港へ着陸することもあった。

　しかし、内陸部の成田あたりであれば、台風や風の影響をほとんど受けない。

　また、東京が雪でも、成田付近は雨が降る程度と天候が安定しており、離発着への悪影響をほとんど懸念する必要がなかったのである。

　実際、成田空港では、開港後、風の影響でコース変更や到着に遅れが出たことは、ほとんどないという。

　というわけで、首都圏の風の影響を受けないところに、広い空港用地を確保するには、成田でもまだしも都心から近いほうだったのである。

❹ 中部・北陸・近畿

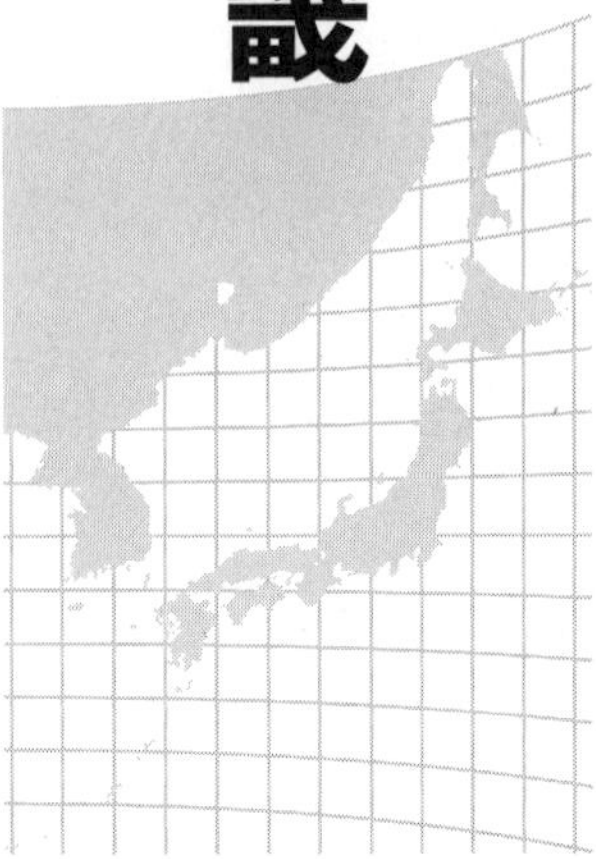

室町時代の「室町」って、どこにある?

「奈良時代」といえば、奈良に都があった時代、「鎌倉時代」といえば、鎌倉に幕府があった時代をいう。では、「室町時代」の幕府は、どこにあったのだろうか?

ご存じのように、室町幕府は京都におかれていた。「室町」というのは、その京都の町にある通りの名である。

室町幕府を開いた足利尊氏は、幕府の本拠地を下京と上京の中間に位置する三条坊門万里小路（現在の中京区、御池通と柳馬場通）に置いた。そして、三代将軍足利義満が上京に移した。

その建物の正門が室町小路に面していたので、幕府邸は「室町殿」と呼ばれるようにな

る。やがて、「室町殿」は、足利将軍そのものを表す呼び名にもなった。つまり、「室町時代」という時代区分名は、幕府邸と足利将軍の呼び名に由来する。

その室町殿は、現在の上京区烏丸今出川の北西にあたる場所にあった。しかし、その周辺を歩いても、辻の角に石柱がぽつんと立っているだけである。

京都はどうして「洛」と呼ばれるの?

「洛中洛外」という言葉がある。京都で、洛中と洛外が地域的に分けられるようになったのは、16世紀末、豊臣秀吉が京都に「お土居」を築いてからのことである。お土居とは、天下を統一した豊臣秀吉が、京都の周辺に巡らせた城壁のようなもの。鴨川以西の京都市街を土塁と堀で囲み、敵からの防衛と、鴨川の氾濫に備えたのである。総延長は20キロ以上にもおよび、その内側を洛中、外側を洛外と定めたのである。

ただ、そもそも、京都の街が「洛」と呼ばれはじめたのは、平安時代のことである。

ご承知のように、平安京は唐の都・長安を模して作られた。

そのさい、唐では、西の長安を首都、東の洛陽を副都としていたため、平安京では、朱雀大路の西側の右京を長安城、東側の左京を洛陽城に見立てた。ところが、左京の洛陽城のほうに人口が集中。都市として発展したので、「洛陽」が京都の代名詞となった。

そこから、京都の町は「京洛」「洛都」などと「洛」の字をつけて呼ばれるようになり、京の都へ行くことを「上洛」というようになったのである。

宇治が、茶の名産地になったのは？

宇治と聞くと「お茶」をイメージするほど、宇治は茶の名産地として知られている。

日本茶の歴史は、鎌倉時代の初め、宋に留学した禅僧の栄西が、茶の木の種を持ち帰ったことに始まる。

のちに、この種を京都栂尾高山寺の明恵上人に分け与えたところ、上人は茶の木を栽培し、それを宇治に移植するとともに、村人たちに、茶の種を馬のひづめの跡にまくなど、栽培のコツをこまごまと教えたという。

茶の栽培には、砂礫が多い土地が適するが、宇治の土地はそれにピッタリだった。加えて川霧が立ち込め、湿度が高いことも幸いした。

　南北朝時代になると、宇治茶は有力守護の保護を得て急速に発展。室町時代以降は、足利義満や織田信長、豊臣秀吉らが、茶の湯に熱心だったため、良質のお茶がつくられるようになり、宇治茶は茶の代名詞となった。

　江戸時代には、毎年、新茶の季節に、宇治茶を将軍に献上するためのお茶壺道中が行われ、大名も道を譲るほどの権威で飾られていた。

　要するに、茶栽培に適した土質に恵まれ、政治・文化の中心である京に近かったことが、宇治茶を有名にしたのだった。

　その後、江戸中期、宇治の永谷宗七郎によって、煎茶の製法が開発される。急須に茶を入れ、熱湯を注ぐだけで手軽に飲めるようになったため、宇治茶はますます有名になり、お茶といえば宇治茶というイメージが、公家や武士だけでなく、庶民の間にも広まっていった。

嵐が吹き荒れるわけでもないのにどうして「嵐山」？

京都の有名な観光地に「嵐山」がある。とくに、紅葉の季節に渡月橋に立つと、正面の嵐山が色鮮やかに迫ってくる。山を彩る紅葉のあでやかさにうっとり見とれてしまうが、そもそもこの華やかな山がなぜ「嵐山」と名づけられたのだろうか。

　その答えのヒントは、明治時代に出版された『大日本地名辞書』のなかにある。そこには、「アラスは松尾の古名で、嵐山は旧『荒櫟山』だ」と記されているのだ。

「アラス」は、720年に完成した『日本書紀』にも見える地名である。

渡月橋の下を流れているのは桂川だが、その周辺の松尾あたりは、もともと上流から運ばれてきた土砂を堆積させた砂地で、古代、その砂地は「アラス」と呼ばれていた。

のちに、渡来系氏族の秦氏が開拓して田んぼになり、「アラス田」と呼ばれるようになった。

さらに、近くの山中に田んぼの守り神を祀ったところから、「アラス山」と呼ばれるようになったという。

つまり、「アラスダ」近くにある山を「アラスヤマ」といい、それに「嵐山」という漢字を当てたというわけだ。

嵐山に「嵐」が吹き荒れたわけではなかったわけである。

平安京の朱雀大路は、今の京都のどこの道？

平安京のメインストリートは「朱雀大路《すざく》」。京の都を南北に貫き、大内裏の表門である朱雀門や、天皇が政務をみた大極殿《だいごくでん》も、このメインストリートにあった。

しかし、意外に知られていないのは、この朱雀大路が現在のどの通りにあたるかということである。

京都っ子ですら、名前がそれっぽい「大宮通」と勘違いしている人が多いし、「堀川通」と思っている人もいる。だが、正解は現在の「千本通」である。

といっても、ピンとこない人がほとんどだ

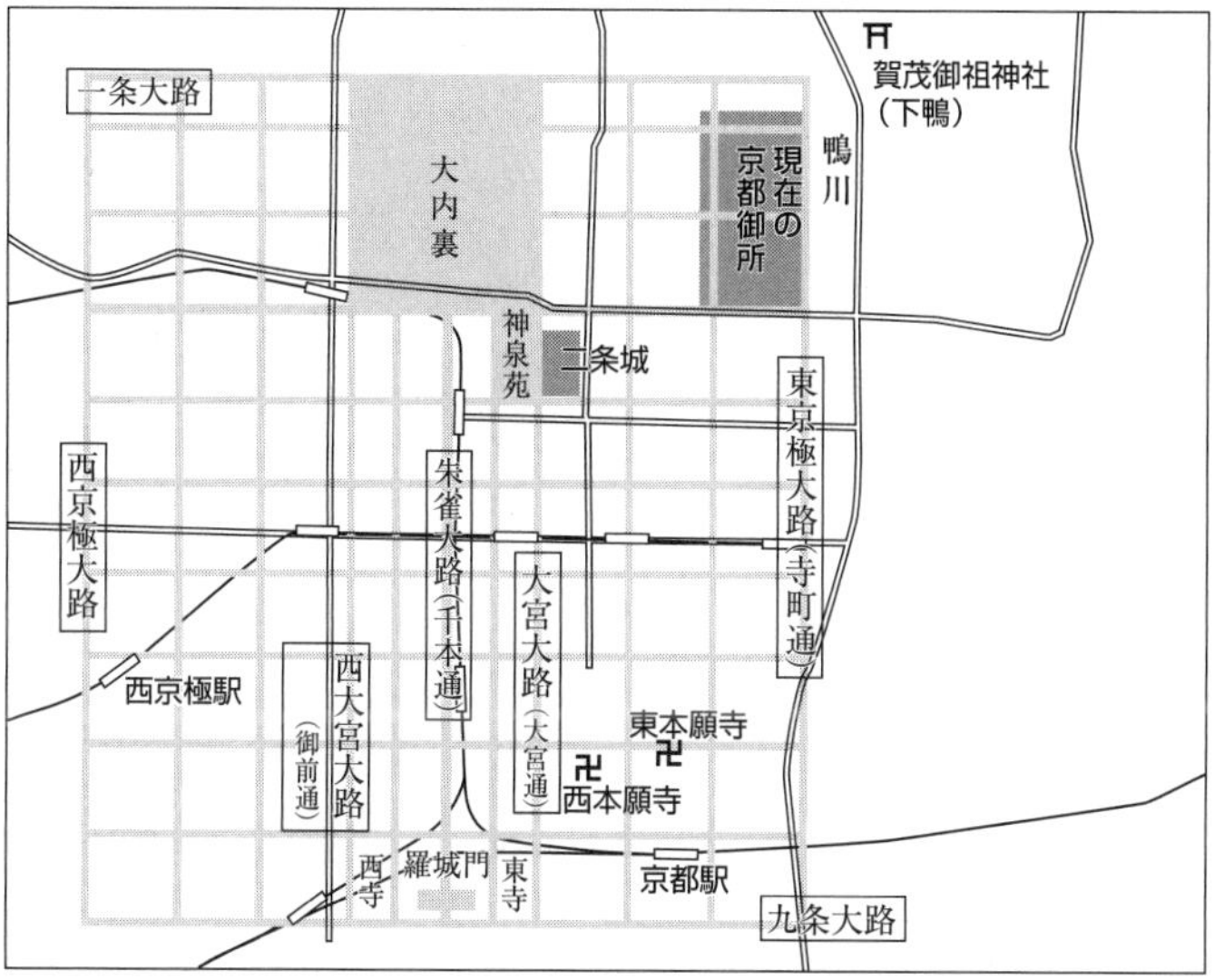

ろう。「千本通」は、ＪＲ二条駅の前を通り、壬生《みぶ》寺の西側を通って、東寺の西側へと続く通りだが、今は何の変哲もない平凡な通りである。

　しかし、平安時代は、現在の千本通と二条通との交差点に朱雀門があり、千本通と丸太町通の交差する千本丸太町交差点の真ん中に大極殿があったことは確か。今も交差点の東北隅の歩道に、記念のプレートがはめ込まれている。

　この千本通を二条駅から真っ直ぐ北へ進むと、正面に船岡山《ふなおかやま》がある。眺望のすばらしさで知られる山だが、じつは平安京の街並みは、この船岡山から線を引き、それを基準線にして左右対称に造られた。

　じっさい、頂上から平地を見下ろしながら、設計されたと伝えられる。

日本地図
北海道・東北
関東
中部・北陸・近畿
中国・四国・九州・沖縄

いつから京都御所は公園になったのか？

14世紀末から1869年までの約500年のあいだ、天皇や皇族が暮らされていたのが、京都御所である。現在は、正式には「宮内庁京都御苑《ぎょえん》」と呼ばれ、市民や観光客も自由に入れる公苑となっている。

苑内には、約5万本の樹木が植えられ、芝生が敷かれ、たくさんの野鳥が遊んでいる。また、小堀遠州の作庭で有名な仙洞《せんとう》御所、幕末に戦いの場となった蛤《はまぐり》御門《ごもん》などもある広大な公苑となっている。

かつての天皇の住居周辺が、これほど大きな公苑となったのは、天皇の東京移住で、すっかり無人の地となっていたからである。

江戸時代は武士の時代であり、その陰では巨万の富を得た商人が、大きな力をもっていた。反面、政治的にも経済的にも力を失ったのが公家たちである。江戸時代、公家たちは、御所周辺に半ば強制的に集められ、幕末の京都御所周辺には、公家の屋敷がひしめき合っていたのだった。

ところが、明治時代となると、天皇は東京へ移ることになった。天皇の権威にすがるしかない公家たちも、つぎつぎと東京へ引っ越したため、京都の中心に〝ゴーストタウン〟が出現することになった。

そこで、御所は残し、貴族の邸宅は取り壊して、その跡地を公苑として整備したのである。

京都御苑内を歩いてみると、近衛邸跡、鷹司邸跡、九条邸跡など、貴族邸宅の名残りを

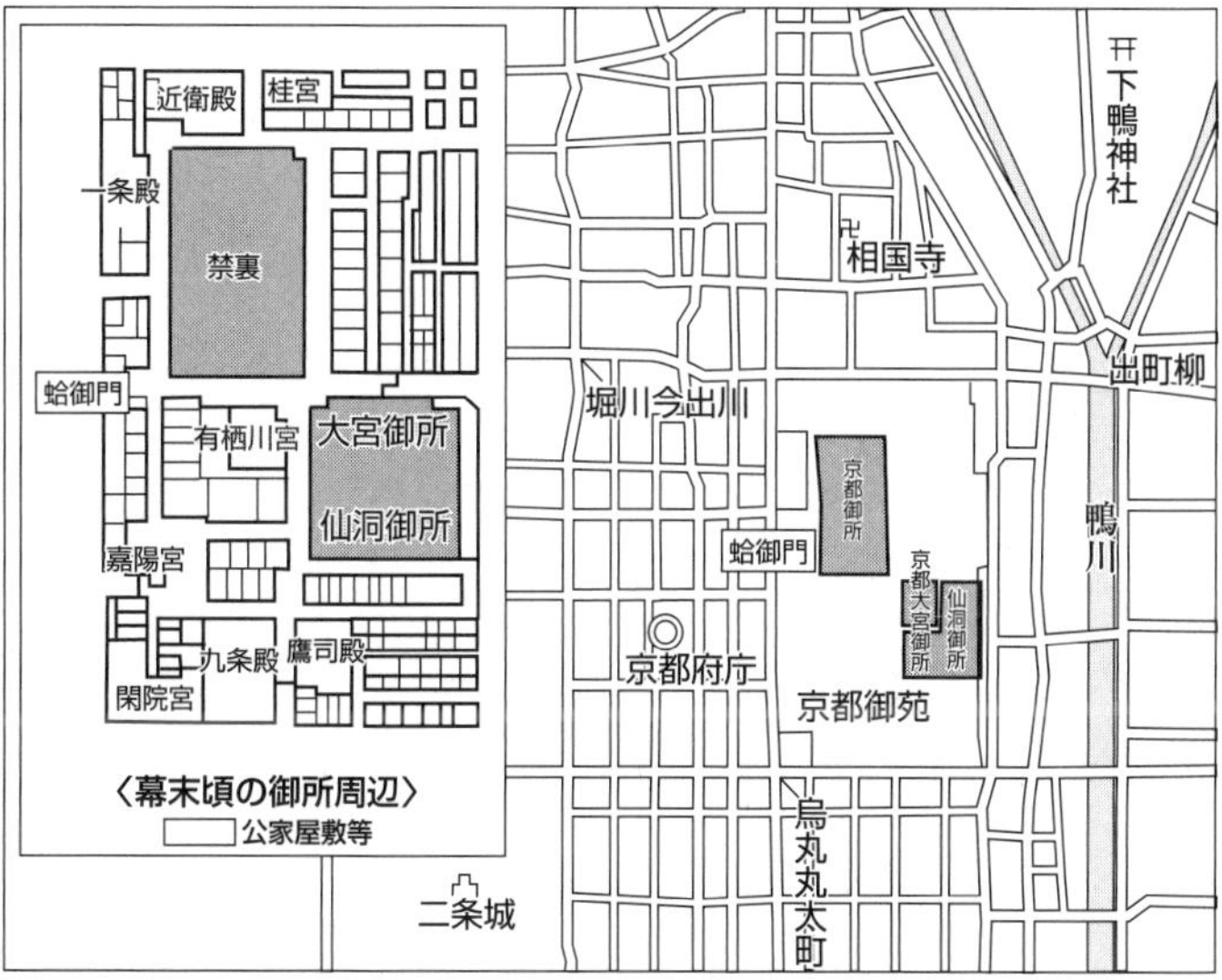

感じさせる庭園が広がっている。

どうして京都には難読地名が多いのか?

修学旅行中の生徒が、「烏丸」を「とりまる」、「先斗町」を「せんとうちょう」と誤読するのは、別に珍しいことではない。なかには、「烏丸丸太町」を「からすがまるまるふとった町」と読む生徒までいるくらいだ。

とにかく、京都の地名は、ほかの土地から来た人にとって、難読・難解である。たとえば、「間之町」「御幸町」「西石垣」「醒ヶ井」「化野」「蚕ノ社」「帷子ノ辻」「車折」「一口」「祝園」などは、まず正確に読めない。

ちなみに、正しい読み方は、順に「あいのまち」「ごこまち」「さいせき」「さめがい」「あだしの」「かいこのやしろ」「かたびらのつじ」「くるまざき」「いもあらい」「ほうその」である。

京都には、なぜ、これほど難しい地名が多いのだろうか？ たとえば、「先斗町《ぽんとちょう》」は、ポルトガル語で「先」という意味の「ポント」を念頭においた当て字で、「御幸町」は、秀吉の都市改造のさい、秀吉に敬意を表して新たに名づけられた。もとは「ごこうまち」だったが、時代とともに「ごこ」に転化したので、ますますややこしくなった。また、「車折」は、平安時代に、後嵯峨天皇が御幸のさい、この地でお召車の車軸が折れて動かなくなったというエピソードに由来している。

つまり、京都の地名が難解なのは、現在の言葉とちがった古い言葉が残っているうえ、古くから使われるうちに縮まったり、音読みと訓読みが混在した言葉が多いことなどが理由になっている。要するに、京都の千年を超える歴史が原因というわけである。

京都の「新京極」という地名の由来は？

「新京極」という地名を聞くと、「懐かしい〜」と思う人もいるのではないだろうか。かつては京都へ修学旅行に行くと、この新京極で自由行動となることが多かった。読者のなかにも、新京極界隈をぶらぶらしながら、蛸薬師《たこやくし》堂にお参りしたり、お土産を買ったという人がいるに違いない。

この「新京極」という地名は、豊臣秀吉の側室の名にちなんでいる。彼女の名は「京極松の丸殿」といった。

秀吉は、市街地の整備と京都の防衛を目的として、点在していた寺院を集め、そこを寺町通りにした。寺は敷地が広く、建物も立派なので、戦国時代には、ひとたび戦になれば、兵士の籠る砦という役割も担っていたからである。

その寺町通りに「誓願寺」という寺院を再建したのが、秀吉の側室だった京極松の丸。誓願寺は、寺町通りでも最大の寺院だったので、その通りは、いつしか彼女の名前にちなみ、「京極通り」と呼ばれるようになった。やがて、寺院の境内は、縁日などでにぎわうようになり、周辺にも芝居小屋などができて、庶民の集う場所となった。

明治時代になると、廃仏毀釈《はいぶつきしゃく》の影響もあって、寺院の境内はつぎつぎと縮小されていった。そのとき、京都府では、寺院から収容した土地を娯楽の中心として開発することにして、京極通りの東側に道路を新設。その通りを「新京極通り」と名づけたことから、一帯が「新京極」という名で呼ばれるようになったのである。

「東山三十六峰」って どこからどこまでのこと？

東山は、芭蕉の弟子、服部嵐雪《らんせつ》の「ふとん着て寝たる姿や東山」の句に詠まれているとおり、形状のなだらかな山。京の都の東に位置することから、平安朝の昔からこの名で呼ばれている。

時代劇でおなじみの「東山三十六峰」とは、京都盆地の東部にそびえる36の山の総称。京都の観光名所の一つで、京都のホテルの案内には「東山三十六峰をのぞむ部屋は見晴らしも抜群」などと書かれているものだ。

さて、その東山三十六峰だが、毎日その姿を見ながら暮らしている地元の人でも、36の山をすべていえる人は、そうはいないという。

『広辞苑』には「北は比叡山《ひえいざん》から南は稲荷山までを指し、古来、東山三十六峰の称がある」とあるが、この問題に関しては、さまざまな「見解」があって、いまのところ確定はしていない。「北は比叡山から数える」という点では、だいたい一致しているが、そのほかの部分では諸説紛々といったところだ。

一応、京都市の公式見解を紹介すると、北から順番に以下のとおりとなる。比叡山・御《み》生山《あれやま》・赤山・修学院山・葉山・一乗寺山・茶山・瓜生山・北白川山・月待山・如意ヶ嶽・吉田山・紫雲山・善気山・椿ヶ峰・若王子山・南禅寺山・大日山・神明山・粟田山・華頂山・円山・長楽寺山・双林寺山・東大谷山・高台寺山・霊鷲山《りょうじゅせん》・鳥辺山・清水山・清閑寺山・阿弥陀ヶ峰・今熊野山・泉山・恵日山・光明峰・稲荷山――となる。

奈良の「明日香」と「飛鳥」は、どんな関係？

壁画で知られる「高松塚古墳」、蘇我馬子の墓と伝えられる「石舞台古墳」、蘇我蝦夷《えみし》、入鹿《いるか》親子の邸宅があったといわれる「甘樫《あまかしの》丘《おか》」……華やかな飛鳥時代を今に伝える、貴重な文化遺産のために整備された「国営飛鳥歴史公園」は、奈良県高市郡明日香村にある。

不思議なのは、公園名や最寄り駅の近鉄吉野線の駅名には「飛鳥」という漢字がつかわれているのに、住所は「明日香村」となっている点である。そのため、飛鳥時代の壁画なのに、「明日香村の高松塚古墳」と説明されたりする。「飛鳥」と「明日香」は、どう違うのだろうか。

もともと、現在の明日香村は「飛鳥」という地名だった。そのため、この地域に宮廷や都があった時代を「飛鳥時代」という。558年、聖徳太子が法興寺（飛鳥寺）を建てたのも、この飛鳥だった。

ところが、それから、約1400年後の1956年、高市、阪合、飛鳥の三つの村が合併。新たな村名として「明日香村」が採用された。合併前の「飛鳥村」と区別するためだったが、それ以降、村名としては「明日香」と表記されている。

とはいえ、「明日香」はまったく新しく作られた地名ではない。『万葉集』でも詠まれているように、昔からつかわれていた表記なのである。

奈良に全国の「地名」が集まっているのはなぜ？

奈良盆地にある大和郡山市には「伊豆七条町」「丹後庄町」「美濃庄町」という地名がある。また、天理市には「備前町」「武蔵町」といった地名があり、桜井市には「出雲」や「吉備」という地名があって、斑鳩《いかるが》町にも「阿波」という地名が存在する。

このように、奈良盆地には、旧国名をはじめ、全国各地の地名があふれている。それはかつて大和朝廷の支配が全国におよんでいたことの証拠といえる。

飛鳥時代から奈良時代にかけて、つまりこの地域が政治の中心地であった時代には、宮殿、豪族の館、法隆寺や東大寺、興福寺といった大寺院など、数多くの大建築が行われていた。動力のなかった時代に、大きな建物を建立するには、多くの労働力を必要とした。奈良盆地に住んでいる人だけではとても人数が足らず、朝廷や豪族は諸国に命じて労働力をかき集めた。

そして、全国各地から多数の人々が移住。彼らが集団で住んだ場所に、全国各地の地名が残ることになったのだ。

人口減少時代に入った日本で、滋賀県の人口が増え続けているのは？

少子高齢化がすすみ、人口が減りはじめた日本。そんななか、人口が着実に増え続けている県がある。滋賀県である。２００９年に初めて人口が１４０万人を突破し、２０１２年９月現在の推計人口は約１４１万６０００人。２０２５年までは人口が増え続けると予測されている。

といっても、滋賀県は出生率がきわだって高いわけではなく、人口増加の大きな理由は、企業が進出し、雇用が増えていからである。

琵琶湖が県面積の6分の1を占める滋賀県は、のどかな自然に囲まれた土地というイメージがあるが、じつはなかなかの工業県。京都へ30分、大阪へも50分ほどで通える交通アクセスの良さに加え、広い土地を確保できることから、大阪や京都の大企業が続々と滋賀県へ進出し、それが雇用を生みだしている。それで、大都市から滋賀県へ人が移り住むようになったのである。

また、滋賀県は全国に比べて、若者の比率が高い。学生数をみると、県内の4年制大学に通う学生数は、人口10万人あたりの比率で、1位の京都府、2位の東京都に次いで全国3位につけている。

1988年度まで滋賀県には4年制大学が二つしかなかったが、その後、大学誘致に取り組み、現在は七つの大学が滋賀県内に設立・移転している。これで学生数が増えたことも、人口増加に一役買っているのだ。

琵琶湖の水路を「インクライン」と呼ぶのはなぜ？

現在、京都市内の水道水には、琵琶湖の水が使われている。琵琶湖の水が、疏水《そすい》運河を通じて、京都市内まで運ばれているのだ。哲学の道や南禅寺の水路閣は、現在では有名な観光地だが、これも疏水の一部だ。

全長20キロに及ぶ水の通り道が建設されたのは、明治時代のことである。

京都の人々にとって、生活用水として琵琶湖の水を引くことは、江戸時代からの夢だった。また、京都から琵琶湖まで、陸路でものを運ぼうとすると、逢坂山を越えなければならない。琵琶湖の水を引けば、水運を利用することもできると、考えられていたのだ。

明治時代になって、天皇が東京へ移ると、京都の人口は急減、産業も衰退し始めた。そこで、京都復活のための大事業として、長年の夢である琵琶湖疏水が建設されることになったのである。そして、さまざまな難工事を克服して、大津の三保ヶ崎から京都の上京区川端通まで、長いトンネルと運河、そして「インクライン」によって結ばれた琵琶湖疏水が完成したのだった。

ここでいう「インクライン」とは、標高差のある二つの運河間で、船を昇降させる装置のこと。ここで船を載せたケーブルカー型の台車を走らせ、運河から運河へ船を運んだ。この装置を設けることで、京都と琵琶湖は、史上初めて水運によって結ばれたのである。

現在は利用されていないが、このようなインクラインが使われていたことから、琵琶湖疏水は「インクライン」とも呼ばれている。

「三重県は関西」で間違いないか？

「近畿地方」と「関西地方」という言葉が意味するところは微妙に違っている。

そもそも、語源的にいうと、「近畿」は「畿内に近い地方」という意味で、本来は滋賀や三重、和歌山などを指す言葉。だから、畿内そのものである京都、奈良、大阪は「近畿」ではなかったのだ。

しかし、いつの間にか畿内も近畿に仲間入りしたようで、いま京都や大阪を近畿ではないという人はいない。

一方、「関西」という場合、京都、奈良、大阪、兵庫、滋賀、和歌山は明らかに含まれるが、三重が入るかどうかは微妙なところである。というのも、三重県民の暮らしを見ると、伊賀上野地方の人たちは関西弁を話し、大阪、京都が通勤圏。つまり、関西とのつながりが強い。一方、松阪、四日市、津などは、名古屋の通勤圏で、名古屋との結びつきが強

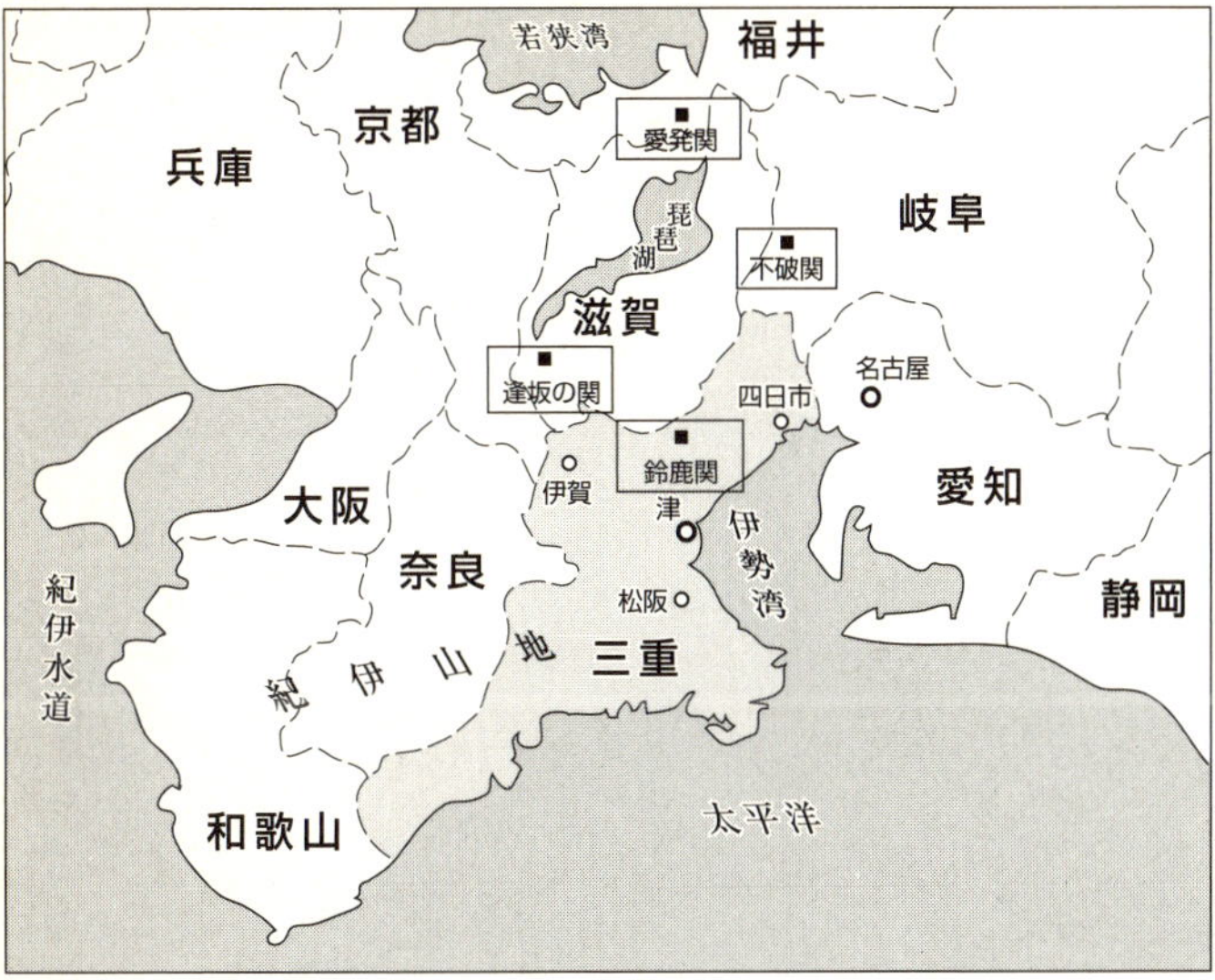

い。さらに、国の政策を見ても、三重県は、近畿圏整備法、中部圏整備法の両方に関係している。

そこで、「関西」の厳密な意味を調べてみると、『広辞苑』には、①近江《おうみ》逢坂《おうさか》の関《せき》以西の地、②鈴鹿《すずか》（伊勢）、不破《ふわ》（美濃）、愛発《あらち》（越前）の三関以西の諸国、③箱根関以西の地、④東京を関東と称するに対し、京阪神をいう――の四つの〝定義〟が挙げられている。このうち①と②では、三重県は関西に入らないが、③と④では入ることになる。

大阪の「キタ」と「ミナミ」に境界はあるのか？

大阪では、「今度の休みにキタへ行こか」「ミナミに寄って、ご飯食べよ」と、日常的に「キタ」と「ミナミ」という〝地名〟がつかわれている。

しかし、大阪の地図を探しても、そんな地名は見当たらない。一般的には、大阪の南北で栄える繁華街を指すが、かといって「キタ」と「ミナミ」にはっきりとした境界があるわけでもない。

その昔、「ミナミ」と呼ばれたのは、道頓堀を中心とした花街あたりである。時代とともに、そのエリアは拡大し、今では心斎橋や難波まで含む意味でつかわれている。人によっては、天王寺や阿倍野あたりまでも含める。

一方の「キタ」も、もとは梅田や福島、天満、曽根崎新地あたりを指した。しかし、国鉄（現JR）大阪駅や阪急電車、阪神電車の梅田駅が誕生し、デパートができると、梅田を中心とする商業地区がもっぱら「キタ」と呼ばれるようになった。

芦屋はいつから高級住宅街になった？

「芦屋夫人」という言葉が全国的に流行したのは、昭和の初めのことだった。同名の小説が書かれたことで有名になり、有閑マダムの代名詞になった。

それから80年経った現在も、芦屋市は、高額所得者の割合や、1人あたりの市民税納税額で日本有数の座にある。人口9万人ほどの市ながら、関西の超高級住宅街として知られる。

ところが、この芦屋、明治時代までは、田畑が広がり、農家が点在するだけの寒村だった。それが、高級住宅街へ変身するのは、1

905年、阪神電車の開通がきっかけとなった。

阪神電車が開通すると、大阪のお金持ちたちが、六甲山麓の丘陵地に、別荘として大きな家を構えるようになった。さらに、1914年に国鉄、1920年に阪急電車が走り始めると、ますます多くの金持ちが移り住むようになった。そして、昭和の初めには、香港の外人住宅地をまねた開発が行われ、一軒一軒が広い敷地を占める高級住宅地として知られるようになった。

谷崎潤一郎が、芦屋を舞台に描いた『細雪《ささめゆき》』にも、そういう芦屋の発展史が反映されている。『細雪』は、大阪の船場に店を構える豪商蒔岡《まきおか》家の美人四姉妹が主人公で、次女の幸子は計理士と結婚して芦屋に住んでいるという設定だった。

横浜では中華街なのに、神戸ではなぜ南京町？

日本のチャイナタウンといえば、横浜の中華街と神戸の南京町がよく知られているが、どうして横浜では中華街と呼び、神戸では南京町というのだろうか。

じつは、横浜の中華街も、昔は「南京町」や「唐人町」と呼ばれていた。中華街ができたころは、中国人のことを「南京さん」「唐人さん」と呼ぶのが普通で、そこで自然と彼らの住む町を「南京町」「唐人町」と呼ぶようになったのだ。

とはいえ、「南京」は中国の一地方名でしかない。そこで、中国人を出身地にかかわらず「南京さん」と呼ぶことや、中国人街を「南京町」と呼ぶのはおかしい、という意見が出始め、1955年、横浜市は正式に「中華街」とすることに決めたのである。

神戸の南京町でも、横浜と同じような議論があったのだが、こちらでは「南京町」という呼び方がすでに定着しているということで、あえて名前の変更はしなかったという。しかし、横浜の中華街が有名になった影響で、「神戸の中華街」という人も増えてきているようだ。

ちなみに「中華街」「南京町」をつくったのは、明治維新のころ、欧米人の通訳や雑役の仕事をするため、大陸から渡って来た中国人たち。欧米人は外国人居留地に住んでいたが、当時、日本は中国と条約を結んでいなかったので、中国人は居留地に入れなかった。そこで居留地の周辺に、中国人街が生まれることになった。

1899年、外国人居留地は廃止されたが、中国人街はそれからも発展し、今日に至っている。

兵庫の「灘」においしい水がわくのはどうして?

兵庫県の西宮市と神戸市にまたがる地域は、昔、今津郷《いまづごう》、西宮郷《にしのみやごう》、魚崎郷《うおざきごう》、御影郷《みかげごう》、西郷《にしごう》と呼ばれ、「灘五郷《なだごごう》」と総称されていた。清酒の名産地として、今も名高い地域である。

この地方の酒造りは、約600年前の室町時代に始まった。その味の秘密は、良質の播州米、丹波杜氏《とうじ》の高い技術、六甲おろしがもたらす冬の寒気、そして〝六甲のおいしい水〟に恵まれたことにある。

なかでも、ミネラルをたっぷり含んだ地下水は「宮水《みやみず》」と呼ばれ、口あたりのよい、まろやかな味で知られる。灘にそれほどおいしい地下水が湧くのは、もちろんすぐ背後に連なる六甲山のおかげである。

六甲山は、断層活動によって隆起した山で、ほぼ花崗岩《かこうがん》の塊といってよい。「御影石《みかげいし》」とも呼ばれる花崗岩は、火成岩のなかでも、より深いところで生まれた深成岩の一種。カルシウムやマグネシウムといったミネラルを豊富に含んでいる。

しかも、六甲山の表土は、その花崗岩が風化して砂状となっているため、六甲山に降った雨は、その砂のなかを通るうち、不純物が取り除かれていく。と同時に、ミネラル分がたっぷりと溶けこんだあと、灘の地で湧き出すというわけである。

六甲山系の地下水は、現在、ミネラルウォーターとして人気だが、以前から「赤道を越えても腐らない水」として、神戸港に集まる世界中の船乗りの間でも人気があった。

徳島藩がおさめていた淡路島が兵庫県なのはなぜ？

兵庫県と徳島県の間に浮かぶ淡路島《あわじしま》。現在は兵庫県の一部である。

ところが、江戸時代の淡路島は、ずっと阿《あ》波《わ》徳島藩の領地だった。藩主の蜂須賀《はちすか》氏は、筆頭家老を洲本《すもと》城代に任命し、藩士を派遣して島を治めていた。こうした経緯からいえば、淡路島は徳島県に所属していてもおかしくはない。じっさい、廃藩置県のさいには、いったんは名東《みょうどう》県（現在の徳島県）に組み込まれている。それが、兵庫県へと編成替えになったのは、1870年、淡路島で起きた〝反乱〟がきっかけになった。

江戸時代、阿波徳島藩は、藩士を派遣して統治していたが、洲本を城下町として発展させてきたのは、地元の稲田氏だった。ところが、その家臣たちは、本藩から派遣された藩士に差別扱いされていたため、日頃から阿波徳島藩にいい感情をもっていなかった。

時代が明治になって、政情が混乱するなか、稲田氏の家臣たちは阿波徳島藩からの独立を決意、新政府に請願する。これに対し、本藩は激怒、稲田氏やその家臣の屋敷を襲い、稲田側に死者17名、負傷者20名を出す大事件となった。新政府は、阿波徳島藩の対応に怒り、襲撃した藩士10名に切腹を命じている。

その一方、稲田家に対しても、喧嘩両成敗の方針から、北海道開拓のための移住を命令。そのさい、一家の開拓費10年分を兵庫県が肩代わりする代わりに、淡路島を兵庫県の所管としたのである。

なぜ、志賀高原には湖がいっぱいある？

スキー場として有名な長野県の志賀高原だが、夏でも家族連れで遊べる避暑地として、なかなかの人気を誇っている。

周囲に大小70もの湖があるので、ハイキングで美しい景色を堪能するのもよし、池や湖でボート遊びや、ニジマス、ワカサギ釣りをしてもいい。子供から年輩まで、楽しく過ごせる高原のリゾートだ。

実際、湯田中を出て高原へのジグザグ道を

登ると、丸池と琵琶池が見えてくる。琵琶池は琵琶の形をしており、志賀高原では2番めに大きな池である。

そのまま熊ノ湯方面へ進むと、下ノ小池、上ノ小池、長池、三角池、木戸池などが散在。さらに進んでいくと、もっとも大きな大沼池に到着する。

周囲が約5・5キロの大沼池は、針葉樹の原生林に覆われ、水面に志賀山や赤石山の山姿を映している。

志賀高原に、これほど湖が多いのは、過去に2度大噴火しているからである。

1回めの大噴火は、いまから100万年ほど前に起きた。

東館山、西館山、竜王山などが激しく噴火し、横湯川と角間川がせき止められて湖となった。

2回めは、約50万年前、湖の中から志賀山が大爆発。

このとき流れ出した溶岩で、あちこちにくぼみができ、そこに水がたまって池や湖となったのである。

海のない長野県が、寒天づくり日本一になったのは？

和菓子によく使われる寒天の原料は、テングサ、オゴノリといった海藻だが、この寒天づくりがもっとも盛んなのは、じつは海なし県の長野県である。

江戸末期の1840年ごろには、諏訪地方で寒天づくりが始まり、今では長野の伝統産業といってもいい。

もともと、寒天を発明したのは、京都の旅館「美濃屋」の主人、美濃屋太郎左衛門だった。冬に、ところてんを外に出しておいたところ、寒さで凍り、自然乾燥の状態になった。それを見た太郎左衛門のひらめきで、寒天の製造法が編み出され、和菓子の原料として使われるようになった。

そして、この寒天に目をつけたのが、信州の行商人だった小林粂左衛門。

冬の寒さが厳しく、空気が乾燥している諏訪地方にピッタリの食品だと思い、その製法を持ち帰った。

原料のテングサは伊豆から買いつけて、製造を開始。やがて、農家の副業として広まり、四角く、長細い角寒天が考案されて、信州の地場産業として発展してきたのである。

現在、原料の海藻は、世界中から輸入されるようになっているが、製法にはあまり変わりはなく、諏訪市を始め、伊那市、茅野《ちの》市などで製造が続けられ、全国シェアの75%を占めている。

ちなみに、全国シェア第2位は、長野県の10分の1程度ではあるが、やはり海のない岐阜県である。

軽井沢にどうして別荘が集まってるの?

軽井沢に初めて別荘が建ったのは、1886年のことだった。避暑地として、最初にこの地に目をつけたのは、外国人である。

当時、イギリス人宣教師のアレキサンダー・クロフト・ショーが、友人と軽井沢へ遊びに来て、故郷のスコットランドによく似ていると、とても気に入った。

彼は、翌年の夏も軽井沢で過ごし、ますま

す気に入ったので、次の年には、大塚山に山荘をかまえた。これが、軽井沢で最初の別荘である。

一方、日本人にとって、そのころの別荘地といえば、霧積《きりづみ》温泉だった。信越本線がまだ横川駅までしか開通していなかったころで、霧積温泉は、横川駅から約10キロほど山の中に入ったところにあった。与謝野晶子や小山内薫、長谷川如是閑《にょぜかん》、尾崎行雄といった名士たちが、避暑に訪れていた。

ところが、1893年、信越本線が軽井沢まで伸びると、日本人の間でも軽井沢が脚光を浴びる。その年、代議士の八田裕次郎が、日本人として初めての別荘を建て、翌年には現在も営業している万平《まんぺい》ホテルが開業する。以来、東京の名士たちは、上野から列車で3時間、駅からそう遠くはない軽井沢の別荘地帯で、夏を過ごすようになったのである。

金沢の寺が三つの場所にかたまっているのはなぜ?

金沢市内には、寺院の集まる「寺町」が三カ所ある。一つは、犀川《さいがわ》べりの台地にある寺町で、ここには大円寺や伏見寺、里子に出された室生犀星《むろうさいせい》が少年時代を過ごした雨宝院《うほういん》などがある。二つめは、小さな寺社が50以上集まる浅野川北の東山寺院群。そして、三つめは、兼六園に近い小立野台で、前田家とゆかりのある寺が並んでいる。

もともと金沢のような城下町では、お寺が数カ所に集められていることが多い。といっても、参拝しやすいようにではなく、城を守るためである。金沢の3カ所の「寺町」も、金沢城を囲むように配置されている。

ひとたび戦になれば、守る側は、小屋のような民家は真っ先に焼き払い、城と寺院にこもって敵を待ち構えた。幕末の江戸城明け渡しのときも、彰義隊《しょうぎたい》が、上野寛永寺にこもって最後の抵抗をしたように、建物が立派な寺院は、城下町にとっては、実質的に出城の役目を果していたのである。

とくに、加賀藩を治めていた前田家は、豊臣家と縁が深かったことから、徳川幕府から警戒されていた。そこで万が一に備え、寺町を戦略的、戦術的に配置し直したのである。

長野県と新潟県に、県境のない地域があるのは？

長野県小谷と新潟県糸魚川市の県境には、日本百名山に数えられる標高1963メートルの雨飾山《あまかざりやま》がある。国土地理院発行の2万5000分の1地形図で、雨飾山から西へ県境をたどっていくと、途中で県境が1キロほど消えてしまう。じつは、その部分は、いまだ県境の定まっていない「県境未定地域」なのである。

一帯は、深い山のなかなので、住民もおらず、県境がなくても、とりたてて不都合はないのだが、今も県境が定まらないのは、長野側の小谷村と新潟側の糸魚川市の主張が、まったく噛み合わないからだという。

一説に、両者の話し合いがまとまらないのは、江戸時代に起きた争いが、今も尾を引いているからだと解説する人がいる。

それによると、元禄時代の1700年頃、越後側が、松本藩郷士だった小谷の住人を指して、「信濃の人間が、越後領内で芝や草を刈っている」と幕府に訴え出た。これに対し、小谷の住人は「侵入したのは、越後の人間だ」と反発して、大騒動に発展したことがあるという。

さらには戦国時代の上杉謙信と武田信玄の争いが絡んでいるという人までいて、この県境問題、ひと筋縄でいかないことだけは確かなようである。

なぜ糸魚川だけでヒスイがとれる？

カップルで行くと幸せになれると言われるのが、新潟県の糸魚川海岸。とくに、「この海岸でヒスイを見つけたカップルは幸せになれる」と言われている。そのため、休日のたびに、海岸を歩くカップルの姿を数多く見かけるが、実際、運がよければ、波打ちぎわで青緑色の透き通ったヒスイ（多くはかけら）を見つけることができる。

糸魚川海岸でヒスイのかけらが見つかるのは、市内を流れる姫川の源流に、「ヒスイ峡」と呼ばれる原産地があるからである。

姫川をさかのぼっていくと、山中に小滝川という小さな川がある。この川をさらにのぼった標高１１８９メートルの明星山というところに、ヒスイの原産地があるのだ。

その川床の岩間には、紫色や緑色、白色のヒスイが輝いている。それらのヒスイが、何かの拍子に欠けて、川の流れに乗って海まで運ばれる。そして、波の加減で浜辺に打ち上げられるのである。

古代の人たちも、このヒスイに魅せられた

ようで、万葉集にも「沼名河の底なる玉　求めて得し玉かも　拾ひて得し玉かも」と詠まれている。

上にある地域が「下越」で、下に「上越」があるのはなぜ?

北へ行くことを「北上」といい、南へ進むことは「南下」という。北下、南上という言葉はない。

この法則は地名でも同じで、「上」「下」のつく地名は全国各地にあるが、上と下が対になっている場合は、北に位置するほうに「上」がつき、南にあるほうは「下」というのが一般的だ。

しかし、この法則が当てはまらないケースもある。たとえば、新潟県の上越と下越である。

いまの新潟県は、上越、中越、下越、各地域に分けられるが、不思議なことに、もっとも北（地図では上）にあるのが下越、もっとも南（地図では下）にあるのが上越となっている。名前と地図の世界の上下が逆なのである。

どうして、上が下越で下が上越なのだろうか。これは、この名がついた時代と関係している。

現在、東京と地方を行き来する場合、東京へ行くことを上京という。列車も東京方面へ向うものを上り列車という。だが、昔は京都を中心に、京都へ行くことを「上る」、京都から離れることを「下る」といった。

下越、上越という地名も、それにならって、京都との位置関係から上下が決められたのである。

新潟県が越後国と呼ばれたのは、京都が日本の中心だった時代。だから、京都により近いほうが上越、京都から遠いほうが下越、となったわけだ。

ところで、千葉県にも上総《かずさ》と下総《しもうさ》という古い地名が残っているが、これも上下（南北）が逆である。

これも京都との位置関係によってつけられたものだが、この場合は海路を想定しての話である。陸路で考えると下総のほうが京都に近いが、海づたいに行けば上総のほうがより近い。そこで、上総に「上」がついているのである。

この時代には、京都と千葉は陸路ではなく、海路で出発して行き来するのが普通だったからだ。

どうして新潟で天然ガスが出るようになった？

新潟の温泉宿には、裏山から放出される天然ガスを燃料として利用しているところがある。さすがに、天然ガスの産出量が日本一の新潟らしいエピソードだが、日本では珍しく新潟で天然ガスが出るのは、地下水にメタンガスが溶けているためである。

石油は、太古の海や湖の底にたまったプランクトンや藻類、陸上生物などの死骸が、化学作用によって変化し、生成されたもの。

一方、天然ガスは、地中に埋もれた有機物が、バクテリアによって分解されて生まれたメタンガスである。

新潟の天然ガスの〝原料〟は、３万年以上

前の有機物と考えられている。

現在、新潟県内を旅していると、銀色のガス井をよく見かけるが、その利用が本格的に始まったのは、戦後のことである。1947年、ガソリン不足に悩んだ新潟交通が、信濃川にかかる万代橋の上手に、深さ425メートルの井戸を掘ったところ、天然ガスが出て、さっそくバスの燃料として使用した。

その5年後、日本瓦斯化学が、天然ガスからメタノールの製造に成功して、プラスチックや化学肥料、合成繊維などの原料に使われるようになり、新潟の天然ガスは一躍有名になった。

現在では、燃料のほか、薬品、ゴムなどに使われており、発熱量が高いうえに、有毒物質が少なく、クリーンエネルギーであるところが長所とされている。

なぜ、富山湾は魚の種類が豊富なのか?

富山県民の自慢の一つは「富山湾ほど魚の種類が多いところはない」ということ。

そう聞くと、全国の港町出身者のブーイングが聞こえそうだが、実際、富山の魚市場へ行ってみると、魚の種類の豊富さに驚かされるはずである。厳密に、日本でいちばん魚の種類が多いかどうかはともかく、富山県民が自慢するのもわかる、というのが大方の人の感想だろう。

富山湾で、多種類の魚が獲れるのは、海底の構造と海流のおかげと、専門家も太鼓判を押している。

富山湾は一気に深くなる海で、渚から5メ

ートルも離れると、早くも水深が20メートルぐらいになる。沖合の海底地形はさらに複雑で、ところによっては水深が１０００メートルに達する場所もある。

つまり、富山湾とその沖合では、いろんな魚が、自分の好みに合わせて深さを選べる。要するに、多種多様な魚介類の棲み処として絶好の地形になっているのだ。

しかも、立山連峰からは良質の水が流れ込み、能登半島の沖合では寒流と暖流がぶつかり合う。そのため、マダラ、スケソウダラなどの寒流魚と、ブリ、マグロ、サワラ、カツオ、サバ、アジなどの暖流魚が、そっくりそのまま富山湾に入ってくる。

そして、それぞれの魚にとって、ちょうど都合のいい深さのところに棲みつく。そういう条件が重なり合って、富山湾は魚種が豊富なのである。

なお、富山名物のホタルイカやアンコウ、ベニズワイ、大越中バイなどは、富山湾でも特別に深い海底近くに棲息している。

富山平野で、冬でも「南風」が吹くのはなぜ？

冬型の気圧配置といえば、おおむね「西高東低」である。そして、そのときに吹く風は、北西からの季節風。教科書風にいえば、「冬は大陸で高気圧が発達し、日本の東方及び北太平洋にある低気圧に向かって北西の季節風が吹く」となる。

ところが、富山県の平野部では、その冬に「南風」が吹く日が多い。古い家では、防風のための屋敷林が、家屋の南側から西側に植

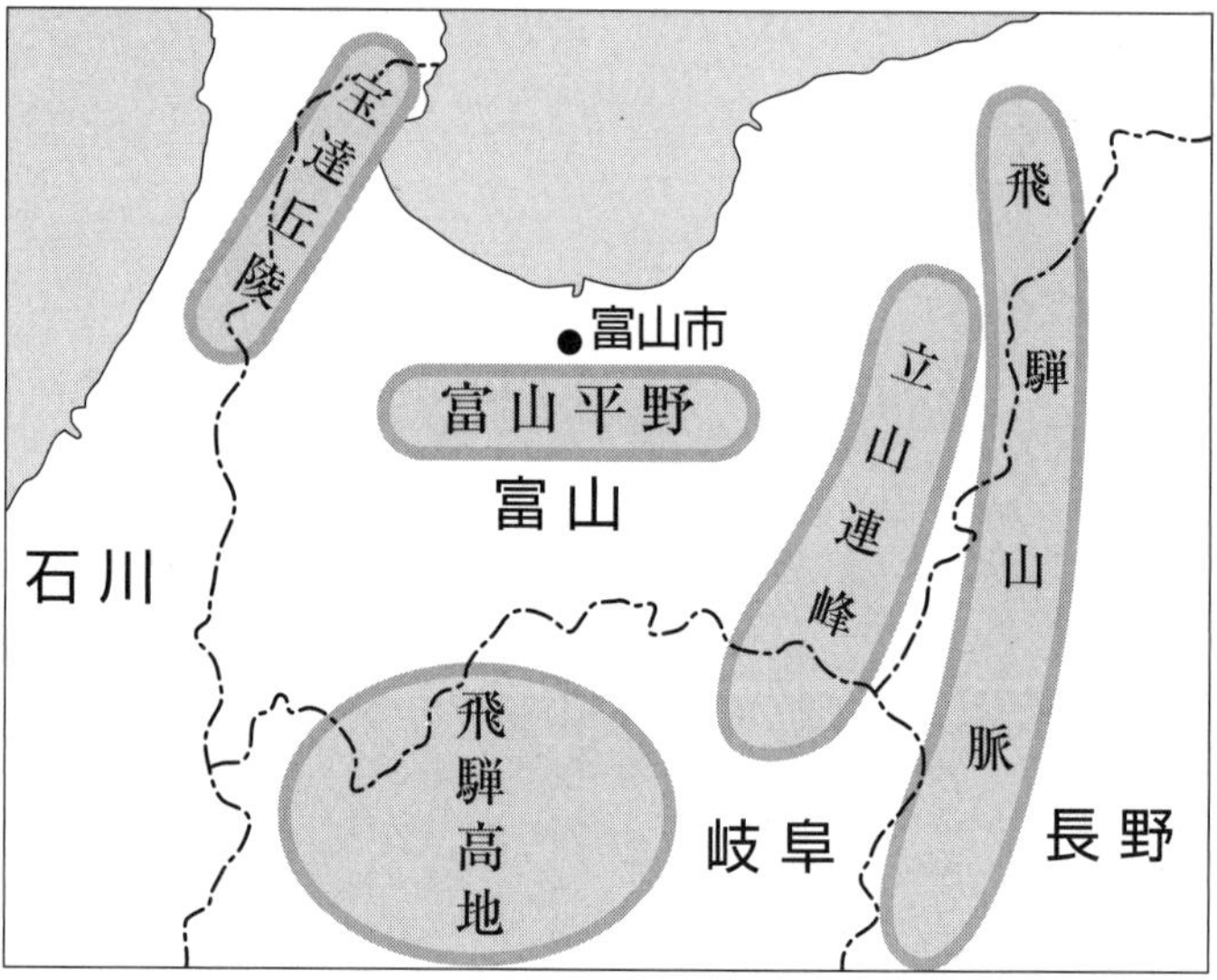

えられているほどだ。冬場には珍しい南風の原因は、富山平野の東側から東南にかけてそびえ立つ立山連峰にある。

富山平野でも、上空では北西の風が吹いていて、その風が3000メートル級の立山連峰にぶつかる。一方、富山平野は、南側に飛騨高地、西側に宝達丘陵があり、山に囲まれた袋状の地形となっている。そこで、立山連峰にぶつかった風は逃げ場を失い、しだいにたまっていく。やがて、局地的な高気圧が発生し、そこから吹き出す風が南風となるのである。そのため、南風が吹いているのは、地上1000メートル程度までである。

もっとも、南風といっても、決して暖かくはない。むしろ、北西の季節風とぶつかり合い、豪雪の原因となる厄介な風なのである。

なぜ八ヶ岳のまわりには「海」のつく地名が多い？

長野県と山梨県の共通点は、ともに海がないことが挙げられる。ところが、その県境近く、八ヶ岳の南側を走るＪＲの路線名は「小海線」という。

山梨県の小淵沢駅から、日本でもっとも標高の高い野辺山駅を経由して北へ向かうこの路線は、ずっと山のなかを走っている。にもかかわらず、路線名ばかりか、駅名にも「佐久海ノ口」「海尻」「小海」など、海にちなんだ名が並ぶ。

読者のなかには、海がないからこそ、憧れから「海」のつく地名が多くなったと思う人もいるかもしれない。また、昔から、太平洋岸や日本海側と、交易で結びついていたと考える人もいるかもしれない。

しかし、正解は、これらの地名の「海」は、いわゆる海洋のことではなく、「湖」を指しているというもの。じっさい古代には、「海」という字は、湖を表す言葉としても使われていた。

当時の人々にとって、大きな湖は、まるで海のような存在だったからである。

事実、このＪＲ小海線近くには、八ヶ岳の噴火でできた湖がいくつもある。

たとえば、「海ノ口」や「海尻」という地域は、かつて八ヶ岳の噴火で千曲川がせき止められてできた湖底だったところ。その後、水が消え、湖底が露出して平地となり、しだいに集落ができたことから、そういう地名がつけられたと伝えられる。

甲府盆地がブドウ栽培に向いていた地理的理由は？

ブドウは、北海道から沖縄まで、どこでも栽培可能なフルーツだが、大産地といえば、山梨県である。その栽培の歴史は古く、鎌倉幕府成立直前の１１８６年、勝沼の雨宮勘解《かげ》由《ゆ》が、野生種を改良して甲州ブドウを作ったのがルーツといわれる。

その後、甲府盆地がブドウ栽培のメッカとなったのは、その気候と土壌が、ブドウ栽培にピッタリだったからといえる。

ブドウは、何より雨に弱い。雨が多く、ジメジメすると、病気にかかりやすくなるのだ。

その点、甲府盆地には、内陸性気候で日差しが強く、雨が少ないという特徴がある。全国的に見ても、１年に快晴の日が１００日前後もあって、断トツの第１位だ。

つまり、３日に１日に近い割合で、空は雲ひとつなく晴れ渡り、雨がほとんど降らないという、ブドウにとっては天国のような場所なのである。

また、甲府盆地は、笛吹《ふえふき》川や釜無《かまなし》川などの扇状地として開けたため、水はけがよく、地下には伏流水がたっぷり流れている。この土壌、水に恵まれている点も、ブドウ栽培にぴったりなのである。

どうして山梨は「宝石王国」になったのか？

ブドウと並んで、山梨県のもう一つの名産品といえば、宝石。甲府市内には、宝飾品関係の企業や工房、店舗が建ち並び、宝石博物館もあれば、県立の宝石美術専門学校も設立されている。さらに、山梨県民は、他都道府県の人たちと比べても、たくさんの宝石をもっているといわれている。

山梨県が、このような〝宝石王国〟となったのは、16世紀、昇仙峡《しょうせんきょう》奥地の金峰山で、水晶が発見されたことがきっかけだった。

1575年、修験者が金峰山で水晶を発見。水晶は、奈良時代から、水の精が宿る石、魂を洗い清める石として仏像や数珠などに使われてきた。その水晶が発見されたことで、山梨は全国から注目を集める。

江戸時代になると、京都から職人が呼ばれ、金剛砂を用いて鉄板上で、水晶を磨く技術が伝えられた。これ以降、当時の甲斐国は、水晶の研磨、加工地として発展し、水晶は甲斐の名産品として販売されるようになった。

昭和に入ってからは、他の宝石類も扱われ、指輪、ネックレス、ブローチ、ペンダント、ネクタイピンなど、さまざまな宝飾品がつくられるようになった。

もっとも、昇仙峡の水晶は、大正時代にはすべて掘りつくされ、現在はブラジルから輸入されているほか、他の原石も輸入物が加工、研磨されている。

全国の宝石の3分の1は、この〝宝石王国〟で生産されている。

富士山はどうやって いまの形になったのか?

富士山が最後に大噴火をしたのは1707年のこと。このときは、噴煙で江戸の町まで暗くなったと言われているが、その後は幸い300年にわたって眠り続けている。じつはこの富士山、世界でも特別に珍しい火山なのだ。

世界の火山のほとんどは、山の頂上とか、中腹とか、とにかく山の高いところから噴火してできている。ところが、富士山は、平地から突然、ムクムクと盛り上がってできた火山なのである。つまり、3776メートルまるごと火山なのだ。

といっても、一度に、いまの富士山になったわけではない。3回の大噴火で、いまの高さになったと考えられている。

最初の大噴火は、約70万年前。続いて8万年前に、また大噴火をして、さらに1万年から5000年前に新しい火山活動を開始。そのときの噴火で、いまの美しい稜線をもつ富士山が完成したのである。

富士という名には、かつては「不尽」「不二」「富慈」などの漢字が当てられていた。

現在、このフジは、アイヌ語で「火」という意味の「フチ」に由来するという説が有力になっている。

浜名湖がウナギ養殖日本一になったのは？

日本でウナギの養殖を始めたのは、服部倉治郎という人物である。

東京の深川に2ヘクタールの池を造って始めたという。その服部は、出張の折り、列車の窓から浜名湖を見て、ウナギ養殖の適地だとピンときた。

さっそく、彼は湖畔に土地を確保して、養

殖を開始。アッという間に、浜名湖のウナギを特産品に育てたのである。

浜名湖が、ウナギの養殖に向いていた第一の理由は、養殖に必要な三条件、シラスウナギ、水、エサがそろっていたことである。

シラスウナギは、浜名湖に遡上するものを採り、水は浜名湖の水と豊富な地下水を利用した。さらに、養蚕の産地が近かったので、エサとしてのサナギを手に入れやすいというメリットもあった。

また、浜名湖は、天竜川が運んできた砂によって砂州が発達している。それが、養殖池として最高の場所となった。そして、年間の平均気温が15℃という暖かさも、ウナギの養殖に適していた。そのうえ、浜名湖は、東京と京都、大阪の中間地点に位置し、東海道線を使えば、東西双方の大都市への出荷が便利だった。

服部は、浜名湖のそういう長所をひと目で見抜いたのである。

駿府が「静岡」に改名されるまでの波乱の歴史とは?

静岡市は、全国の県庁所在都市の中では、新しい名前の一つ。江戸時代には、駿府、あるいは府中と呼ばれ、明治になってから静岡となった。

駿府（府中）は、江戸時代には幕府の直轄地だったが、大政奉還後の１８６８年、徳川家の駿府移転が決まった。

そのときには、すでに幕府がなくなっていたので、「駿府府中藩」と名乗ったが、府中という呼称は、ほかに「甲斐府中」といった地名もあり、まぎらわしかった。そこで、明治政府は、もっとわかりやすい名前にするよう、同藩に求めた。

改名にあたり、同藩が目をつけたのが、駿府城の北にある駿府を代表する山、賤機山《しずはたやま》。この山名にちなむ名にしようとしたのだが、駿府学問所の初代校長だった向山黄村が反対した。

「賤」には「賤《いや》しい」という意味があるので、新時代を迎えるにあたって縁起が悪いというのだ。そこで「賤」を「静」に代えることになった。

駿府府中藩は、明治政府に「静」「静岡」「静城」の3つの名を候補として提出し、採用されたのは「静岡」だった。

こうして、1869年、静岡という地名が誕生した。

どうして伊豆半島には温泉が多い?

伊豆半島は、東京からほど近い温泉リゾート地帯。半島の付け根には熱海温泉、山間には修善寺温泉、湯ケ島温泉や湯ケ野温泉、海岸部には伊東温泉、熱川温泉、土肥温泉などがあり、有名な温泉が目白押しだ。

伊豆半島に温泉が多いのは、その地下深くに秘密がある。伊豆半島の地下では、ユーラシアプレートとフィリピン海プレート、さらには北米プレートと、三つものプレートがぶつかり合っているのだ。加えて太平洋プレートも、圧力をかけてきている。

プレートどうしがぶつかり合っている場所では、地殻どうしがこすれ合い、マグマがたまる。伊豆半島の場合、四つものプレートが力をかけ合っているのだから、膨大なマグマがため込まれている。

伊豆半島の地下にもマグマがたまっていて、そのマグマ熱によって地下水がたえず温められている。それが温泉として、伊豆半島の各地に湧き出しているのだ。

富士五湖に、凍る湖と凍らない湖があるのはなぜ？

富士山北側の麓にある山梨県の富士五湖は、富士山周辺屈指のリゾート地。五湖とは、山中湖、河口湖、西湖、精進湖《しょうじこ》、本栖湖を指す。夏は避暑、冬には湖面が凍結する湖もあってスケートを楽しめる。

ただし、冬に湖面が凍結する湖は、二つか、三つである。毎年冬になると、山中湖と精進湖には、湖面全体に氷が張るが、河口湖は全面凍結することは少ない。さらに、西湖と本栖湖は、全面的に凍ることはまったくない。

互いに近い位置にありながら、凍る湖と凍らない湖があることを不思議に思う人は少なくないだろう。しかも、精進湖と西湖、本栖湖は、地下深くでつながっているのに、全面凍結するのは精進湖だけなのだ。

これは、それぞれの湖の深さが違うことが関係している。湖は、水深が浅いほど、凍りやすい。富士五湖の場合、全面凍結する山中湖は水深わずか13メートル、精進湖も16メートルしかない。河口湖も15メートルと浅いのだが、それでも凍りにくいのは、河口湖の標高が他の湖に比べて低く、水温がそれほど下がらないから。もっとも寒さの厳しい年には、全面凍結することもある。

一方、凍らない西湖は74メートル、本栖湖は122メートルの水深をもつ。これだけ深いと、水面温度が低くなっても、底のほうはさほど温度が変わらない。対流現象によって、水温の高い水が水面近くまで上がってくるため、凍結しないのだ。

浜松が大企業発祥の地になった本当の理由とは?

静岡県西部にある浜松市は、いくつもの世界的な企業が産声をあげた街である。

たとえば、世界的な総合楽器メーカーとなったヤマハは、浜松が発祥の地である。1888年、山葉《やまは》寅楠《とらくす》が山葉風琴製造所を設立して、オルガンの国産に乗り出した。その18年後、山葉の弟子で、のちに河合楽器を創業した天才技師・河合《かわい》小市《こいち》の活躍で、国産ピアノを世に送り出し、その後、ヤマハ、河合楽器とも、世界的な楽器メーカーとして発展していった。

また、世界的なバイクメーカーであるホンダ、ヤマハ、スズキは、いずれも浜松周辺で誕生している。

浜松周辺では、明治以降、時代の先端をいくような新技術がいくつも誕生したが、これは、チャレンジ精神旺盛な遠州人気質によるところが大きいといわれる。

遠州には「やらまいか」という言葉がある。標準語でいえば「やってみようじゃないか」という意味で、とにかくチャレンジ精神を大事にする。そういう土地柄が、新しい技術を生み出し、小さな町工場を日本を代表する大企業に発展させてきたといえる。

愛知県に日本一の湖があったって本当？

「東海湖」という湖をご存じだろうか。といっても、現在の日本地図のどこを探しても見つからない。いまから400万～500万年ほど前、現在の濃尾平野の付近にあったとされる巨大な湖の名前である。

この東海湖、いまの伊勢湾地域を中心に、知多半島南部、岡崎、豊田、瀬戸を含んで、西は鈴鹿山脈に至っていたという。琵琶湖の6倍もの広さがあったと考えられているのだ。

この湖は、最初は小さな沼地で、そこに北か北東の方面から河川が流れ込んで巨大湖になったと推測されている。その後、100万年以上の歳月をかけて、北北西の方向へ移動し、しだいに小さくなっていったようだ。

さらに、古木曽川によって、主に古生層の礫が大量に運び込まれ、湖はついに消滅する。それが、約120万年前のことと言われている。

なお、この湖が成長、縮小した時代に、積み重なった陶土層が、現在、瀬戸物の原料になっている焼き物用の粘土である。

5 中国・四国・九州・沖縄

鳥取砂丘の砂は、どこから運ばれてきたの？

日本には、鹿児島県の吹上《ふきあげ》浜、千葉県の九十九里浜など、各地に砂丘があるが、もっとも大きいのがこの鳥取砂丘。

東西46キロ、南北2キロにわたって砂の海が広がっている。白い砂と紺碧の日本海が描くコントラストは美しく、また風が吹くたびに姿を変える風紋が、見る者の目を飽きさせない。

さて、この砂丘が大自然の力によってできたことは間違いないが、じつは人間も手を貸しているのだ。

鳥取砂丘の砂は、もとはといえば中国山地から流れ出した土砂。川を伝って海に流れ出した砂が、海流によって再び浜辺に積み上げられ、それが冬の季節風に乗ってこの地に集められ、いつしか砂丘となったのだが、問題はどうしてそんなに大量の土砂が山から流れ出したのかという点だ。

その原因は、古くから中国山地で行われていた「タタラ製鉄」にある。タタラ製鉄とは、炉の中に砂鉄石を入れ、木炭を大量に燃やして鉄を溶かし出すという製鉄法で、これを行うには木炭にする大量の樹木が必要となる。そこで中国山地の樹木は次々と伐採された。

かつて大ヒットした宮崎駿《はやお》監督のアニメ映画『もののけ姫』は、この製鉄法による環境破壊をモチーフにしている。

そして、現実に、樹木伐採の結果、中国山地の地盤はゆるみ、雨が降ると大量の土砂が流れ出すようになった。つまり、鳥取砂丘は、大自然の営みによってつくられたものであると同時に、環境破壊の産物でもあるわけだ。

なぜ安芸という地名が広島県と高知県にあるのか？

広島県の西半分の旧国名は「安芸《あき》」。安芸の名は今も残り、広島市内には安芸区があるし、県全体を見ても安芸高田《あきたかた》市、安芸太田町と、安芸のつく地名が残されている。

この安芸、広島に固有のものかと思いきや、じつは高知県にもある。高知県東部に安芸市、安芸郡があり、安芸市には安芸川も流れている。

もっとも、高知県の安芸と広島県の安芸には、何の関係もない。ともに、その土地の事情から名が付いいただけで、互いに影響し合ったわけではない。

まず、広島県の安芸は、古代の神武天皇の遠征にちなむ名。神武天皇の軍勢がこの地に駐屯したところから、「我君《あがきみ》」と呼ばれるようになった。それがいつしか「あき」となり、安芸の字が当てられたのである。

一方、高知県の安芸の場合、安芸氏という豪族がいたことにちなむ。安芸氏は、室町時代から戦国時代にかけて勢力を伸ばし、いまの安芸市に居城を置いていた。安芸氏は戦国大名の一角にまで成長するものの、同じ土佐の長宗我部氏に敗れて滅亡。結局、その名前だけが、地名として残ることになったのだ。

なぜ、広島ではおいしいカキがとれる?

カキのメッカといえば、広島県だろう。とりわけ、広島湾のカキは有名で、その味のよさで定評がある。

広島湾のカキがおいしいのは、その風土に理由がある。第一の理由は、広島湾に注ぎ込む太田川の水にある。

太田川は、中国山地の森の栄養をたっぷり含んで、広島湾に流れこむ。そのため、広島湾では、カキのエサとなる植物プランクトンが豊富に育つ。

カキの成長は早くなり、半年から1年で、殻の長さが5ミリ以下だったものが10センチにまで成長する。それだけ早く成長するには、豊富な養分が必要で、植物プランクトンに恵まれた広島湾は、カキ養殖にはうってつけなのだ。

もう一つ、広島湾が遠浅で、入江の多い構造になっていることも好条件である。マガキは、塩分濃度の低いところのほうが育ちやすい。その点、遠浅で入江の多い広島湾は、塩分が比較的薄いため、マガキの成長に適しているのだ。

また、広島湾が島に囲まれ、波が穏やかなことも、カキの養殖に適した条件を満たしている。

日本でのカキ養殖は、室町末期、広島湾で始まった。その長い歴史は、広島湾がカキの生育に適していることの証明といえる。

巌流島の面積が、武蔵の時代から6倍になったのは？

山口県下関市沖、関門海峡に浮かぶ巌流島といえば、江戸時代初期、宮本武蔵と佐々木小次郎が決闘したことで名高い島。ただ、巌流島という名は俗称で、「船島」が正式名だ。巌流島は、武蔵と小次郎の決闘にちなんでつけられた、いわば通り名。小次郎の剣の流儀が「巌流」だったため、あるいは小次郎が「巌流」とも名乗ったことから、「巌流島」の名で知られるようになった。

その巌流島は現在、武蔵と小次郎が決闘した江戸初期に比べ、約6倍にも広くなっているのだ。

巌流島の面積が広がったのは、もちろん埋め立てによるもの。明治以降、埋め立てが始まり、その埋め立て地にはコレラ患者の療養施設が設けられた。当時、日本はコレラの危機にさらされ、強力な防疫策もなかったので、伝染防止のため、コレラ患者を島内に隔離したのである。

大正時代には、巌流島周囲の岩礁を爆破し、そこも埋め立てた。島の対岸には三菱重工業下関造船所があり、同社が埋め立てたのだが、結局、島が工業用地になることはなかった。戦後になって一時、人が移住したものの、いまは無人島になっている。

なお、同島には、武蔵と小次郎の決闘場と思わせるような砂浜があるが、それは人工の砂浜。後世、決闘シーンのイメージに合わせて造成した埋め立て地だ。

なぜ、四国には火山がないのか?

「四国に火山はない」というのが常識となっている。しかし、厳密にいえば、その表現は正確ではない。現在、噴煙を上げているような火山はないものの、愛媛県の石鎚山や香川県の小豆島、琴平山などはもとは火山である。ただし、ここ数百万年の間は、四国では火山活動は起きていない。

一般に、火山は、地下深くにあるマントルから、高温のマグマが上昇してくることによって噴火を起こす。ところが、四国の地下にあるマントルは、温度が低いため、岩石を溶かすことができない。したがって、マグマが発生せず、火山活動が起きないのだ。

1500万年前ごろまでは、マントルが現代よりも高温だったため、四国でも盛んに火山活動が起きていたが、その後、地殻変動などによって、四国の地下にあるマントルは、温度が低下していった。結果、火山活動もなくなったと考えられている。将来的にも、われわれが生きているうちには、四国の火山が噴火することはないというのが、専門家の見解である。

海を隔てた岡山と香川の県境が陸上にもあるわけは？

岡山県と香川県は、瀬戸内海に隔てられていて、県境は海の上にしかないように思える。ところが、陸地にも県境が存在している。瀬戸内海に浮かぶ島のなかに、岡山県と香川県に分かれている小島が二つあるのだ。

一つは、岡山県側から見た石島、香川県側から見た井島である。石島、井島は同じ島のことで、ともに「いしま」と読むが、漢字表記は異なる。

同じ島が二つの県に分かれているのは、島周辺がよい漁場だからである。江戸時代、備前岡山藩の胸上村と、讃岐側の直島（幕府の天領）が、漁場を確保するため、この島の領有権をめぐって争った。その結果、島は二つに分けられ、境が決められた。その境が、廃藩置県後もずっと生きていたというわけだ。

県境があるもう一つの島は大槌島で、この島は岡山県玉野市と香川県高松市に分かれている。その理由は同様で、昔から好漁場のため、岡山側と香川側が領有権を争っていた。その結果、どちらの顔も立つよう、島を二つの県で分け合ったのだ。

なだらかな山なのに「剣山」と呼ばれる理由は？

山の名前は、槍ヶ岳、穂高岳、立山、白山など、その形や色に由来するものが多い。要するに、見たまんまのネーミングである。しかし、なかには、まったく見た目とは違う名前の山もある。

徳島県の「剣山」がその代表格。この名前を聞けば、誰でも「剣のように切り立った険しい山」と思うところだろう。似たような名前の槍ヶ岳は、名前どおり槍のように尖った山である。しかし、実際の剣山はなだらかな山。どうして、なだらかな山に剣山という名前がついたかというと、そこには「平家伝説」が隠されている。

剣山の「剣」は、そんじょそこらの刀のことではない。この「剣」の文字が指しているのは、天皇家の三種の神器の一つなのである。

12世紀、壇ノ浦の合戦で平家が破れ、安徳天皇は平清盛の妻、二位尼とともに入水したと伝えられる。そのとき、失われた三種の神器の一つの剣がひそかに運ばれ、この山中に埋められているというのだ。

もちろん、この話はあくまで伝説であって、真偽のほどは定かではない。ただし、山頂一帯の草原は「平家の馬場」と呼ばれ、平家一門が軍馬の調教用に使っていたと伝えられる。また、平家残党の隠し集落があったという話もある。中世、この土地が、平家となんらかの関わりがあったのはたしかなようだ。

昔は、信仰の山として知られた剣山だが、現在は観光地として人気が高まっている。春から秋にかけては登山客、冬はスキー客でにぎわう。

鳴門海峡に大渦ができる理由は？

うず潮で有名な鳴門海峡の潮の流れは、大

潮のときで10ノット。時速で言えば、18・5キロ程度となる。これは、女子マラソンのトップクラスのランナーと同じぐらいのスピードに相当する。

つまり、日本一として有名な鳴門海峡のうず潮は、潮流がマラソンランナー並のスピードで流れるためにできるといってもよい。

瀬戸内海の上げ潮は、九州の豊後水道から豊予《ほうよ》海峡を抜け、伊予灘へ入る。潮は東へ流れ、鳴門海峡へとやってくる。

ところが、そこには淡路島があって、大毛島の孫崎と淡路島の門崎間の海峡はたった1350メートルと、ビンの口のように狭くなっている。

そこへ、海流が流れ込むのだから、マラソンの大集団が狭い道路へ殺到するようなもの。

選手どうしがぶつかり合うように、鳴門海峡の潮は泡立ち、うねり、そして遠雷のような響きをたてて渦巻く。

実際、観光用の船でも、左右に揺れたり、大きく上下動することがある。船に弱い人なら、気分が悪くなってしまうこともある。その昔は、この海峡で渦にのまれ、沈没する船も少なくなかった。

ちなみに、鳴門海峡の潮のスピードは、世界で1、2位の座を争うほどのものだ。

高知と京都の地名が似てるのはなぜ？

高知県の旧中村市（現在は四万十《しまんと》市）は、かつては「土佐の京都」と呼ばれた城下町。その名のとおり、京都の町によく似ている。

1946年の南海大地震で町の大半が廃墟と化したため、建物は新しくなっているが、いまも、東山、鴨川、祇園《ぎおん》、京町、一条通り、大文字山など、京都とまったく同じ地名が数多く残っているのだ。

どうして中村はそれほど京都と似通っているのか。答は単純明快。徹底的に京都の真似をしてつくったからである。

京都そっくりに町づくりをしたのは、室町時代中期の国主、一条教房。四国の土佐といえば昔は辺境の地だったが、もともと都暮らしだった国主は京都を懐かしみ、中村を「土佐の京都」につくり変えたのだ。

「小京都」と呼ばれる町は全国各地にあるが、なかでも中村の「小京都」ぶりは徹底している。町は、京都と同じように碁盤の目に整備され、地名も京都にならい、町の東の山並みは東山、後川は鴨川、四万十川は桂川などと呼ばれていた。

四万十川は海から山に向って流れるというのは本当?

ふつう、河川は、山から海へ向って流れる。「日本最後の清流」といわれる四国の四万十川も、〝源流点〟のある「不入山《いらずやま》」から、海のある南へと向かって流れている。

四万十町窪川付近で、海まで8キロとなるが山によって南下を阻まれると、クルッと向きを変えてしまう。なんと、海のあるほうではなく、山へ向かって流れる形になるのである。もちろん、最終的には海へたどり着くのだが、その途中で、海のある方向とは反対向きに流れている部分があるのだ。

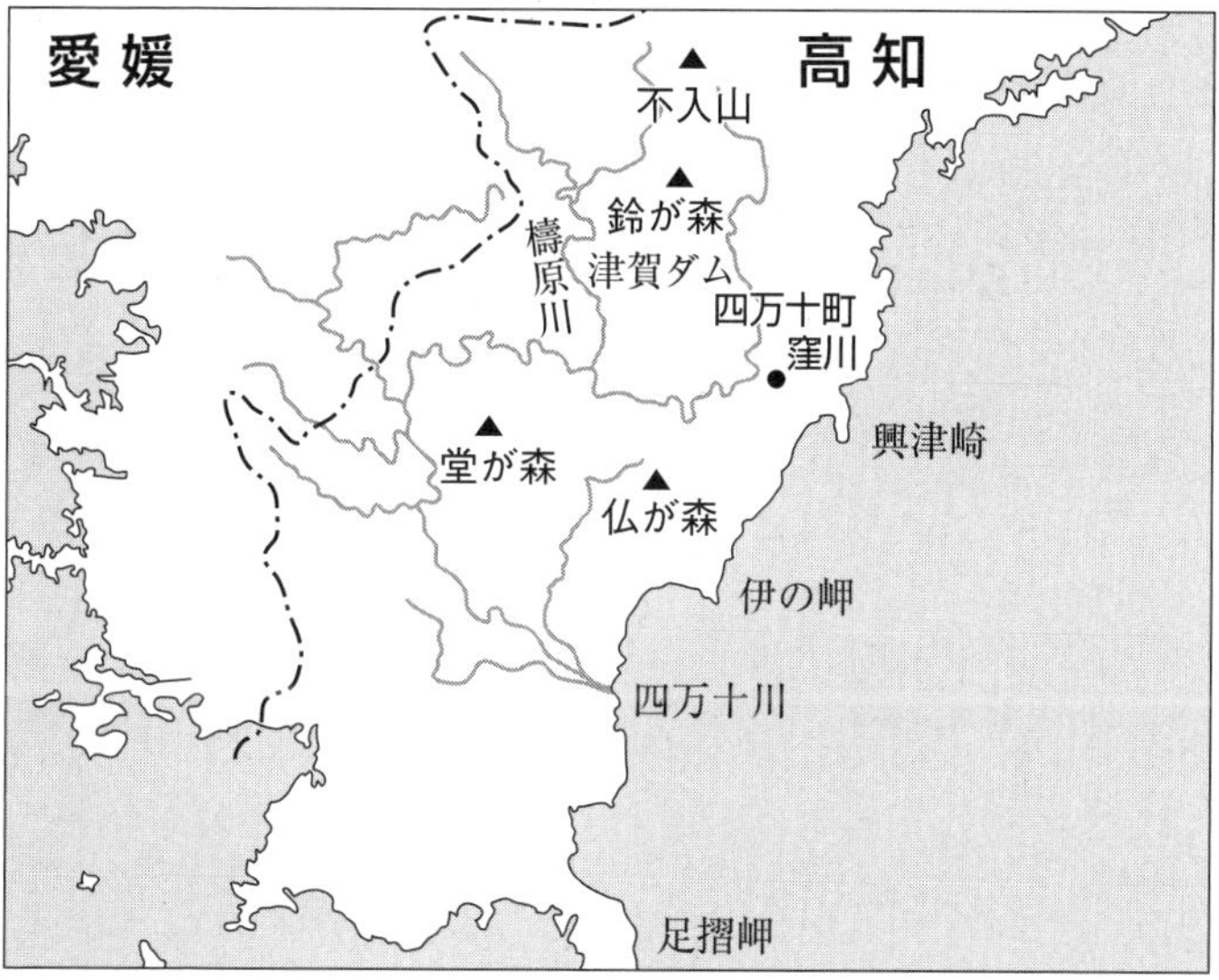

これは、四万十川の水の勢いが強いためという。

そもそも、大昔の四万十川流域は、地形が平らで、高低差がほとんどなかった。四万十川は、できるだけ低いところを探すように、海へ向かって流れていた。そのため、川は大きく蛇行し、途中で四国山地方向に流れる部分ができた。

やがて、四万十川流域も、だんだん土地が盛り上がり、山や丘ができた。ふつうの川なら、その山や丘を避け、流れを変えるのだが、四万十川の流れは勢いが強く、もとの川筋のまま、山や丘を削りとりながら、流れ続けてきた。

そのため、途中で海から山の方向へ向かって流れる現象が、いまも見られるというわけである。

「高知」という地名の由来は？

現在の高知県は、江戸時代には「土佐藩」と呼ばれていた。坂本龍馬を生み、倒幕の中心的役割を果たした土地である。ところが、明治時代の廃藩置県によって、「高知県」へと改名された。この「高知」という地名は、何に由来するのだろうか。

現在の高知城は、土佐24万石の初代藩主山内一豊によって築かれたが、その場所は、もともと「大高坂山」と呼ばれていた。

山内一豊は、入城にさいし、この「大高坂山」を「河中山」と改名し、「こうちやま」と呼ばせた。城の北側と南側を河が流れ、城下は土地の低い湿地帯だったからである。

しかし、たびたび水害に悩まされたため、二代藩主の山内忠義がこの名を嫌い、竹林寺の空鏡和尚に相談すると、和尚は「こうち」の読みはそのままにして、文殊菩薩の高い智恵にちなんだ「高智」を提案した。忠義もこれを気に入り、「高智山」とした。これが、のちに「高知」と改められたというわけである。

小豆をつくっていないのに、どうして小豆島？

香川県の小豆島は「オリーブの島」として知られるが、〝小豆《あずき》〟の名産地という話は聞かない。小豆とかかわりのある島でないのに、小豆島というのは、当て字で「小豆」と書くようになったからだ。

この島が歴史に初めて登場するのは、『古

事記』の中。『古事記』に「阿豆枳辞摩《あずきじま》」という島の名が登場するのだ。これが現在の小豆島で、「あずきじま」という音にいつしか「小豆」という漢字が当てられるようになった。

本来、「あずきじま」の「あず」とは、崖の崩れやすい場所を示す古語。「あず」「あづ」「あぞ」などは、崖崩れなどの崩壊の危険のある場所を示す言葉で、「あずきじま」とは「崖崩れの多い島」という意味だったのだ。

また、日本各地に「小豆沢」という地名があるが、これも由来は同様、「崩れやすい沢」という意味である。

愛媛県のどこが、みかん栽培に向いている？

もともと、みかんの栽培には、年平均気温が15℃以上、冬の最低気温がマイナス5℃以下にならない温暖な土地が適している。愛媛県は、もちろんその条件をクリアしているが、それだけ温暖な場所なら、他の作物を栽培してもよさそうだ。でも、愛媛県内の耕地面積の半分は樹園地となっている。

というのも、愛媛県は平地が少なく、山が多いから。おまけに、南予地方の急傾斜率は、日本一で、穀類や野菜をつくるには、段々畑にするほかなく、大変な手間がかかるのだ。

一方、果樹栽培であれば、傾斜地ほど、樹木への日照が均一になるという利点がある。そこで、愛媛では、みかん、伊予かんなどの栽培が奨励され、日本を代表する〝みかん処〟へと成長してきたのだ。

もっとも最近は、急傾斜地の多い南予以外では、ナス、タマネギ、ソラマメなどの栽培も積極的に行われている。

九州に焼き物の産地が多い事情とは?

唐津焼(佐賀)、有田焼(佐賀)、上野《あがの》焼(福岡)、小石原焼(福岡)、三川内《みかわち》焼(長崎)など、九州には焼き物の産地が多い。

もともと、日本で最初の本格的な焼き物は、古墳時代、朝鮮の技術を導入して、瀬戸で焼かれた須恵器《すえき》だとみられる。この瀬戸と常滑《とこなめ》(愛知)、越前(福井)、信楽《しがらき》(滋賀)、丹波(京都)、備前(岡山)の6カ所が、「日本六古窯《ろっこよう》」に数えられている。

九州に焼き物の産地が増えたのは、それよりずっとのちのことである。

きっかけとなったのは、豊臣秀吉による1592年からの朝鮮出兵だ。

朝鮮に出兵した九州や関西の武将たちが、優れた技術をもつ大勢の陶工を朝鮮から連れ帰ることによって、九州北部や萩、関西に窯を開かせた。

今に伝わるろくろの技術も、このときに伝えられたものだ。

そんななか、佐賀藩主が連れ帰った李参平という陶工は、有田泉山に陶石を発見。この陶石を使って始められたのが、日本最初の磁器といわれる有田焼である。

さらに、いったんは各地に散らばっていた陶工たちが、九州に親類縁者を呼び寄せて定住したことによって、九州はそれ以前、焼き物の中心地だった瀬戸(愛知)や美濃(岐阜)にも負けない一大産地に成長することになった。

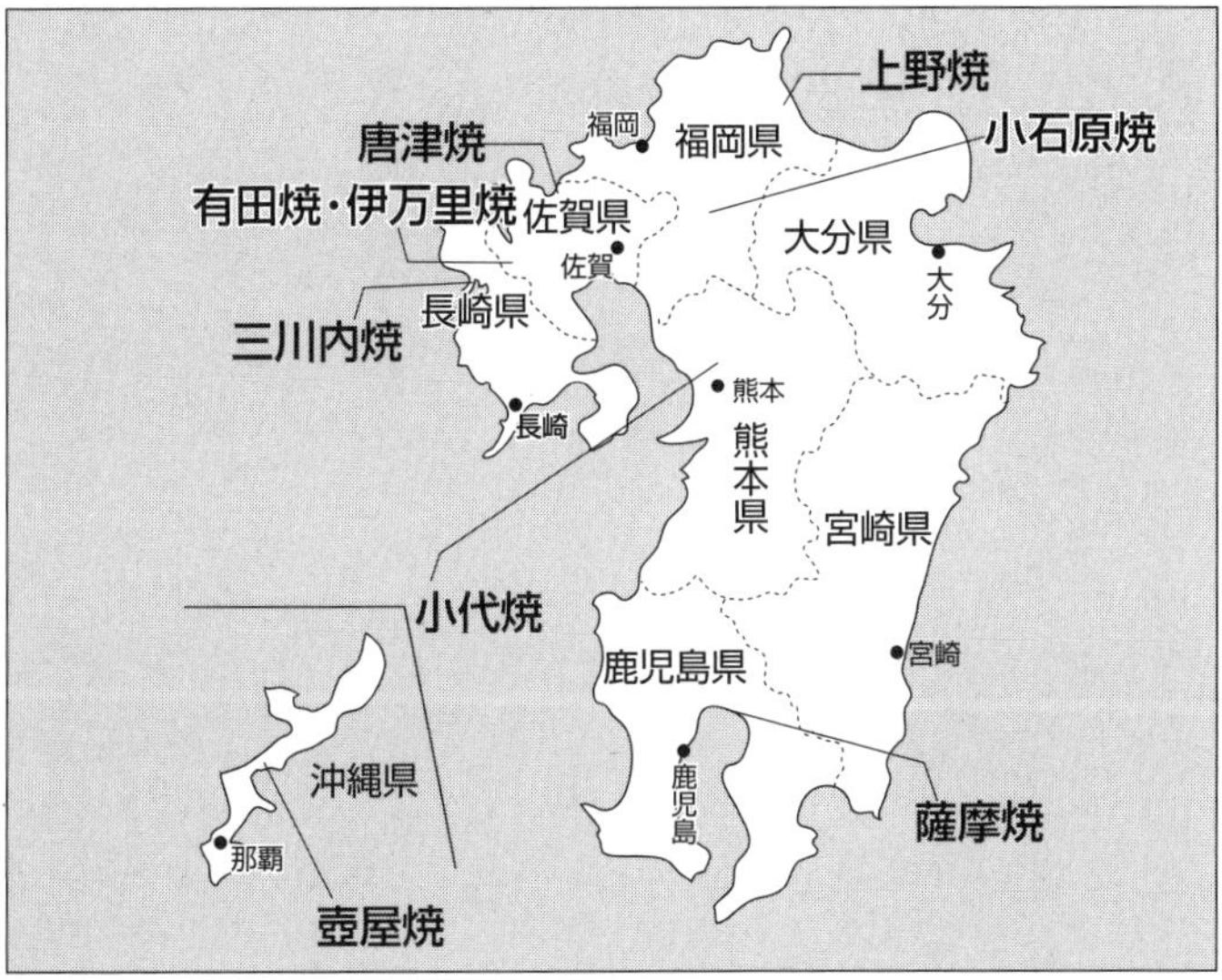

八代海の「不知火」は、どんな時見られるの？

夏になると、熊本県南部の八代海には、大勢の観光客がつめかける。お目当ては「不知火《しらぬい》」である。海上で、火の玉のような不気味な火がゆらぎ、消えてはまた現れる。しかも、それが十数キロにわたって広がるのだから、八代海の不知火は、昔から神秘的な現象として知られてきた。

この不思議な火は、月のない午前3時ごろ、大潮の干潮時によく見られるのだが、すでにその正体は「漁《いさり》火《び》」であることがわかっている。

午前3時ぐらいになると、遠浅の干拓部分の水温が下がり、沖合の水温とは3℃ほどの差ができる。このとき、風が吹くと、近くの海域では、場所によって空気の密度が違ってくる。それがレンズの働きをして、沖の漁火が屈折。いくつもの火に分かれたり、一緒になって、明滅するというわけである。大潮のときによく見えるのは、その時期、たくさんの漁船が沖合にでるからである。

対馬が二つの島に分かれた理由は?

対馬は、福岡から約170キロ離れた海上にある。福岡から飛行機で約35分、フェリーで4時間半かかる。まさに韓国との国境近くに位置する島で、南北に細長く延びた対馬島と、100を超える小島からなる。対馬島は上島と下島の二つに分かれている。

ところが、かつてこの上島と下島は一つの島だった。以前は、浅茅湾が深く入り込んだところで、細い地峡でつながっていたのである。

いいかえれば、島の東側から西側へは、上島と下島の間の海を通っていくことはできなかったのだ。

そこで、1672年、対馬藩主宗義真が、大船越瀬戸を開かせ、上島と下島を切り離した。地峡を崩して運河にしたのである。

明治時代に入ると、対馬は軍事上の要地とされ、浅茅湾に軍港が置かれたが、大船越瀬戸は浅くて、軍艦の通行ができなかった。

そのため、1900年、浅芽湾の万関浦と対馬海峡側の久須保浦の間の地峡を削り、万関瀬戸が開削されたのである。

なお、現在は、万関瀬戸にはアーチ型の万

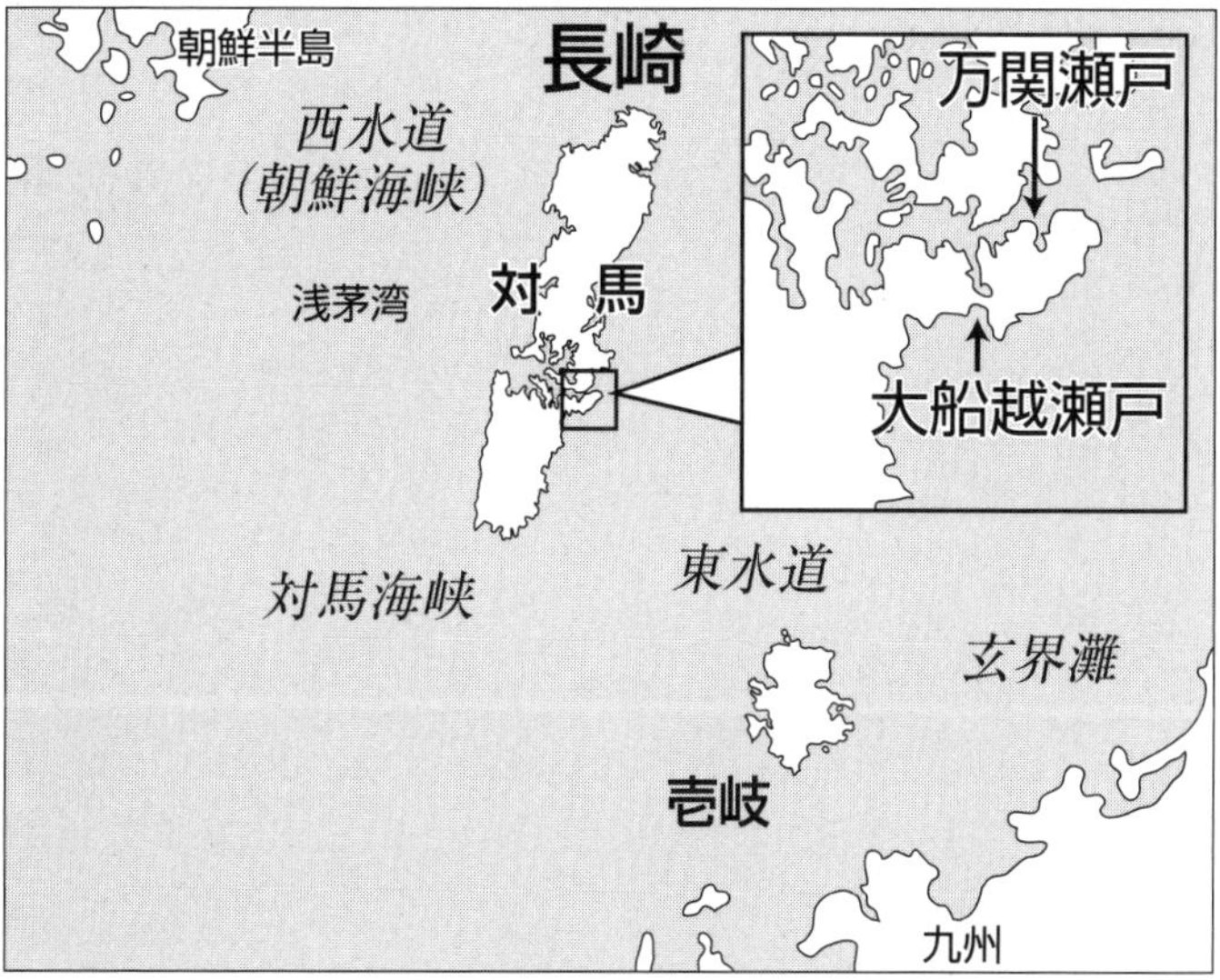

関橋が架けられ、上島と下島をつないでいる。

どうして「国東」半島と書いて、「くにさき」と読む？

瀬戸内海の周防灘に、ほぼ円形に突き出している大分県の国東半島。奈良時代から平安時代にかけて仏教文化が栄え、いまでも「み仏の里」として、磨崖仏などの観光名所がたくさん残っている。

しかし、何の知識もない人が、いきなり「国東半島」という地名を見て、「くにさき」とは読めないだろう。この珍しい地名は、第12代景行天皇の言葉に由来する。

記・紀神話によれば、82年、命令に背いた九州の熊襲《くまそ》を征伐するため、大和から天皇自らが西下。現在の山口県防府市から、瀬戸内海を九州へ向かった。

このとき、前方に見えた半島を指して、景行天皇が「彼のみゆるは、けだし〝国の先〟ならん」といったという。つまり、円形に突き出た半島が九州の先端に見えたのである。

そこから「国崎」という地名が生まれ、のちに豊後の東にあることから、「国東」という字が当てられるようになったとみられている。

硫黄島はいつ「いおうじま」から「いおうとう」になった？

クリント・イーストウッド監督による映画『硫黄島からの手紙』（2006年）では、硫黄島は「いおうじま」と読まれていた。そのため、「いおうじま」が正しい読み方だと思っている人もいるかもしれないが、2007年以降は「いおうとう」が正しい読み方とされている。

じつは戦前は、日本では「いおうとう」と読まれていたのだが、米軍は太平洋戦争前から「Iwo Jima」と表記、戦後も1968年まで、アメリカの統治下にあったため、「いおうじま」と呼ばれていた。

硫黄島の施政権が日本に戻されたさい、国土地理院発行の地図では「いおうとう」へ戻されたのだが、1982年の改訂で、小笠原村が呼称を「いおうじま」と東京都へ報告、東京都もそう広報したので、国土地理院発行の地図でも、「いおうじま」と表記されるようになっていた。

その後、ハリウッド映画『硫黄島からの手紙』がヒットして、マスコミで「いおうじま」

と連呼されると、旧島民から「歴史的にみて、『いおうとう』が正しいはず」という声が小笠原村へ寄せられた。そこで、同村が国土地理院へ呼称の訂正を求め、2007年9月以降発行の地図では「いおうとう」と表記されるようになった。その後、テレビやラジオでも、「いおうとう」と呼ばれるように変わってきている。

「指宿」と書いて、なぜ「いぶすき」なのか？

薩摩半島の南のはずれに、「湯の町」として知られる指宿市がある。801カ所の源泉から噴き出す温泉はもちろん、砂にうずもれる砂風呂も楽しむことができる。

でも、この地になじみのある人でなければ、「指宿」を「いぶすき」とは読めないだろう。普通に読めば、「ししゅく」とか「ゆびやど」となりそうだが、この「いぶすき」という地名は「ゆぶしゅく」から変化したもの。もとは「湯豊宿」と書き、湯の豊かな宿という意味だった。

地元には、こんな伝説が残っている。7世紀末、九州を旅した天智天皇が、南端まで到着したとき、「人の宿遠し」といって、この地の寂しさを嘆いたという。すると、案内役を務めていた九州の豪族が、「湯豊宿の地、近くにあり」と教え、温泉が大好きだった天皇は大いに喜んだ。このエピソードにちなんで、「湯豊宿」という地名になったという。

江戸時代には、薩摩藩主の島津家によって湯治場として開発され、「揖宿」と書いて「いぶすき」と読まれるようになり、のちに「指宿」と改められた。

霧島の最高峰・韓国岳と韓国の関係は？

高千穂峰、御鉢、中岳、新燃岳、獅子戸岳といえば、宮崎県と鹿児島県の境に位置する霧島連山の山の名前だが、その中でも、もっとも高いのは標高1700メートルの韓国《からくに》岳《だけ》。人気の観光スポットとなっている。

しかし、なぜ九州南部にあるのに、「韓国岳」と呼ばれるのだろうか。由来は、頂上からの展望が、あまりにすばらしく、遠く韓国まで見渡せそうなので、この名前がついたといわれる。「韓国の見岳」の省略形だという。

たしかに、韓国岳は爆裂火口で、中腹から上には樹木がない。さえぎるものがないので、頂上からは、南は鹿児島湾や桜島、北は噴煙たなびく阿蘇まで展望できる。

しかし、残念ながら、どんなに天気がよくても、韓国まで見えることはない。距離を考えても、韓国を見ることは不可能だが、そのくらい遠いところまでよく見えるということを、この名でアピールしたかったのだろう。

屋久島の杉だけが、どうして巨木になるのか？

「九州でもっとも高い山は？」と問われると、阿蘇山や雲仙岳、霧島などを思い浮かべる人が多いだろう。しかし、九州最高峰の山は九州本土にはない。鹿児島から飛行機で40分ほど南下すると、海上に屋久島が見えてくる。この屋久島の標高1936メートルの宮之浦岳が、九州一高い山である。

屋久島は、ひとたび山岳地帯に入ると、とても日本とは思えないような原生林が広がり、1000メートルを越す山が43峰も連なっている。

そこに、樹齢300年以上の杉が、およそ15万本もあると言われる。その幹は、大人1人では抱えきれず、巨木になると、数人が手をつながなければ抱えられないくらいだ。

ほかの地域では、樹齢2～300年ともなると、御神木として神様のように敬われることが多いが、屋久島ではその程度の木は「コスギ」と呼ばれ、まるで子ども扱いだ。この島で、屋久杉と呼ばれるのは、樹齢1000年以上の巨木だけ。それ以下はコスギにすぎないのだ。

屋久島の杉が、日本列島では桁はずれに長生きで、巨木に成長するのは、この島の独特の気候のせいである。

まず、屋久島は「月に33日雨が降る」と言われるように、とにかく雨が多い土地。都会では、50ミリの雨が3日も降り続くと大水がでるが、屋久島内部の高地では、年間1万ミリもの雨が降る。

しかも、山全体が霧で覆われることが多く、つねに多湿で、標高700～1500メートルの付近では気温も低い。この多湿なのに涼しいという気候が、杉をどんどん生育させるのだ。

また、夏から秋にかけて、台風に直撃されるのも、巨木に育つ理由とされている。つまり、ある程度大きくなると、台風によっててっぺんが折られる。そのため、一気に上に伸びることなく、養分が横にまわって、太くどっしりした杉に成長していくのである。

さらに、杉の天敵であるブナが屋久島には生育していないことも、杉がスクスクと育つ理由である。

なぜ、西表島の「西」を「いり」と読む?

日本の地名の難しさの一つに読み方がある。たとえば、漢字では同じ「本町」でも、「ほんちょう」と読むか「ほんまち」と読むかは、その土地によって異なるものだ。それでも、音読み、訓読みの違い程度なら、まだしも簡単なほう。その土地の方言からきた読み方となると、よそ者にはお手上げである。

沖縄県の「西表島」は、そういう難読地名の一つ。最近は観光地としても人気が出てきたので、「イリオモテジマ」と正しく読める人が増えているが、生きた化石と呼ばれるイリオモテヤマネコがこの島で発見されるまでは、正確に読める人はそうはいなかった。

西表島は、沖縄県八重山諸島の南西に位置する島。その位置から「西表島」という名がついたと言われるが、どうして「西」をイリと読むのだろうか。漢和辞典で「西」を引いても、そんな読み方は載っていない。

このイリというのは、ウチナーグチ、つまり沖縄地方の方言なのだ。琉球王朝の時代から、沖縄では、東をアガリ、西をイリと呼んでいたのである。アガリは日の出のとき太陽が上がる方向、イリは日の入りを指している。

日本最西端の地、与那国島の西崎をニシザキではなく、イリザキと読むのも同じである。

ちなみに、南はフェー、北はニシ。首里城

の南にある南風原《はえばる》は、フェーバルが訛ったものだという。

といっても、沖縄の地名のすべてがウチナーグチというわけではない。たとえば、那覇市の近くにある西原町は、そのまま普通に「ニシハラチョウ」と読み、「イリバルチョウ」とは読まない。

ただし、この地名、もともとの意味は〝北原〟なのだが、沖縄方言で北を意味する「ニシ」の読みに「西」という漢字を当てたので、こうなった。ああ、ややこしい。

沖縄でいろいろな織物が発達したのはどうして？

沖縄本島の紅型《びんがた》、芭蕉布、久米島の紬、宮古の宮古上布《じょうふ》、石垣の八重山上布など、琉球列島は、別名「織物列島」と呼ばれるほど、さまざま織物が発達している。

琉球列島が織物の名産地になったのは、琉球王朝が薩摩藩や江戸幕府に、貢納布として献上することを強要されてきたことが背景にある。

たとえば、江戸初期の１６１１年、薩摩藩にとらわれていた琉球王朝の尚寧王は、帰国を許されるのと引き換えに、大量の織物を納入するようにと命じられた。そのため、琉球では、織女が各地から集められ、ひたすら織物を織らされたのである。

しかも、貢納品なので、織り方が粗雑だと、織女たちは、織った布で体をしばられ、村中引きずりまわされたという。さらに、絵師の描く絵型と寸分違わぬものを織らせたため、織女たちは大変な苦労をしたという。

その貢納が約250年も続いたので、やがて琉球列島全体が織物の名産地となっていったというわけである。

沖縄に「高島」と「低島」があるのはなぜ？

沖縄本島の南方に、サンゴ礁で有名な竹富島《たけとみじま》がある。ところが、初めて訪れる人が、船でこの島に近づくと、「うん？　あれが島？」と首をかしげることが少なくない。

島に山や高台はなく、標高わずかに24メートルの、まるで木の生えた皿を伏せたような陸地が、海に浮かんでいるからである。高潮になれば、すぐに海に没してしまいそうな島なのだが、これが「低島」と呼ばれる沖縄独特の島である。

沖縄の島々をめぐってみると、山のように高く盛り上がった「高島」と、竹富島のように皿を伏せたような「低島」に分かれることがわかる。その違いには、琉球列島の生い立ちが深く関係している。

まず高島は、太古の時代に大陸の一部だったところが、間の陸地の陥没などによって島となったものか、大陸近くの海底が隆起して島となったところである。石垣島や西表島、与那国島《よなぐにじま》、久米島《くめじま》がその代表で、石垣島には、沖縄県最高峰の標高525・8メートルの於茂登岳《おもとだけ》がある。

一方、竹富島のほか、宮古島や下地島、多良間島などの低島は、海中にできたサンゴ礁が隆起して生まれた島。そのため、高い山はなく、なだらかな平地が広がっている。

なお、海が美しいのは、低島のほう。低島

は、おもに石灰岩でできているため、ほとんどの雨水が地下に浸透し、河川が発達していない。川の水が海に流れず、周辺の海は自然のままの美しさを保っていられるのだ。

与那国島からは、本当に台湾が見えるのか？

与那国島は、八重山諸島の西端の島で、日本最西端に位置する。

台湾までわずか111キロしか離れていないため、たいていのガイドブックには「晴れて澄んだ日には、水平線上に台湾が見える」などと書かれている。

しかし、与那国島を訪れた観光客で、じっさいに「台湾を見た」人は、ごく少数派だろう。

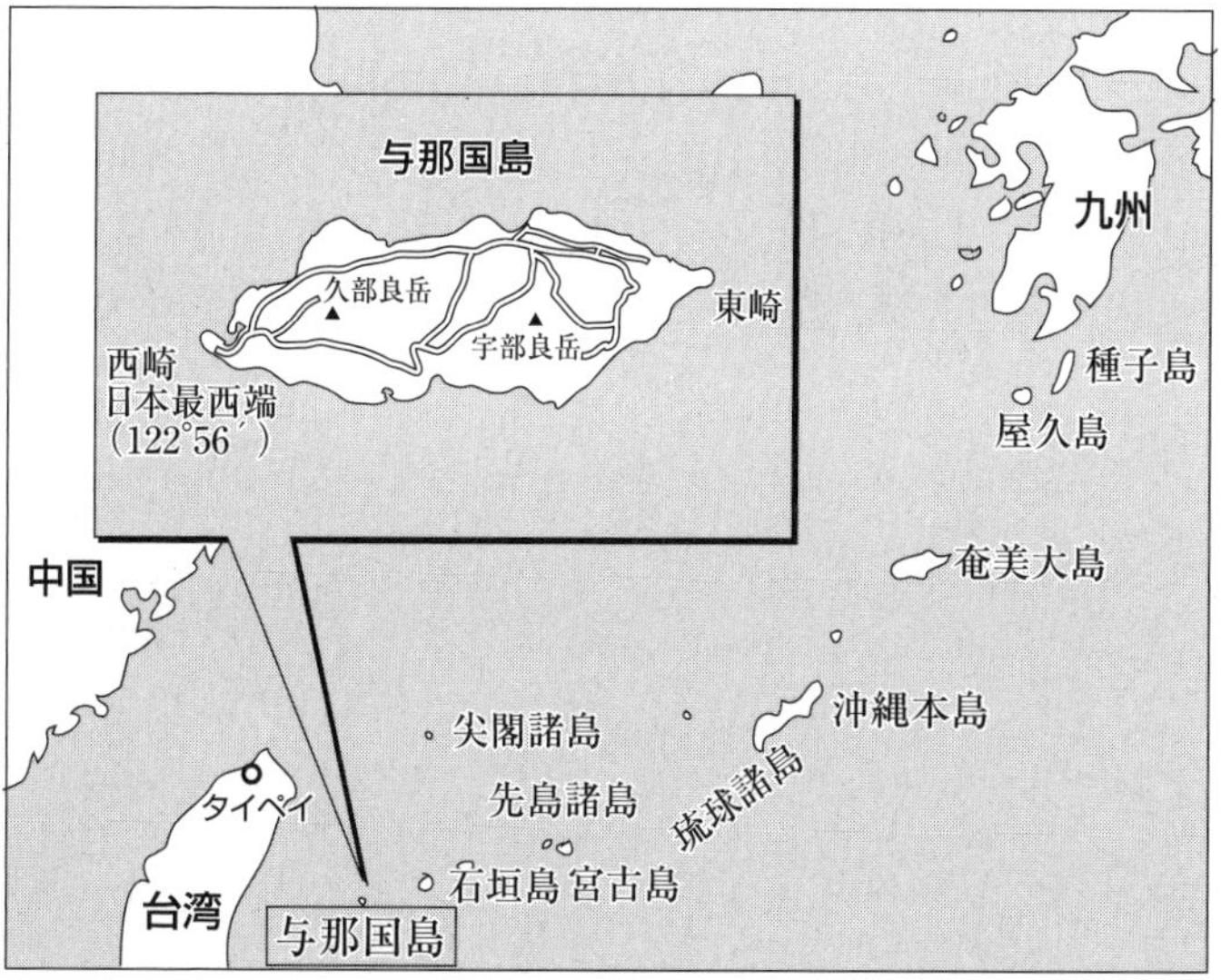

というのも、与那国島から台湾が見えるのは、6月から8月の3カ月の間で、しかも、台風の来る直前にかぎられるからである。台湾が見えればラッキーだが、その直後、台風の直撃を覚悟しなければならない。

与那国島は、東西に細長く、さつまいものような形をしている。台湾が見えるのは、西《いり》崎《ざき》という島の最西端である。だが、たいていは、雲かガスがかかっていて、台湾の「た」の字も見えない。

地元の人も、「台湾は、めったに見えないよー」と話すほどである。

ところが、西崎のはるか南の海上に、低気圧が発生すると、そのガスや雲がスーッと消えていく。

与那国島と台湾の間に前線が張り、強い風が吹くことで、ガスや雲が吹き飛ばされるからである。

このときにかぎり、水平線上に台湾の島影が浮かびあがる。よく見える日には、台湾の青い山まではっきりと見えるという。

ちなみに、島の東端の東崎《あがりざき》からは、約100キロ離れた西表島が、天気のいい日にはよく見える。

同じ沖縄でもハブのいる島といない島があるのは？

ハブは、大型のものだと、体長が1・6メートルにもなる。

ネズミ、カエル、ヒヨコなどをエサとし、人家に比較的近いヤブ、石垣、納屋、古いお墓、谷に面した斜面などにひそんでいる。

夜行性なので、昼間に出会うことはめった

にないが、それでも沖縄では、年間４００人ほどがハブに咬まれる事故が起きている。

ただし、ハブは、沖縄のどの島にも棲息しているわけではない。たとえば、沖縄本島や石垣島、久米島にはいるが、宮古島や与那国島にはいない。

また、伊平屋島《いへやじま》にはいても、すぐ南の伊是名島《いぜなじま》にはいない。

久高島《くだかじま》、津堅島《つけんじま》、粟国島《あぐにじま》、南・北大東島、池間島《いけまじま》、伊良部島《いらぶじま》、下地島《しもじじま》、来間島《くりまじま》、大神島《おおがみじま》、多良間島、水納島《みんなじま》、波照間島にも、ハブはいない。

「なぜハブのいる島といない島があるのか？」——その理由ははっきりしていない。

「地殻変動などで水没したことがある島にはハブがいない」「ハブは硫黄を嫌う」という説もあるが、どちらも立証されたわけではない。

古生代の火山活動によって隆起した島にはいて、新しい時代にサンゴ礁が隆起してできた島にはいないという説があるが、これもすべての島には当てはまらず、定説にはなっていない。

特集2

読んで楽しい！　乗って楽しい！

「車と飛行機の話」

■なぜ、国道16号線沿いには〝軍事基地〟が多いのか？

国道16号は、首都圏をぐるりと取り囲むように走る幹線道路である。主な経由地は、神奈川県横須賀《よこすか》市から横浜市、大和市、相模原《さがみはら》市、東京都八王子市、埼玉県川越市、さいたま市、春日部《かすかべ》市、千葉県柏市、千葉市、木更津市、そして富津《ふっつ》市から海上を通って横須賀市につながっていく。富津市と横須賀市の間に橋は架かっていないが、両市を約40分でつなぐフェリーが運航されている。

国道16号の全長は、253・2キロ。都心部を中心に半径30キロの円を描くと、ほぼ国道16号に重なる。この道をじっさいに走行してみると、道路沿いにやけに軍事基地が多いことに気づかされるはずである。

まず、横須賀市の海上自衛隊地方総監部。横須賀には、アメリカの原子力空母も寄港する。そして、海上自衛隊厚木航空基地と在日米軍厚木航空基地。日米の戦闘機が盛んに離発着する場所である。

さらに、東京都福生《ふっさ》市の在日米軍横田基地に、埼玉県の航空自衛隊入間《いるま》基地。千葉県に入っても、海上自衛隊下総《しもふさ》航空基地、陸上自衛隊木更津駐屯地がある。

なぜ、このように国道16号沿いには、〝軍事基地〟が多いのだろうか。

これは、かつて国道16号付近が、東京を防衛するための国防ラインだったからである。敵が侵略してきたときは、国道16号ラインを死守し、その内側へ敵を侵入させないことが至上命題とされていたのだ。

その首都圏防衛構想は、大日本帝国時代に最後の防衛ラインとされたものであり、現在の基地群は、旧日本軍の基地跡地を利用したため、国道16号沿いに並んでいるといってもいい。

なお、太平洋戦争の末期、この防衛ラインは空中から簡単に突破され、東京は焼け野原になった。

■環七、環八はあるのに、環一～六を聞かないのは？

東京の中心部から車に乗って西へ向かうと、途中、いくつもの大きな道と交差する。そして、環七を横切り、環八を越えたあたりから、窓の外の風景は郊外のそれに変わっていく。

環七とは「環状街路路線七号」の略で、大田区平和島から江戸川区南葛西《かさい》まで、東京をぐるりと取り囲む環状線のこと。

一方、環八の正式名称は「環状街路路線八号」。大田区羽田の埋立て地から北区岩淵町まで、東京の西側をほぼ半周する道路のことである。

環七も環八も、東京のドライバーにはおなじみの幹線道路だが、多くのドライバーが疑問に思っていることがある。それは、どうして七と八があるのに、一から六までの環状線はないのか、という素朴な疑問である。

ナンバリングというのは一から始めるのが普通で、七と八しかないというのは、どう考えても不自然だ。

そこで、調べてみると、一から六までの環状線も一般に知られていないというだけで、ないわけではないのだ。

どうして知られていないのかというと、「環状線」として機能していないからである。一から六までの各路線は、単に既存の道をつなぎ合わせてナンバリングしただけで、円にも半円にもなっていない。それで、誰もその存在に気づかないというわけだ。

ちなみに、環一は内堀通り、環二は外堀通り、環三は外苑東通りと言問通りと三ツ目通り、環四は外苑西通りと不忍通り、環五は明治通り、環六は山手通りのことである。

地図を見ると、たしかに皇居を中心に同心円を描いているように見えなくもないが、やはり「ところどころ」でしかない。

それらを環状線と呼ぶのには、かなりの無理があるので、一般に知られることも定着することもなかったのである。

■道のない海の上を国道197号線が走っているのは？

大分県の佐賀関で獲れるサバとアジといえば、「関さば」「関あじ」。商標登録もされている全国的に有名なブランド魚である。「速吸瀬戸《はやすいのせと》」と呼ばれる流れの速い海峡で、身の引き締まった魚が育つのだ。

その速吸瀬戸では、四国と九州を最短距離で結ぶフェリーが運航している。四国の西端・愛媛県佐田《さだ》岬半島の三崎と、大分県の佐賀関の31キロの距離を、1日16便、およそ70分というスピードで運んでくれる。

ところで、このフェリー航路には「国道九四フェリー」という名前がついている。道のない海の上なのに「国道」とは奇妙な話だが、じつはこの航路、国道197号線の一部なのである。なお、フェリー名の九四は九州と四国の略で、国道番号とは関係ない。

国道といえば、ふつうは陸上の道を思い浮かべるが、「一般国道の路線を指定する政令」では、海の上でも国道として認められる場合がある。途中に海があっても、フェリーで結ばれていて、1本の〝道路〟として機能していると判断されれば、一般国道に指定されることがあるのだ。

国道197号線の場合は、高知県から愛媛県に入り、三崎まできたところでいったん海にぶつかる。そこからはフェリーに乗れば、大分県佐賀関町に着き、再び陸上の道路を走れるというわけだ。

■日本一長い国道と、日本一短い国道は？

全国にくまなく張りめぐらされた国道は、全部で４５９本ある。そのなかで「もっとも距離の長い国道は？」と問われれば、東京～大阪を結ぶ国道1号線と思う人が多いのではなかろうか。

しかし、国道1号線の距離は約７９６キロで、国道の距離としては第2位。1号線よりも長い国道が、ほかにあるというわけだ。

日本一に輝くのは、東京～青森間の国道４号線。江戸時代に五街道の一つだった日光街道を青森まで延ばした国道で、長さは約８８６キロにおよぶ。

第3位は、京都から山陰地方を経て、山口県下関市に至る国道９号線。距離は約６９５キロである。

これらのキロ数は新しくバイパスが開通したりすると、かなり変動するので、順位が入れ代わることもときどきある。

なお、ここに挙げた国道の1位から3位までを通れば、青森から下関まで本州を縦断できる。

逆に日本一短い国道は、神戸市を走る国道174号線。神戸市中央区で国道2号線から分かれ、神戸港へ向かう国道なのだが、その距離はわずか187メートル。陸上競技の選手なら、20秒ほどで走ってしまう距離である。ただし、市街地と港を結ぶ重要道路であり、交通量はかなり多い。

短いほうの第2位は、山口県岩国市内から岩国空港までの国道189号線で、長さは360メートル。第3位は、東京都港区の芝から東京港までの国道130号で、これも480メートルしかない。

■国道の起点と終点は、どうやって決めるのか?

鉄道にも起点と終点があるように、国道にも起点と終点がある。

たとえば、東京から大阪までの国道1号線は、起点が東京で、終点が大阪。また、東京から青森に至る国道4号線は、起点は東京、終点は青森である。

もともと、日本の国道は、江戸時代の旧街道に沿う形で、東京を中心に整備されてきた。路線番号が1ケタ、2ケタの旧1級国道がそれだが、それら東京都内や近辺と結ばれる国道は、東京か東京近くが起点で、もう一方が終点とされている。

また、大都市と地方都市を結ぶ国道の場合は、大都市のほうが起点となる。

たとえば、国道19号は、名古屋が起点で長野が終点。国道１６２号線は、京都が起点で敦賀が終点である。

さらに、同程度の都市を結ぶ場合は、東側か北側にある都市が起点となる。

たとえば、徳島と松山を結ぶ国道11号線は、東側の徳島が起点。いわきと新潟を結ぶ国道49号も、東側のいわきが起点とされている。

一方、岡山と高松を結ぶ国道30号線は、北側にある岡山が起点とされている。

■「階段」が国道に指定されたいきさつは？

「国道」とひとくくりにいわれるが、その道路の様子はさまざま。いまだ完全舗装されていない国道もあれば、まるで農道のように狭い国道もある。

しかし、クルマが通れない区間のある国道というのは、青森県の竜飛崎にある国道３３９号線だけである。

なぜ、クルマが通れないかというと、途中、階段になっている部分があるから。なんでも、国道指定のさい、お役所の役人が地図を見ただけで国道に指定。あとからクルマの通れない〝階段国道〟部分があることに気づいたという。

しかし、お役所仕事だけに、いったん指定したものを取り消すこともなく、現在では総距離約108キロの道のりのうち、338・2メートル、362段の階段がふくまれ、観光名所となっている。

ちなみに、この階段国道は、青森からクルマで約2時間のところにあり、階段の頂上付近は駐車場に整備されている。徒歩でその階段国道を下りると、民家が建ち並び、その先は漁港へと通じている。

■国道1号線のルートが一部「東海道」とズレるのは?

現在の国道1号線(東京〜大阪)は、ほぼ旧東海道(江戸〜京)と京街道(京〜大坂)に沿っている。ところが、一部、旧東海道から大きくはずれているところがある。箱根付近である。

そのきっかけをつくったのは、1万円札でもおなじみの福沢諭吉である。

明治の初め、福沢は、外貨獲得手段として、国際観光事業の必要性を主張していた。そして彼が着目したのが、東京から近い箱根温泉だった。

温泉と富士の眺めを同時に堪能できるのだから、外国人にも足を運んでもらえるだろうと考えたのである。

しかし、東京から箱根までの道路は、当時まだ整備されていなかった。そこで、福沢は明治政府に働きかけ、1877年に塔ノ沢～宮ノ下間、その2年後には宮ノ下～宮城野間に、人力車の通る有料道路を開通させた。

政府が、ほぼ旧東海道に沿って、東京から大阪港に達する国道のルート（当時は「国道2号」と呼ばれた）を指定したのは、その8年後のことである。

そのとき、政府は、箱根七湯周辺は、福沢の肝いりで開かれた新道路を重要と判断し、旧東海道を差し置いて、そちらを国道に指定したのだ。そのルートを基に現在の「国道1号線」が整備されたため、箱根七湯周辺では、国道が旧東海道から大きくはずれることになったというわけだ。

■なぜ、名古屋はあんなに道幅が広いのか？

初めて名古屋へ行った人は、道路幅が広いことに驚く。幅100メートル、片側4車線、5車線の道路が中心市街地を貫いているからだ。外国の都市にもヒケをとらない立派な道路網である。

軍需工場の多かった名古屋は、戦時中、空襲によって市街地のほとんどが焼き尽くされた。そこで、戦後、大胆な都市計画を実施し、ほかの大都市では見られない広い道路を建設したのである。当時、工事中の道路を滑走路と勘違いし、「町の真ん中に飛行場をつくる気か」

と抗議した人もいたというくらいだ。

といって、道路幅を広くしたのは、現在のような自動車社会を予測したからではなかった。いちばんの理由は、火災の延焼を防ぐ防火帯の役割を道路に持たせることにあった。戦時中、市街地が焼き尽くされた原因の一つに、建物が密集し、延焼を食い止められなかったことがあった。その教訓をもとに、広い道路が計画されたのである。

なお、この広い道路には、都市生活をさまざまな面から支える役割もある。地下には、上下水道やガス、電話、道路などのライフラインが埋設されているし、地下鉄建設も道路が広い分、スムーズに行われた。さらに、日当たりや風通しの良さにも、広い道路は一役買っている。

■飛行機の飛ぶ〝道〟は、どうやって決められている?

飛行機の機内誌には、その航空会社の就航路線図が載っているものだ。それを見ると、「この会社は、羽田~鹿児島間も飛んでいるのか」というようなことがわかるが、その羽田~鹿児島間の路線は、両空港間が1本の線で結ばれているはずである。

その線は、単なるイメージではなく、どういうルートを飛ぶかを表したものでもある。

大空には、信号機もないし、センターラインが描かれているわけでもない。どこを飛んでもよさそうなものだが、じつは、大空にも、一定の幅をもった「エアウェー」が定められているのである。そのエアウェーは1車線、一方通行で、どの飛行機も、決められたエアウェー内を飛ぶことが、空の交通ルールとなっている。

また、エアウェーには上下があって、対向する飛行機には高度差がつけられている。東行きは、1000フィート（305メートル）の奇数倍の3000、5000、7000フィート。西行きは、偶数倍の2000、4000、6000フィートの高さを飛ぶのが原則である。

■航空図にはどんなことが書かれているか？

パイロットが、飛行中、針路や目標物、無線施設などの位置を確認するために使うのが、航空図である。

航空図には、まず空港と空港の間をつなぐ航路（エアウェー）が記載され、ほかにも、飛行場、無線施設、障害物、飛行制限空域、さらに、航空機から管制官に現在位置を知らせる位置通報点や、管制圏などがこまかく記されている。

陸地に関する情報でとくに重要なのは、等高線。その地図の範囲内においての、最高地点と標高が強調されている。

たとえば、九州から沖縄全域をカバーする航空図なら、屋久島の宮之浦岳の標高が

表している。

あり、逆にいえば、それ以上の高度で飛んでいれば、山にぶつかる心配はないということを

「1935」とゴチック体で強調されている。この区域では、宮之浦岳の頂上が最高地点で

■「千歳空港」の名前が「新千歳空港」に変わったのは？

札幌近郊にある「新千歳空港」は、北海道の空の玄関口としておなじみだが、かつての「千歳空港」に「新」という文字がつけられたのは、1993年のことである。

といっても、空港が新しく建設されたわけではない。場所は同じながら、民間航空機専用の空港となり、ターミナルも新しくなったことを機会に改名されたのである。

それ以前の千歳空港は、自衛隊千歳基地と民間の共用飛行場で、日航や全日空のジャンボ機とF―15戦闘機などが、同じ滑走路を使って離発着していた。

1988年、民間機専用の滑走路を1本、1993年にもう1本増やし、さらに新ターミナルが建設された。こうして千歳空港は、民間機専用「新千歳空港」に生まれかわったのである。

現在は、自衛隊千歳基地の2本の滑走路（旧千歳空港）と、新千歳空港の2本を合わせて4本の滑走路が並んでいて、まるでアメリカの大空港のような規模を誇っている。

■参考文献

「日本列島なぞふしぎ旅」山本鉱太郎（新人物往来社）／「全国科学ゼミナール事典」西岡秀雄監修（三省堂）／「日本の地名」谷川健一（岩波書店）／「日本地図探検術」正井泰夫、中村和郎、山口裕一（ＰＨＰ）／「地図通になる本」立正大学マップの会（オーエス出版社）／「傑作日本列島入門」浅利佳一郎（はまの出版）／「京都雑学事典」毎日新聞社編（毎日新聞社）／「地図のことがわかる事典」田代博、星野彰編著（日本実業出版社）／「日本地理がわかる事典」浅井建爾（日本実業出版社）「日本の地名がわかる事典」浅井建爾（日本実業出版社）／「この一冊で東京の地理がわかる！」正井泰夫監修（三笠書房）／「楽しくて役に立つ地理と地図の本」向山洋一編、岩切洋一著（ＰＨＰ）／「あの県この県ビジネス攻略本」矢野新一（ビジネスアスキー）／「なしても北海道だべや」千石涼太郎（勁文社）／「県民性の日本地図」武光誠（文春新書）／「隣りの研究」毎日新聞地方部特報班（毎日新聞社）／「大阪学」大谷晃一（新潮文庫）／「都道府県ランキングくらしデータブック」朝日新聞社編（朝日新聞社）／「都道府県別データブック」読売新聞校閲部編（ＰＨＰ）／「東西学」吉本俊二（経営書院）／「大阪ものしり事典」創元社編集部編（創元社）／「雑学日本一だよ！長野県」加瀬清志（信濃毎日新聞社）／「あきた雑学ノート」読売新聞秋田支局編（無明舎）／「富山ものしり雑学大全」クイズ・フォーカス・イン取材班編（富山テレビ放送）／「現代かがわの基礎知識」かがわクイズ問題研究会（美巧社）／「民族世界地図」浅井信雄／「アメリカ50州を読む地図」浅井信雄／「世界紛争地図」松井茂／「宗教世界地図」石川純一（以上、新潮文庫）／「民族の世界地図」「地名の世界地図」「人名の世界地図」21世紀研究会編（以上、文春新書）／「世界謎と発見事典」三浦一郎監修（三省堂）／「世界の地名つれづれ紀行」辻原康夫（毎日新聞社）／「地図の遊び方」今尾恵介（新潮ＯＨ文庫）／「世界地図の読み方」高野孟（日本実業出版社）／「この一冊で世界の地理がわかる！」高橋伸夫編著（三笠書房）／「世界地理の雑学事典」辻原康夫（日本実業出版社）／「地球環境キーワード事典」環境庁地球環境部編集（中央法規）／「地図はこんなに面白い」ハイパープレス／「世界地理なるほど雑学事典」世界博学倶楽部（以上、ＰＨＰ文庫）／「世界地理の恥をかかない雑学事典」草野仁（成美文庫）／「一冊で世界地理と日本地理をのみこむ」目崎茂和監修（東京書籍）／「世界不思議物語」「ミステリーゾーンに挑む」（リーダーズダイジェスト社）／「新聞に見る雑学のすすめ」東京新聞編（東京書籍）／「科学の奇妙な世界」Ｊ・アカンバーク（ＨＢＪ出版局）／「世界地名情報事典」辻原康夫編著（東京書籍）／「沖縄・離島のナンダ？」沖縄ナンデモ調査隊（双葉文庫）／「１００問１００答世界の民俗」月刊みんぱく編集部（河出書房新社）／「天気で読む日本地図」山田吉彦（ＰＨＰ新書）／「面白いほどよくわかる世界地図の読み方」世界情勢を読む会編著（日本文芸社）／「楽しくて役に立つ地理と地図の本」向山洋一編、岩切洋一著（ＰＨＰ）／「１００問１００答日本の歴史」歴史教育者協議会編（河出書房新社）／「この一冊でアメリカの歴史がわかる」猿谷要（三笠書房）／「世界史なぜなぜ百貨店」（新人物往来社）／「旅客機・空港の謎と不思議」谷川一巳（東京堂出版）／「旅客機マニアの常識」徳光康（イカロス出版）／「日本の空港なるほど事情」谷川一巳／「旅客機なるほどキーワード」阿施光南（山海堂）／「航空管制の科学」園山耕司（講談社ブルーバックス）／「飛行機の雑学事典」白鳥敬（日本実業出版社）／「機長のかばん」石崎秀夫（講談社）／「機長の一万日」田口美貴夫（講談社）／「機長からアナウンス」内田幹樹（新潮社）／「東京の鉄道がわかる事典」武田忠雄監修／「東京の地下鉄がわかる事典」青木栄一監修日本実業出版社編／「日本の鉄道雑学事典」南正時「道と路がわかる事典」浅井建爾／「新幹線がわかる事典」原口隆行（以上、日本実業出版社）／「鉄道・駅と路線の謎と不思議」梅原淳／「鉄道・車両の謎と不思議」梅原淳／「鉄道路なんでもおもしろ事典」浅井建爾／「アジアの鉄道の謎と不思議」小牟田哲彦（以上、東京堂出版）／「アジアの鉄道おもしろ事情」高橋敏昭／「鉄道の疑問がわかる本」二村高史・宮田幸治／「地下鉄の不思議!?」谷川一巳）「がんばれ！路面電車」二村高史・宮田幸治（以上、山海堂）／「鉄道マニアの基礎知識」伊藤久巳／「鉄道マニアの常識」伊藤久巳／「通勤電車もの知り大百科」岩成政和（イカロス出版）／「全国鉄道おもしろ雑学事典」川島令三（ＰＨＰ）／「図解雑学日本の鉄道」西本裕隆（ナツメ社）／「列島縦断ヘンな駅!?」所澤秀樹／「鉄道なるほど雑学事典」川島令三編著／「鉄道なるほど雑学事典２」川島令三編著（以上、ＰＨＰ文庫）／「秘境駅へ行こう！」牛山隆信（小学館文庫）／「理科年表」国立天文台編（丸善）／「知恵蔵」（朝日新聞社）／朝日新聞／読売新聞／毎日新聞／日本経済新聞／ほか

※本書は、『世界で一番おもしろい地図帳』（小社刊／２００５年）、『世界で一番気になる地図帳』（同／２００６年）、『世界で一番ふしぎな地図帳』（同／２００６年）、『世界で一番おもしろい〈交通〉地図帳』（同／２００６年）『学校ではぜったい教えてくれない世界地理のツボ』（同／２０１０年）を改題、再編集したものです。

編者紹介

おもしろ地理学会
「地理」の楽しみを知りつくしたメンバーのみによって構成されている研究グループ。日本各地、世界各国を歩き、地図をひろげ、文献にあたり…といった作業を通じて、「地理」に関する様々な謎と秘密を掘り起こすことを無上の喜びとしている。
本書では、「できる大人は地図が読める！」を合言葉に、地図と地理にまつわる特上の「ネタ」を大公開した。いつか必ず役立つこと間違いなしの一冊！

世界《せかい》で一番《いちばん》おもしろい地図《ちず》の読《よ》み方大事典《かただいじてん》

2013年2月5日　第1刷

編　　者　おもしろ地理学会《ちりがっかい》

発行者　小澤源太郎

責任編集　株式会社プライム涌光
電話　編集部　03(3203)2850

発行所　株式会社青春出版社
東京都新宿区若松町12番1号〒162-0056
振替番号　00190-7-98602
電話　営業部　03(3207)1916

印刷・大日本印刷　　製本・ナショナル製本

ISBN978-4-413-11084-6 C0025